Christa Kaletsch, Stefan Rech

Heterogenität im Klassenzimmer

Methoden, Beispiele und Übungen zur Menschenrechtsbildung

debus PÄDAGOGIK

Bibliografische Information der Deutschen Nationalbibliothek

Die Deutsche Nationalbibliothek verzeichnet diese Publikation in der
Deutschen Nationalbibliografie; detaillierte bibliografische Daten sind
im Internet unter http://dnb.d-nb.de abrufbar.

© Debus Pädagogik Verlag
Schwalbach/Ts. 2015

© WOCHENSCHAU Verlag
Dr. Kurt Debus GmbH
Schwalbach/Ts. 2015

www.debus-paedagogik.de
www.wochenschau-verlag.de

Programmleitung: Peter E. Kalb
Umschlagentwurf: Ohl Design
Gesamtherstellung: Wochenschau Verlag
Titelbild: © Anke Kießhauer
Gedruckt auf chlorfreiem Papier
ISBN 978-3-95414-041-1

Inhalt

Einleitung

Problemaufriss

Eine Vielzahl der Lehrkräfte fühlt sich wenig vorbereitet auf die „Pluralität im Klassenzimmer". Auch in einer Zeit, in der sich die 50-jährigen Jubiläen der ersten Anwerbeverträge häufen, wird das Thema Einwanderung nach wie vor kontrovers diskutiert, scheint das trennende Bild vom Ihr und Wir, Mehrheit und Minderheiten immer noch gebräuchlich. Was bedeutet Integration? Und welche Funktion hat dieser Begriff? Wer spricht über wen aus welcher Position und welche Diskurse sind stilprägend, wenn es um das Verhältnis von Eigenem und Fremden geht? Welchen Stellenwert nimmt die Kultur dabei ein? Wie sind diese Überlegungen mit den Diskursen um die Bildungslandschaft Deutschland verknüpft? Welche Spuren hinterlassen diese bei den Lehrkräften, in den Schulen, den Schülern?

Nach wie vor wird Heterogenität eher als Problem betrachtet. Der Umgang mit Heterogenität im Unterrichtsgeschehen wird oftmals noch als besondere Herausforderung und nicht als Normalität gesehen. Dabei sind die Lernherausforderungen in einer zunehmend globalisierten Welt und die monokulturelle Ausrichtung der Unterrichtsfächer und Herkunft der Lehrerschaft nur ein Aspekt der Problematik. Viel dringlicher sind die Ambivalenzen und Paradoxien, die im Spannungsfeld zwischen strukturellen Formen von Ungleichheit, real gelebter und erlebter Heterogenität im Klassenzimmer und dem Druck entstehen, neue Formen des Lehrens und Lernens in Schule zu etablieren. Ist die Schule nicht der Ort, an dem das Zusammenleben der unterschiedlichen Lebenswelten und sozialen Milieus – wenn auch erzwungen – zustandekommt?

Fragen entstehen: „Wie Demokratie und Parlamentarismus in Deutschland thematisieren, wenn die Mehrheit der in Deutschland geborenen Schüler/-innen des Powi-Unterrichts weiß, dass sie nach geltendem Recht des Grundgesetzes nicht in den Genuss der politischen Freiheitsrechte in Deutschland kommen wird, und daher fragt, ob man solange diese Einheit läuft, rausgehen und Ballspielen könnte, so wie man es – wenn Religionsunterricht ist – ja auch täte. Wie sollen Lehrkräfte auf die vielerorts beobachteten schleichenden Gewöhnungsprozesse an menschenverachtende Positionen – die insbesondere im Internet, aber auch in TV-Talkshows eingeführt werden – reagieren?

Die Wahrnehmung diskriminierenden, gewaltförmigen Geschehens in Schulen nimmt zu. Pädagog/innen sind beispielsweise mit antisemitischen, islamfeindlichen und auch antihomosexuellen Verhaltensweisen konfrontiert und tun sich verständlicherweise schwer damit, das Geschehen einzuordnen und entsprechende Handlungsoptionen zu entwickeln. Neben einer zunehmenden Verwendung des Schimpfworts „du Jude" lassen auch z. T. verbale und physische Auseinandersetzungen zwischen Schüler/-innen in ethnisierten Konflikten „aufhorchen". Des Weiteren stellen sich aus unserer Erfahrung folgende Fragen: Wie zu zeitgeschichtlich relevanten Themen arbeiten und dabei allen Teilen im pluralen Klassenzimmer gerecht werden? Wie kann man Jungen und Mädchen zu kritischen (Welt-)Bürger/-innen erziehen, wenn gleichzeitig in Debatten zum Thema Postdemokratie zu Recht ein Aushöhlen der demokratischen Verhältnisse beklagt wird?

Wir möchten Angebote und Orientierungshilfen anbieten, aber auch zu einer kritischen Auseinandersetzung mit klassischen Fehlannahmen und Zuschreibungsmechanismen, die den Zugang zu interkulturellen Dialogen verstellen, anregen. Die Dialoge wünschen wir uns inklusiv und diskriminierungskritisch.

Unser Buch möchte Vorschläge und Erfahrungen präsentieren, wie eine zeitgemäße, der aktuellen Einwanderungsgesellschaft angemessene Auseinandersetzung mit Heterogenität im Klassenzimmer aussehen kann. Wir möchten Hilfestellungen geben und die Schlüsselakteure an Schulen ermutigen, Aushandlungsprozesse und Dialoge zu wagen, bei denen der Umgang mit Vielfalt und Differenz in seinen gesellschaftspolitischen Dimensionen und Machtdiskursen verortet wird. Eine entscheidende Rolle spielen dabei die vielfältigen Lebens- und Erfahrungswelten von Kindern und Jugendlichen selbst. Wir möchten eine Fixierung darauf, dass es sich bei diesen Herausforderungen vorrangig um kommunikative Probleme handelt, überwinden. Dies bedeutet für das didaktische Herangehen, subjektorientierte Zugänge zu eigenen Bildern, Zuschreibungsprozessen und dem Verhältnis von Fremd- und Selbstkonstruktion zu eröffnen – und durch stetige Selbstreflexion zu verankern. Kultur ist für uns ein prinzipiell offenes, konflikthaftes und wandlungsfähiges Konstrukt.

Wir möchten Reflexionsräume bieten, in denen über Heterogenität nachgedacht werden kann, ohne Unterschiede dabei zu bagatellisieren oder überzustilisieren. Wir möchten Handlungsperspektiven eröffnen, indem durch einen inklusiven Zugang Gelegenheitsräume entstehen, in Aushandlungsprozessen gemeinsam Vereinbarungen zu treffen und sich sicher in menschenrechtlichen Diskursen bewegen zu können. Wir sehen in der Förderung einer partizipativ inklusiven Herangehensweise eine große Chance zur Gestaltung einer kinderrechtsfreundlichen Schule. Wir möchten Lehrer/-innen dazu ermutigen, das Konzept der Menschenrechte, in dem die UN-Kinderrechtskonvention eine zentrale Rolle spielt, als wesentlichen Bezugsrahmen für ihr Handeln zu nehmen. In diesem Zusammenhang vermitteln wir Anregungen, wie sich ein kinderrechtsorientiertes Vorgehen für die Gestaltung von Lernangeboten und zur Reflexion der Alltagspraxis nutzen lässt. Darüber hinaus lässt sich aus einem konsequenten Menschenrechtsbezug Sicherheit für den Umgang mit diskriminierenden, gewaltförmigen und die Würde verletzenden Geschehen gewinnen. Konkrete methodische Anregungen wollen Leser/-innen dazu einladen, eigene Erfahrungen in der Praxis zu machen.

Das Buch verknüpft mehrjährige Erfahrungen aus Fortbildungs- und Beratungspraxis an Schulen und an außerschulischen (Bildungs-)Einrichtungen mit einer intensiven Auseinandersetzung mit den hierzu relevanten wissenschaftlichen Diskursen. Viele unserer Erfahrungen sind aus der Perspektive externer, freiberuflicher Referent/-innen-Tätigkeit entstanden. Dabei verbindet uns eine langjährige und sehr konstruktive Kooperation mit dem HKM-Projekt „Gewaltprävention und Demokratie lernen" (GuD) und dessen Vorläufer „Mediation und Schulprogramm".

Wir beide beschäftigen uns u. a. schon seit Mitte/Ende der 1990er Jahre mit konstruktiver Konfliktbearbeitung und Mediation. Im Rahmen des BLK-Projekts zum „Demokratie lernen und leben" von 2003-2007, an dem sich Hessen mit dem Schwerpunktthema „Mediation und Partizipation" beteiligte, lernten wir uns in unseren jeweiligen Schwerpunkten kennen und schätzen. Gemeinsam entwickelten wir eine fünf Module umfassende Fortbildung für Multiplikator/-innen in schulischer und außerschulischer Bildung zum Thema „Demokratie lernen in der pluralen Gesellschaft". Diese konnten wir u. a. im Rahmen des GuD-Projekts ausprobieren und entsprechend weiterentwickeln. Für den langjährigen konstruktiven Austausch und die vielfältigen Gelegenheitsräume, Konzepte entwickeln und ausprobieren zu können, möchten wir uns herzlich bei Helmolt Rademacher bedanken, der aktuell das GuD-Projekt leitet, auf dessen Initiativen hin jedoch auch die beiden anderen oben erwähnten Programme entstanden und die er ebenso leitete.

Die gemeinsamen Fortbildungserfahrungen gaben auch den Anstoß zu dem hier vorliegenden Buchprojekt, in dem wir Einblicke in Erfahrungsräume und Reflexionen geben, die aus einer jeweils spezifischen Arbeitspraxis und (theoretischen) Herangehensweise resultieren.

Stefan Rech: neben der vielfältigen und langjährigen Auseinandersetzung mit der Mediation, als Trainer und Praktiker, begleitet mich seit meinem Studium der Kulturanthropologie das Thema der Diversität. Empirische Untersuchungen und Fallanalysen zu Moscheebaukonflikten und religiösen Gemeinden in Hessen und Frankfurt am Main sowie die Mitwirkung an der Erstellung eines „Vernetzungs- und Vielfaltskonzepts für die Stadt Frankfurt am Main" (unter Leitung von Regina Römhild und Steven Vertovec) brachten mich in Kontakt mit konkreten Fragen und Herausforderungen des Zusammenlebens in der pluralen Gesellschaft. In dem erwähnten BLK-Projekt „Demokratie lernen und leben" konnte ich als Berater für Demokratiepädagogik einige Schulen bei ihren Entwicklungen begleiten und bekam Einblick in die produktive und nachhaltige Wirkung von demokratischen Veränderungsprozessen.

Ich betrachte es als großes Glück, mit Christa Kaletsch zusammenzuarbeiten. Durch sie sind mir Bedeutung und Stellenwert der menschenrechtlichen Dimension in der pädagogischen Arbeit als unverzichtbar bewusst geworden. Die Mitwirkung an diesem Buch hat diese Erkenntnis für das Vorgehehen bei Lernprozessen und die damit verbundene pädagogische Haltung vertieft und verstärkt.

Christa Kaletsch: eine Auseinandersetzung mit Gelegenheitsräumen zu (Schüler/-innen)-Partizipation war mein Schwerpunkt bei der Programmentwicklung zu konstruktiver Konfliktbearbeitung/Mediation in der Schule. Von Anfang an beschäftigte ich mich mit Demokratie lernen, Verantwortungsübernahme und Förderung einer basisorientierten SV-Arbeit. Im Rahmen des BLK-Projekts kam eine stärkere Auseinandersetzung mit der UN-Kinderrechtskonvention hinzu, die in konzeptionelle Arbeiten zu Menschenrechtsbildung in der pluralen (Einwanderungs-)Gesellschaft mündeten. Durch mein Studium des Fachjournalismus Geschichte, zu dem neben einem geschichtswissenschaftlichen Hauptstudium u. a. Politikwissenschaften und öffentliches Recht gehörten, nähere ich mich vielen Themen auf der Folie historisch-politischer Bildung. Dabei habe ich in der Bildungsstätte Anne Frank, dessen Team ich seit 2001 eng verbunden bin, einen wichtigen Ort gefunden, um meine Perspektive zu erweitern und eine diskriminierungskritische, heterogenitätssensible Haltung zu entwickeln. Eine Vielzahl von Erfahrungen und Überlegungen, die ich in diesem Kontext in der Beratungs- und Fortbildungstätigkeit zur Auseinandersetzung mit Rechtsextremismus, Antisemitismus, Rassismus, Islamfeindlichkeit und anderen Formen gruppenbezogener Menschenfeindlichkeit gewinnen konnte, sind in die Arbeit dieses Buches eingeflossen. Einen sehr wesentlichen Anteil an Erkenntnissen verdanke ich dabei der Bildungsreferentin Tami Rickert (geb. Ensinger), mit der ich in den vergangenen Jahren mehrere sehr umfangreiche und gewinnbringende Projekte im Kontext der Beratungsarbeit zur Auseinandersetzung mit Rechtsextremismus in der pluralen Gesellschaft in Hessen durchführen konnte. Für ihre gründliche Lektüre und die dabei entstandenen Anregungen bedanke ich mich an dieser Stelle herzlich.

Wir nähern uns den Themengegenständen des Buches aus unterschiedlichen Perspektiven und Erfahrungshintergründen und haben die Kapitel daher auch unterschiedlich stark geprägt. Während die Hauptkapitel II-IV deutlich aus der Perspektive und Erfahrung der diskriminierungskritischen Beratungs- und Bildungsarbeit zu Demokratie lernen und Menschenrechtsbildung entwickelt wurden, wird das Kapitel I stärker aus einer mediativen und kulturanthropologischen Sichtweise eröffnet und wird dann in einem dialogischen Verfahren fortgeführt.

Zum Aufbau des Buches (Orientierungshilfen für die Leser/-innen)

Kern und Zentrum des Buches sind die vier Hauptkapitel. In diesen stellen wir unsere konzeptionellen Überlegungen dar. Wir reflektieren unsere Arbeit anhand von konkreten (aus Gründen der Anonymisierung leicht verfremdeten) Beispielen unserer Fortbildungs- und Beratungspraxis. Wir möchten die Leser/-innen auf unsere (Recherche-)Reisen mitnehmen, sie zu eigenen Reflexionen anregen und sie an unseren Handlungsempfehlungen teilhaben lassen.

Die in den Hauptkapiteln angesprochenen Übungen und methodischen Herangehensweisen werden vertiefend in einem Methodenteil beschrieben und laden dazu ein, Dinge selbst ganz praktisch in Fortbildungssettings mit Multiplikator/-innen und/oder Schüler/-innen auszuprobieren.

Zur Einordnung unserer theoriegestützten Reflexionen und Anregungen für die Praxis haben wir den Haupttexten drei einführende Kurztexte vorangestellt, in denen wir uns in den Theorien zu Kulturbegriff, plurale und postnationalsozialistische Gesellschaft verorten und unser Verständnis der Rolle der Lernbegleitung darlegen.

Die Lektüre des Buches kann von jedem Punkt aus gestartet werden. Die vier Hauptkapitel sind in sich geschlossen und selbsterklärend. Sie funktionieren im Dialog mit den anderen Hauptkapiteln und verweisen aufeinander. Leser/-innen können sich gleich auf unseren Spuren der Praxisreflexionen bewegen und werden unsere Überlegungen und Handlungsempfehlungen auch ohne vorherigen „Besuch" in den theoretischen Einführungen nachvollziehen können. Für den kurzen Einblick darin, von wo aus wir „loslaufen" und auf wessen theoretische Expertise wir uns beziehen, ist die Lektüre der theoretischen Kurzeinführungen jedoch hilfreich.

Kurze Theoretische Einführungen zu folgenden Themen

(Trans-)Migrationsgesellschaft –
Einleitende Worte zu Kultur und andere Grenzüberschreitungen

Eine Nonne, Pflegedienstleiterin in einem Altenpflegeheim, steht im Habit vor mir und entrüstet sich über die muslimische Altenpflegeschülerin, die gerne in dem konfessionellen Altenheim ihr Praktikum absolvieren möchte: „Stellen Sie sich vor, die Muslima möchte bei mir Praktikum machen – das geht doch nicht, deren Kopf ist ja bedeckt!"

Bei einem Workshop für Auszubildende der Stadt Frankfurt entgegnet ein junger Mann mit persisch klingendem Namen einem anderen jungen Mann, der vorher „über Ausländer" gesprochen hat: „Ob es dir gefällt oder nicht, ich habe keine Herkunft woanders, ich gehöre hierher und ich sehe mich als Teil dieses Landes, ich muss mich für nichts entschuldigen und ich muss auch nicht betteln – du wirst dich mit mir (als Mensch, Hinzufügung Autor) auseinandersetzen müssen, ob du willst oder nicht."

Zwischen beiden Begebenheiten liegen etwa 15 Jahre. Man muss sich nicht auf *Global Cities* wie Frankfurt am Main beziehen, um einen Wandel der Realitäten und der Selbstverständnisse im Umgang mit Heterogenität und Differenz zu registrieren. Und dennoch werden gerade hier allgemeine Entwicklungen wie die zunehmende Pluralität von Lebensstilen und individuellen Lebensentwürfen, Herkunftsbezügen und sozialen Milieus als ubiquitäre Erfahrung von „Andersheit" greifbar. Mehrbezüglichkeit, Patchwork-Identitäten, Bricolage und

„Kreolisierung" (vgl. Hannerz), sind nur einige, auf ethnografischer und biografischer Forschung basierende Versuche, diese Realität in Begriffe zu fassen, (Post-)Migrant, Transmigration und „Interkultur" (Terkessidis), „Glokalisierung" (Appadurai) andere. Zusammenleben – in einer Stadt oder in einer Schulklasse – zeichnet sich aus durch Vielfalt, das Kaleidoskopische, Grenzen überschreitende, überlappende und durchdringende, dynamische und das sich stets ändernde Fließen kultureller Bezugspunkte und Bedeutungen, jenseits nationalstaatlicher Grenzziehungen[1]. Gleichwohl existieren (kulturelle) Bedeutungen nicht einfach „frei fließend", sondern sind stets eingelassen in machtvolle konzeptionelle „Rahmungen" wie Fremdheitskonstruktionen, öffentliche Diskurse und reale Zugangsbeschränkungen aufgrund von Status oder Pass.

Es ist eine Frage der Perspektive. Sieht man Individuen und Gruppen als „Inhaber ihrer Kultur", auf „der sie sitzen" und an deren „unsichtbaren Fäden sie in ihren Handlungen wie Marionetten geführt werden", oder eher als „Produzenten ihrer je eigenen Kultur" in Wechselbeziehung und Interaktion zu anderen „Schöpfern von Bedeutungen" im Rahmen ermöglichender oder verhindernder (gesellschafts)politischer Strukturen? Es ist aber auch eine Frage, ob die angestammten „Bilder" und Konzeptionen von „Nation", „Herkunft", „Fremdheit", „Mehr- und Minderheit" noch zur erlebbaren und erfahrbaren Welt passen. Unsere Antwort – und da sind wir nicht allein – lautet: Wir sollten uns vom Container-Modell von Nation und anderen vergröbernden Beschreibungen kulturell-identitärer Einheiten verabschieden und auch vom Mythos der Homogenität. Nationen und Schulen waren nie homogen, sehr wohl sind beide eng miteinander verflochten in ihrem (unheilvollen) Bemühen, diesen Zustand – bis heute – vorauszusetzen, herzustellen und durchzusetzen. Es geht dabei um mehr als nur um die „bessere", weil „passendere Beschreibung". Es geht um den Wechsel der Blickrichtung und damit um einen anderen und folgenreichen Zugang für pädagogisches Handeln im pluralen Klassenzimmer. Dieser Blickwechsel ist auch der Versuch, ein anderes Konzept, ja, eine andere Denkweise für den Umgang mit Heterogenität einzuführen. Es geht um nichts

---

1 Entwurf eines Integrations- und Diversitätskonzepts der Stadt Frankfurt 2009.

weniger als den/die Leser/-in zum Abenteuer einzuladen, mit neuen Augen zu schauen. Weil wir überzeugt sind, dass solange überkommene, alltagsweltliche Vorstellungen von „Gruppismus" (Brubaker 2007), Kultur, Mentalität etc. wirksam sind, Stereotypen und Vorurteile (auch bei besten Absichten) reproduziert werden und Lehr-Lern-Beziehungen letztlich vorhandene Chancenungleichheiten verstärken. Es genügt auch nicht, das affirmative Lied der Vielfalt zu singen. Solange die Logik von kultureller Differenz als Nebeneinander in sich geschlossener Einheiten gedacht wird, endet man lediglich bei der Propagierung von „pluralem Monokulturalismus" (vgl. Sen in Felixberger/Gleich 2009).

Die Sinus Sociovision – Studie zu „Migrantenmilieus in Deutschland" (2007) zeigt ein äußerst differenziertes Bild der unterschiedlichen sozialen Lagen, aber auch der sehr breit aufgefächerten (im Vergleich zu den „autochtonen") Grundeinstellungen, die eben nicht mit ethnisch-nationalen Kategorien übereinstimmen. Vergleicht man Glaubenswahrheiten (ways of believing), Lebensweisen und Alltagskultur (ways of living) und soziopolitische Gemeinschaftswerte (ways of living together), ergeben sich überraschende und meist zu den unterschiedlichen Nationen und kulturellen Einheiten (weltweit) quer liegende Gemeinsamkeiten und Unterschiede (vgl. Meyer 2002).

Wir möchten einen Beitrag leisten zu einem differenzkritischen, machtsensiblen und dynamischen Gebrauch von Kultur. Es ist wichtig keine voreiligen Schlüsse zu ziehen zwischen verschiedenen Parametern der Kategorisierung und zu trennen etwa zwischen der Passidentität und der sozialen Schicht. Die nationale Herkunft sagt meist genauso wenig über den Status aus wie der familiäre Hintergrund über die Leistungsbereitschaft oder die Religion über den Grad der Freizügigkeit oder Wertegebundenheit. Vielmehr ist es gerade für exponierte Schlüsselpersonen wie Lehrkräfte – mit einer Art Türwächterfunktion in die Gesellschaft – bedeutsam, aufmerksam zu sein für die selbst prophezeiende Wirkung von eigenen Wahrnehmungsfiltern und offen zu sein für individuelle Lagen und Überraschungen.

Kultur und kulturelle Identität sind höchst umstrittene und ungeklärte Begriffe, die alltagsweltlich Einmütigkeit suggerieren, aber unterschiedlich verwendet werden und über die wissenschaftlich kontrovers diskutiert wird – je nach Theorietradition und Erkenntnisinteresse. Ohne Kultur ist alles nichts, mit Kultur aber ist nichts alles, könnte man überspitzt sagen. Zwei einfache Bilder sollen dazu dienen, den komplexen und umstrittenen Kulturbegriff zu fassen. Zum einen wird Kultur wie ein Behälter gesehen, in dem eine Ansammlung festgefügter Eigenschaften gebündelt ist: Kultur ist wie ein Fels, dessen Lage, Erscheinungsbild, Konsistenz etc. genau untersucht werden können. Diese essenzialisierende Beschreibung von Kultur führt zu dem, was Huntington mit „blutigen Grenzen" der Kulturen meint. Demgegenüber steht eine Vorstellung von Kultur, die eher einem Stück gewebten Stoffes ähnelt, an dem beständig, da prinzipiell unfertig, auf dem Webrahmen weitere Fäden eingelassen und andere fallengelassen werden. Kultur in diesem Sinne ist der Orientierungsrahmen, innerhalb dessen Menschen in einem bestimmten Raum zu einer bestimmten Zeit ihrem Denken, Fühlen und Handeln Bedeutung verleihen. Wenn Kultur als prinzipiell offen, dynamisch und wandlungsfähig begriffen wird, so ist die Identität des Einzelnen die je aktualisierte, angeeignete, sinn- und nutzenstiftende Gestalt, die sich aus den Fragmenten der Kultur kontinuierlich schöpft. Soziale Identität bildet sich immer relational als Kontrasterfahrung zu anderen Identitäten heraus. Kultur taucht in der eigenen Wahrnehmung oft erst durch die Konfrontation mit dem Fremden auf. In dem Maße, wie ich mir meiner eigenkulturellen Wahrnehmungsmuster bewusst werde, erweitere ich die Verständigungsmöglichkeiten mit der als fremd wahrgenommenen Kultur.

Subjektorientierung heißt im schulischen Kontext, Lehr-Lern-Arrangements mit den Augen der Schüler – und zwar aller Schüler zu betrachten. Dies setzt Perspektivwechselfähigkeit und Selbstreflexivität voraus, das Ins-Wanken-Bringen angestammter Vorstellungen, die ständige Überprüfung von Selbst- und Fremdbildern, multiperspektivische Zugänge zu Lehrinhalten, Selbststärkung und das Erleben von Selbstwirksamkeit durch Identitäts- und Biografiearbeit.

Diese an der Diversitäts- und Anerkennungspädagogik orientierte Herangehensweise funktioniert nur, wenn kulturelle Zugehörigkeit als Erweiterung der Wahlmöglichkeiten aller Menschen konzipiert wird (Benhabib 2002).

Zugleich darf nicht übersehen werden, dass es dafür auch Wissen über die kontextabhängigen Faktoren von Ungleichheit, die Praxis und die Mechanismen von Diskriminierung benötigt. Welche (Kollektiv-)Erfahrungen bringen junge – auch in Deutschland geborene – Menschen mit, die sich jenseits oder am Rande der Dominanznarrative befinden? Wer spricht für wen aus welcher Perspektive? Wie verlaufen unterschiedliche Migrationspfade und Zugangsmöglichkeiten? Welche Asymmetrien zeigen sich aufgrund der Verteilung von sozialem, kulturellem und symbolischem Kapital? Gibt es Wege zur Stabilisierung von Netzwerken und Repräsentationsstrategien, die mehr den subjektiven Selbstbildern entsprechen?

Schließlich geht es darum, das Ganze neu zu denken – d. h. inklusive Wege zu finden, anstatt partikulare Vielfaltsrhetorik oder wohlmeinende Verbesonderung zu betreiben. Bezogen auf eine Lerngruppe oder das plurale Klassenzimmer heißt das immer wieder aufs Neue, eine tragfähige gemeinsame Kultur des Miteinanders auszuhandeln, in der jede/-r eine Stimme hat und gehört wird.

Plural, postkolonial, postnational-sozialistisch und rassistisch –

Einige Gedanken zur Rahmung von Demokratie- und Menschenrechtsbildung in der Gesellschaft in Deutschland

Die Gesellschaft in Deutschland ist eine plurale. Sie ist es immer gewesen[2] und wird es – so viel Optimismus sei hier erlaubt – immer sein. Doch genau damit, diese eigentlich selbstverständliche Heterogenität wahrzunehmen und anzuerkennen, tun sich die Vertreter/-innen der Dominanzkultur fortwährend schwer. Auf die Veränderungen des Staatsbürgerschaftsrechts, in der zumindest in Ansätzen den Erfordernissen einer Einwanderungsgesellschaft Rechnung getragen wird, folgt eine Integrationsdebatte, die die Entwicklung eines konstruktiven Zusammenlebens in einem neuen pluralen Deutschland lähmt. Statt inklusiv-partizipative Modelle zu entwickeln, die Gelegenheitsräume zur Teilhabe aller in der Gesellschaft lebenden Menschen schaffen, werden kulturrassistische Zäune hochgezogen, um Privilegien sichern und begründen zu können (vgl. Terkessidis 2010, 30).

Die Bundesrepublik Deutschland ist eine Einwanderungsgesellschaft, die zunehmend auch auf Transmigrationsprozesse reagieren und zu den Lebensrealitäten der Bürger/-innen in einer pluralen, modernen (Welt-)Gesellschaft passende Partizipationsmodelle entwickeln könnte und müsste. In der Gesellschaft in Deutschland sind – wie in vielen modernen Gesellschaften – Rassismen strukturprägend (vgl. Broden 2012, 10), mit der Folge, dass alle in

---

2   Vgl. den Hinweis von Neval Gültekin: „Die gesellschaftliche Pluralität in Deutschland hat nicht
     mit der Arbeitsmigration nach dem Zweiten Weltkrieg angefangen. Sie ist schon immer da gewe-
     sen mit Katholiken, Protestanten, Juden, Atheisten, Sinti und Roma, Flüchtlingen aus Polen,
     Ungarn und der Tschechoslowakei, Behinderten und Nicht-Behinderten, Akademikern, Beam-
     ten, Kraftfahrern, Hilfsarbeitern, Homosexuellen, Heterosexuellen und Transsexuellen, Haushäl-
     terinnen, Putzfrauen und wohlhabenden wohltätigen Frauen usw. (Gültekin, 2005, 373).

Deutschland lebenden Menschen auf unterschiedliche Weise Erfahrungen mit Rassismus, Diskriminierung und Ausgrenzung machen.

Auch eine Anerkennung der beiden zuletzt genannten Punkte ist in den von den Eliten geprägten Diskursen nicht leicht. Eine offene Auseinandersetzung mit Rassismus fällt insbesondere der Gesellschaft in Deutschland schwer. Das hat mit ihrer Geschichte zu tun, die eine nicht abzuschließende, nicht integrierbare ist. Astrid Messerschmidt spricht in diesem Zusammenhang von einer „postnationalsozialistischen Gesellschaft. Die Begrifflichkeit soll verdeutlichen, dass etwas zwar vergangen und doch nicht vorüber ist. Sie zeigt das Weiterwirken des Nationalsozialismus in gegenwärtigen Welt- und Menschenbildern an" (Messerschmidt 2009, 144). In Reflexion und Anlehnung an den Theoriediskurs zu Postkolonialismus stellt Messerschmidt auch in Bezug auf die Verwendung von „postnationalsozialistisch" fest, dass dies „weniger ein Epochenbegriff als vielmehr eine Analysekategorie (ist), die nicht auf etwas Zurückliegendes, Erledigtes, sondern auf etwas Unabgeschlossenes hinweist" (ebenda).

Durch die Schwierigkeit der Anerkennung und Auseinandersetzung mit Rassismus in der Gesellschaft in Deutschland zeigen sich die paradoxen Wirkungen der Bemühungen, etwas Unabschließbares abschließen zu können. Die Auseinandersetzung mit Rassismus ist in Deutschland immer auf der Folie des Nationalsozialismus (NS) zu verstehen. Dabei folgen Diskurse und Handlungspraktiken selten einer konsequenten Auseinandersetzung mit den Folgen und dem (Nach-)Wirken des NS, vielmehr scheint durch die Wahrnehmung und Auseinandersetzung mit der Vergangenheit der Blick auf die (aktuellen) Erscheinungsformen verstellt. Handlungsleitend für Schlüsselakteur/-innen in Politik, Verwaltung und schulischer sowie universitärer Bildung war (und scheint vielerorts noch immer) das „Primat der Verhinderung" (Klärner/Kohlstruck, 2006, 8). Sowohl zu Zeiten der alten Bundesrepublik, aber auch in der neuen Berliner Republik wird von der Idee ausgegangen, mit der Gründung der Bundesrepublik Deutschland den Nationalsozialismus überwunden und eine neue, Demokratie und Menschenrechte achtende Gesellschaft entwickelt zu haben. Das Auftreten rechtsextremer Akteure erschüttert damit ein – durchaus als fragil zu betrachtendes – Selbstbild. Dies hat Folgen für die Diagnosemuster: „Rechtsextremismus ist nicht lediglich ein Problem neben anderen, sondern er ist gleichbedeutend mit Bedrohung und maximaler Gefahr und wird im Horizont einer Gefahrenabwehr behandelt" (Klärner/Kohlstruck 2006, 8). Rassismus wird in diesem Zusammenhang wiederum sehr häufig auf der Folie von Rechtsextremismus gedacht, was zu einer Skandalisierung und damit vor allem zu einer Bagatellisierung, Negierung und Tabuisierung geführt hat.

Damit sind zwei wesentliche Aspekte, die das Zusammenleben der pluralen Gesellschaft in Deutschland zentral berühren, nur schwer begehbar. Um jedoch handlungs- und entwicklungsfähig zu sein, muss es möglich sein, Schwierigkeiten benennen, analysieren und darauf aufbauend mit ihnen umgehen zu können. Es empfiehlt sich daher, wahrzunehmen und anzuerkennen, dass es Rassismus in dieser Gesellschaft gibt, und sich dafür zu öffnen, die Wirk- und Funktionsweisen von Rassismus nachzuvollziehen, um sich dazu entsprechend kritisch verhalten zu können. Darüber hinaus kann es gewinnbringend – weil erhellend – sein, sich mit den Zusammenhängen zwischen Nationalsozialistischen Welt- und Selbstbildern zu beschäftigen und diese in Bezug zu den aktuellen (kultur)rassistischen Diskursen zu setzen.

„Obwohl Migrationsprozesse in Europa und im deutschsprachigen Raum keineswegs neu sind, werden sie andauernd problematisiert und in der Öffentlichkeit aufgeregt debattiert. … In Europa bewegen sich Migrationsprozesse in einem Prozess vielfältiger Grenzziehungen. Insbesondere im deutschen Kontext ist die Vorstellung einer inneren Homogenität nicht überwunden und lässt Einwanderung immer wieder als Sonderfall erscheinen, die eine imaginäre gemeinschaftliche Übereinstimmung stört und deshalb in Grenzen gehalten werden muss. Konturiert werden die Grenzen entlang von Unterscheidungsmarkierungen, die vor allem in den Vorstellungen von Fremdheit und kultureller Differenz vorgenommen und öffentlich kommuniziert werden" (Messerschmidt 2009, 79).

Die Gesellschaft in Deutschland war zu Beginn des 20. Jahrhunderts eine plurale, multiethnische, multireligiöse, multikulturelle. Sie war auch im Nationalsozialismus (NS) nicht homogen, denn es lebten in Verstecken oder mit versteckten Identitäten von der Verfolgung des NS Betroffene in der Gesellschaft in Deutschland und den von Nazi-Deutschland besetzten Ländern in Europa. Überlebende des Verfolgungsdrucks wie Jüd/-innen, Sint/-ezza und Homosexuelle waren auch 1945 und in den Folgejahren Teil der Gesellschaft in den beiden deutschen Staaten. Jedoch waren die gesellschaftlich dominanten Diskurse so wirkmächtig, dass sich bis heute (bis zum Beginn des 21. Jahrhunderts) die Vorstellung hält, die deutsche Nachkriegsgesellschaft wäre eine völkisch homogene nichtjüdische gewesen. „Über Nachkriegsmigration in die BRD zu sprechen, heißt auch, Auschwitz immer im Hinterkopf zu bewahren" (Ha zitiert nach Messerschmidt 2009, 188). „Da die nationalsozialistische Herrschaft auf eine völkisch homogene Kulturnation zielte, bedeutet die Einwanderung immer auch einen antagonistischen Prozess zu den im kulturellen Gedächtnis vieler Deutscher verankerten Idealen innerer Homogenität. Der zeitgeschichtliche Diskurs ist Teil des gesellschaftlichen Kontextes der Einwanderung, und die im Nationalsozialismus herausgebildeten Welt- und Selbstbilder wirken in dieser Gesellschaft nach" (ebenda).

Die aktuellen kulturrassistischen Argumentationslinien, die zur Ethnisierung im Wesentlichen gesellschaftspolitisch sozialer Fragen dienen, bedienen sich konstruierter Homogenitäts- und Normalitätsvorstellungen. Dabei „bleibt die Imagination von Homogenität und Normalität eine der scharfen Waffen zur Diskreditierung des jeweils nicht Genehmen und zur Stabilisierung der die Normalitätsansprüche vertretenden Eliten" (Broden 2012, 9). Auf der Folie einer konstruierten und „zu bewahrenden Homogenität der deutschen Gesellschaft" lässt sich die Dichotomisierung in „Dazugehörige" und „Nicht-Dazugehörige" erschaffen und begründen.

In der Arbeit und Debatte um Sarrazin zeigt sich die „Verflechtung von Rassismus und Neoliberalismus", in der die kulturalistisch argumentierende Dichotomisierung mit Kriterien der Verwertbarkeit und Nützlichkeit verbunden wird. „Die Menschen mit sogenannter Migrationsgeschichte wurden nicht nur als ethnisch-national ‚Nicht-Dazugehörige' diskreditiert, vielmehr wurde diese rhetorische Ausbürgerung auch mit wirtschaftspolitischen Kriterien der Nichtverwertbarkeit verbunden." Broden weist in diesem Zusammenhang darauf hin,

„dass diese Legitimation von Ungleichheit – also die Zweiteilung unserer Gesellschaft in diejenigen, die wirtschaftlich ‚verwertbar' sind, und diejenigen, die nicht (mehr) verwertbar sind – kaum noch problematisiert (und kaum widersprochen) wird" (Broden, 10).

Die hier wahrnehmbaren Gewöhnungseffekte sowie die unhinterfragte Reproduktion rassistischer (Welt-)Bilder, die in einer postnationalsozialistischen Gesellschaft auf Wissensbestände des NS zurückgreifen, sind eine gesellschaftliche Realität und damit immer auch in jedem Klassenzimmer der pluralen Gesellschaft existent und wirkmächtig.

Um sich in einem pädagogischen Setting konstruktiv und analytisch mit Rassismus auseinandersetzen zu können, ist es wichtig, dass die den Lernraum gestaltenden Pädagog/-innen Gelegenheit(en) bekommen, in denen sie selbstreflexiv und in einem geschützten Rahmen erkennen können, dass sie in ihrer Rolle als Lehrende (insbesondere in Schule) ein nicht unerheblicher Teil einer rassistisch strukturierten Gesellschaft sind. Es ist nötig, dass sie ein Bewusstsein dafür entwickeln, dass es in einer derart strukturierten Gesellschaft sehr häufig passieren kann, dass rassistische Konstruktionen bewusst, aber oft eben auch unbewusst reproduziert werden. Schulleitungen, Lehrer/-innen, Schüler/-innen, Eltern – alle sind in rassistische Konstruktionen verstrickt und greifen – wie die Vertreter/-innen von Politik, Medien und Verwaltungen – auf rassistische Wissensbestände zurück, wiederholen sie und verfestigen sie. Um diese Fortschreibung zu unterbrechen, erscheint es

1. zentral, dass Lehrende diskurssensibel mit ihrer Sprache und Verhaltenspraxis umgehen. Sie sollten prüfen, wo sich Anschlüsse bieten und daraus resultierend entsprechend Veränderungen einleiten.
2. muss jede Auseinandersetzung mit Rassismus und den eigenen Verstrickungen in den Rassismus mit großem Respekt und großer Wertschätzung gegenüber den Lernenden geschehen.

Das Vermeiden von Verletzungen und Beschämungen der Teilnehmenden sollte höchste Priorität bei der Gestaltung des Lernarrangements haben. Verletzungen meint insbesondere, darauf zu achten, dass die (von der Diskreditierung) betroffenen Menschen im Zuge des Lerngeschehens nicht durch die

Reproduktion entsprechender Bilder und Stereotype eine erneute Ausgrenzung erfahren.

Ein bewertungsfreier, Beschämungen vermeidender Lernraum entsteht, wenn deutlich wird, dass bei der Bearbeitung von problematischem, die Menschenwürde verletzendem Geschehen deutlich zwischen Problem und Person unterschieden wird. Dies ist bei der Auseinandersetzung mit Rassismus in Klassenzimmern der postnationalsozialistischen Gesellschaft in Deutschland von ganz zentraler Bedeutung. Im pädagogischen Lernraum muss es im Rahmen politischer Bildung darum gehen können, die Funktions- und Wirkweise von Rassismus verstehen und analysieren zu können. Des Weiteren sollte das Lernangebot dazu beitragen, hierzu eine kritische Haltung entwickeln und entsprechende Handlungsoptionen finden zu können.

Schule in der pluralen Wirklichkeit –

Einige Voraussetzungen und Bedingungen für demokratieförderliches Lernen

Schule ist der Ort, an dem – zumindest weitgehend und am Anfang – alle Kinder und Heranwachsende aus einem bestimmten Sozialraum zusammenkommen. Hier erlernen sie Fähigkeiten und Fertigkeiten zur Entfaltung ihrer Persönlichkeit, um ein selbstbestimmtes und zukunftsfestes Leben zu führen: gestärkt, kritisch, mit vielfältigem Wissen und mit Lernfähigkeit ausgestattet, kooperativ, konfliktfähig und kreativ. Schule ist *die* Sozialisierungsagentur neben dem Elternhaus und den Peers. Die Schulgemeinde spiegelt die heterogene Struktur ihrer Umwelt – oder deren (Bildungs-)Aspiration. Das Zusammenwirken der Akteure in Schule, insbesondere von Schüler/-innen und Lehr/-innen, wirkt sich aus auf die Bilder und die Selbstverständnisse von Zusammenleben als *community* und in der Gemeinde. Schule ist Teil der pluralen Wirklichkeit in einem demokratisch verfassten Gemeinwesen und sie hat die Aufgabe und die Chance, demokratisches Zusammenleben und -lernen zu praktizieren. Mit Heterogenität umgehen zu lernen, heißt nicht „Überlebenstraining" für Lehrerinnen und Lehrer, sondern heißt vielmehr eine Kernkompetenz des Lehrens und Lernens wahrzunehmen.

Schule, als operativer Schauplatz von Bildungspolitik ist auch Austragungsort des Kampfes um „Bildungs"zertifikate, von Auslese und Verteilungsgerechtigkeit. Ohne das Lamento von Vergleichsstudien zu wiederholen, fällt in Deutschland nach wie vor die starke Abhängigkeit von Herkunft und Bildungserfolg auf. Die von UN-Sonderberichterstatter Vernor Munoz 2006 aufgezeigte diskriminierende Wirkung des gegliederten Schulsystems in Deutschland macht sich nach wie vor bemerkbar. Der Kinderrechtsexperte Jörg Maywald sieht in diesen Bewertungs- und Ausleseprozessen eine der „schwerwiegendsten Kinderrechtsverletzungen". Nicht vereinbar mit den wesentlichen Prinzipien der UN-Kinderrechtskonvention – die in dem Recht auf Gleichheit (Nicht-Diskriminierung), Förderung, Schutz und Partizipation bestehen – ist, „dass die Kinder immer wieder mit anderen verglichen und daran gemessen werden, ‚besser‘ oder ‚schlechter‘ als diese zu sein. Nicht die Entwicklung des individuellen Kindes zählt, sondern in erster Linie der Vergleich mit den anderen" (Maywald 2012, 132). In diesem Zusammenhang ist auch die schleppende Umsetzung der UN-Behindertenrechtskonvention in Schule zu sehen und festzustellen, dass Menschen mit Behinderung(en) weiterhin von ihrem Recht auf eine inklusive Bildung ausgeschlossen sind.

Problematisch an den hier angesprochenen Aspekten ist, dass soziale und strukturelle Probleme in den gesellschaftlichen Diskursen, aber auch in der Alltagspraxis der Schulen und Schulverwaltungen häufig individualisiert werden und hier diskriminierende Zuschreibungsprozesse stattfinden. Die Benachteiligung wird bisher selten als Defizit des Bildungssystems, sondern in erster Linie als Problem der Familien angesehen. Die zu Rassismus und Segregation an Berliner Schulen forschende Soziologie-Professorin Juliane Karakayli macht in diesem Zusammenhang die Notwendigkeit eines Perspektivwechsels deutlich: „In Deutschland ist der Schulerfolg sehr stark an die soziale Herkunft gebunden. Das hat aber etwas mit dem Schulsystem zu tun, das sozial selektiv ist, und nichts mit den Fähigkeiten der Kinder. Das deutsche Bildungssystem ist extrem diskriminierend gegenüber Kindern mit Migrationshintergrund und aus armen Haushalten" (Karakayali in der taz vom 22.2.2014). Um dem etwas entgegensetzen zu können, bedarf es – so die Empfehlungen von Karakayali – einer Auseinandersetzung mit Rassismus in der Gesellschaft in Deutschland und einer kritischen Wahrnehmung der ungleich verteilten Chancen zur Partizipation. Die vier (international gültigen und angewendeten) Strukturelemente des *Rechtes auf Bildung* können in diesem Zusammenhang wichtige Impulse setzen, um Mehrfachdiskriminierungen in Schule wahrzunehmen und entsprechende Schritte einzuleiten, um die nach wie vor virulenten Verletzungen der Kinderrechte anzugehen. Die Diagnosefragen lauten: ist Bildung für *alle verfügbar*, existieren *diskriminierungsfreie Zugänge*, wird dafür Sorge getragen, dass Bildung auch *annehmbar* und *adaptierbar* ist (Motakef 2009, 86 ff.)? Zielen die beiden ersten Faktoren v. a. auf strukturelle Rahmenbedingungen, Verfahren und Organisationsprinzipien, so sind die beiden letzteren Faktoren handlungsleitend für die Gestaltung von Lernräumen.

Wir möchten einen Beitrag dazu leisten, zeitgemäße, individuelle und anspruchsvolle Zugänge zu Heterogenität zu ermöglichen: inklusiv, differenzkritisch und machtsensibel. Voraussetzung dafür ist, einen Paradigmenwechsel in der Wahrnehmung und Einstellung von Lernbegleiter/-innen und Bildungsverantwortlichen zu schaffen, dass Heterogenität Norm und nicht Ausnahme ist (Krüger-Potratz 2004)[3]. Eine weitere Herausforderung ist achtsam und anerkennend gegenüber subjektiven Selbstentwürfen der Schülerinnen und Schüler zu sein und wachsam gegenüber „Ethnisierungen" und „Kulturalisierungen" zu bleiben, eine Gratwanderung zwischen Bagatellisieren von Unterschieden einerseits und deren Dramatisierung andererseits (Kalpaka 2004). Die dritte Herausforderung ist die Selbstreflexion und Sensibilisierung von Lehrkräften gegenüber eigenkulturellen Interpretationsmustern als Teil gesellschaftlicher Macht- und Dominanzverhältnisse. Bezugsrahmen und Maßstab für professionelles pädagogisches Handeln sind die Menschen- und Kinderrechte. Diese sind unhintergehbar. Wir schöpfen dabei aus den Ansätzen der Demokratie und Menschenrechtsbildung, der rassismuskritischen und historisch-politischen Arbeit und der interkulturellen Bildung (vgl. Rech in Schröder/Rademacher/ Merkle 2007).

Wir folgen einem weiten Bildungsbegriff, den wir an den „capabilty-approach" von Nussbaum und Sen anlehnen. Der Ansatz gibt Orientierungshilfen dafür, inwiefern Gesellschaften (und Institutionen) imstande sind, den Menschen ein Leben in Würde zu ermöglichen. Im Mittelpunkt stehen die potenziellen Verwirklichungschancen, die „Befähigungen", z. B. körperliche Integrität, Gefühle, praktische Vernunft, Zugehörigkeit, Teilhabe, Spiel etc. Mit dieser prinzipiell offenen und universell gedachten Liste an Fähigkeiten schlägt Nussbaum eine Brücke zu den Menschenrechten und zu einer Theorie der Gerechtigkeit, die sich bewusst von rein nutzenorientierten Ansätzen unterscheidet[4]. Auch deshalb

---

3 „Die Vorstellung, dass ethnische, nationale und sprachlich-kulturelle Heterogenität die Ausnahme und nicht der Normalfall ist, hält sich trotz besseren Wissens und führt unter anderem dazu, dass homogene Lerngruppen als (relativ) problemlos und heterogene Lerngruppen als problematisch und als zusätzliche Belastung gesehen werden" (Krüger-Potratz 2004).

4 „Der Fähigkeitsansatz ist in vollem Sinne universell. Er besagt, dass die genannten Fähigkeiten für jeden einzelnen Bürger in jedem Staat wichtig sind und dass jede Person als Zweck zu behandeln

ist der Ansatz in einer Zeit der Leistungsmessungen und Verwertbarkeitsorientierung interessant. Das Erwerben von Wissen über, von und durch Menschenrechte ist uns zentrales Anliegen (siehe Kap II Partizipation und Menschenrechte). Dabei legen wir großen Wert auf die sorgsame Gestaltung von erfahrungsnahen Lernanlässen und -räumen. Lernbegleiter/-innen kommt die Aufgabe zu, anregende und Interesse weckende Angebote zu machen, welche nahe an der Lebenswelt der Lernadressat/-innen und zugleich herausfordernd genug sind, um neue Wirklichkeitskonstruktionen zu provozieren.

Als didaktische Hintergrund- und Lerntheorie für unsere Lernarrangements beziehen wir Impulse aus dem Erfahrungslernen und dem Konstruktivismus. Stehen bei dem einen Ansatz die realen Erfahrungen von interaktiven Lernsubjekten und deren Interesse im Vordergrund, so gewinnen wir aus dem zweiten Ansatz die Überzeugung, dass es kein „Lehren" im wirklichen Wortsinn als Transfer von einem „Wissenden" zu einem „Lernenden" geben kann, sondern immer nur günstige oder weniger günstige Gelegenheiten und Rahmenbedingungen, um Lernprozesse von innen heraus, aus der Perspektive des jeweiligen Lernenden zu erzeugen. Es geht um die Erweiterung des eigenen Reflexions- und Handlungspotenzials. Die vielerorts eingeführte Ausrichtung an Kompetenzen hilft uns dabei, demokratie- und menschenrechtsorientiertes Lernen als Querschnittsaufgabe sowohl im Fachunterricht als auch überfachlich und als Leitbild von Schule zu implementieren. Es ist möglich und sinnvoll Schulen dabei zu begleiten, ausgehend von den drei von der OECD ausgegebenen Schlüsselkompetenzen (Autonomie, Beherrschung von Tools, Interagieren in sozial heterogenen Gruppen) diese auf demokratische (Teil-)Kompetenzen hin zu konkretisieren, um Reflexionsräume für gemeinsames Handeln in einer Schulgemeinde zu schaffen.

Ohne eine intensive Beschäftigung mit der Rolle und Funktion als Lernbegleiter/-in ist die Arbeit mit unseren Ansätzen und Impulsen wenig ertragreich. Wir möchten Lehrerinnen und Lehrern nicht ihrer wichtigen Rolle als Wissensvermittler/-innen berauben. Im Gegenteil, manchmal geht es auch im Laufe der Menschenrechtsbildung um Wissensvermittlung. Sie ist und soll-

---

ist. In dieser Hinsicht ähnelt der Ansatz dem Verständnis internationaler Menschenrechte ..." (Nussbaum 2010, 115).

te nur meistens das Ergebnis, nicht die Bedingung von subjekt-, lebenswelt- und ressourcenorientierter Erfahrungen in der Klassengemeinschaft sein. In diesem Sinn sind auch die Lernwege durch die unterschiedlichen Schwerpunktthemen des Buches angelegt.

Im Zentrum steht immer der/die Schüler/-in als handelnder Akteur mit seinen/ihren Deutungen und Fragen. Durch unsere Angebote sollen die Schülerinnen und Schüler darin bestärkt werden, existenzielle Fragen nach Sinn und Bedeutung zu stellen. Wir setzen darauf, dass durch diese emotionalen Antworten als erste Reaktion auf Impulse und/oder Übungsarrangements innere Beteiligung bei den Lernenden entsteht. Dadurch werden die Adressat/-innen des Lernarrangements angeregt, ihre Wahrnehmung(en) zu erweitern, diese wiederum zu reflektieren und in (neue) Begriffe zu fassen. Von hier aus führen Wege zu subjektiven Veränderungsimpulsen und konkreten Handlungsentwürfen, wie das Erfahrene als Praxis angeeignet werden kann. Dafür benötigen Schüler/-innen Lernbegleiter/-innen, die für einen beschämungsfreien und entspannten Lernraum sorgen. Lernbegleiter/-innen, die Strukturen und Verfahren vorgeben, in denen Schüler/-innen sich sicher und geschützt entfalten und miteinander in Aushandlung gehen können. Dazu braucht es Respekt und Anerkennung vor der Würde des jeweils Anderen, der Vielstimmigkeit und Unterschiedlichkeit, Eigenverantwortung und Mut, sich bisweilen auf ergebnisoffene Prozesse einzulassen. Dafür ist es weniger wichtig alles im Vorhinein zu wissen, sondern eher bedeutsam, Wagnisse einzugehen, die darin bestehen, Erfahrungen in produktive Krisen zu führen. Nur so können Neugier und Interesse an neuen Erkenntnissen entstehen, wenn alle Lernenden, Lernbegleiter/-innen und Schüler/-innen daran beteiligt sind. Hilfreiche Fragen sind wichtiger als fertige Antworten. Nur so können Schüler/-innen entdecken, was in ihnen steckt, wenn sie von Lernbegleiter/-innen als Schätze-Hebende auf ihren Erkundungen begleitet werden.

Hauptkapitel

Dialog und Aushandlungsprozesse

Schlüsselthemen des Kapitels

- Aushandlung und Dilemmadialog
- Heterogenität als Norm und Gestaltungsprinzip
- Gerechtigkeitsvorstellungen und Konfliktbearbeitung

In der Lerngruppe aus Lehrkräften und Pädagog/-innen wird die Geschichte von Mustafa und Frau Reuter vorgelesen. Darin hat Frau Reuter für den Kunstunterricht eine Menge Ideen entwickelt, um die Schüler/-innen an das curricular anstehende Thema „Porträtzeichnen" heranzuführen. Just in dem Moment, als das praktische Arbeiten ansteht, ist Frau Reuter überraschenderweise mit der Ablehnung von Mustafa konfrontiert, der sagt, dass er aus religiösen Gründen diese Aufgabe nicht erfüllen kann. Die Teilnehmer/-innen werden in dem Lernarrangement „Dilemmadialog" (Methodenbeschreibung und Fallbeispiel → S. 145, Methodenteil) darum gebeten, sich nun in Frau Reuter hineinzuversetzen, sich gefühlsmäßig mit ihr zu verknüpfen, um eine Entscheidung zu treffen, mit welcher inneren Grundhaltung bzw. mit welchem Ziel sie in ein anstehendes Gespräch mit Mustafa gehen würden: ihn zum Porträtzeichnen zu bringen oder eine Ausnahmeregelung zuzulassen. Im Raum werden zwei „Meinungs"-Felder für die beiden Handlungsoptionen gekennzeichnet. Die Teilnehmer/-innen werden gebeten eines der beiden Felder „als Frau Reuter" zu betreten und so einen aus dem Moment heraus assoziierten Standpunkt zu beziehen. Sie werden in der Folge ermuntert, Begründungen, Positionen, Meinungen, Erfahrungen und Motive zu äußern, welche sie dazu gebracht haben, in diesem Moment „so oder so" zu (re)agieren. Bei der

Übung achtet die Moderation darauf, dass keine Diskussion entsteht. Die Handlungsoptionen werden gehört und unkommentiert „stehen gelassen".

Die Erfahrungen mit diesem Szenario sind reichhaltig und vielfältig. Meist sind sie im Seminargeschehen berührend und aufrüttelnd. Individuelle Handlungsimpulse stehen durch das Übungssetting kontrovers nebeneinander. Betrachtet man den Prozessverlauf des Dilemmadialogs, so durchläuft die Gruppe als Ganzes verschiedene Stadien der Reflexion. Oft werden der Wunsch und die Notwendigkeit deutlich, sich mehr mit der Perspektive von Mustafa zu beschäftigen – beste Grundlage, um sich in Konfliktvermittlung zu üben. Die Erlebnisse und Erfahrungen mit dieser Übung erlauben es, das Spannungsfeld der genannten Schlüsselthemen auszuleuchten. Die Methode Dilemma-Dialog und das Dilemma „Porträt-Zeichnen" sind zentrale Bausteine eines Fortbildungsangebots für Lehrer/-innen, in dem die Teilnehmenden einen „erhellenden Prozess der produktiven Zumutung" (Kaletsch in Niehoff) durchlaufen. In einem stark selbstreflexiven Prozess können Haltungen entstehen und Methoden kennen gelernt werden, die helfen, sich als Lernbegleiter/-in und Vermittler/-in im Themenfeld „Zusammenleben in der pluralen Gesellschaft" zu bewegen. „Die Vermittlung einer Haltung, die ein dialogisch angelegtes, gemeinsames Lernen und Austauschen über das Erleben und Verstehen globaler Zusammenhänge ermöglicht, wird dabei von vielen Lehrkräften als eine entlastende und ihren Arbeitsalltag bereichernde Erkenntnis beschrieben" (ebenda).

Zwischen Distanz und Annäherung – laut gewordene Dilemmata im Dialog

Verweigern

„Ich werde hier öffentlich keinen Standpunkt dazu einnehmen, ohne zu wissen, wie die Rechtslage aussieht!", lautete eine sehr vehement vorgetragene Reaktion in einer Lerngruppe. Hinter diesem offensichtlichen Widerstand lagern weitere Erläuterungen, die nachgeschoben werden: „Was, wenn das stimmt, und morgen der Vater oder der Imam erscheinen und ich Ärger bekomme …?" – „Wie kann ich mich absichern, gibt es eine eindeutige Quelle, auf die ich mein

Handeln beziehen bzw. rechtfertigen kann …?" – „Sag' du es mir, (unmenschliche/-r) Fortbildner/-in, wenn du mich schon in eine so missliche Lage bringst …!". Im Widerstand spiegelt sich die Projektion gegenüber den Fortbildner/-innen, an die stellvertretend der Wunsch nach dem allumfassend informierten Wissen delegiert wird. Auf beinahe magische Weise wiederholt die Lerngruppe in der Gegenübertragung die Haltung Mustafas.

Auf den Hinweis, es gäbe keine eindeutige „äußere Regel", mit der die Rechtmäßigkeit des Verbots oder die individuelle Freiheit begründet werden könne, erhöhen sich sowohl Verweigerung als auch die Nachdenklichkeit im Raum.

Die Sorge darum, Fehler zu vermeiden und das „Richtige" zu tun, lähmt professionelles Handeln. Die Fixiertheit auf Wissen, zumal kulturerklärendes Wissen, deckt die Bemühungen um Verstehen zu. Bezogen auf das Interaktionsgeschehen im Lernraum entspricht das einem Aufkündigen der Lehr-Lern-Beziehung. Im Lichte des Einwanderungsdiskurses spiegelt sich darin die Konstruktion, mit etwas ganz Anderem, Differentem, Fremdem konfrontiert zu sein. Der Wunsch nach Eindeutigkeit drückt einerseits die Sehnsucht aus, einen „Code" zum „Knacken" der fremden Verhaltensregel zu finden, andererseits dient er auch der Selbstabsolution, nicht verstehen zu müssen.

Recht haben, ideologisieren und missionieren

„Hier ist Deutschland, da kann man ein Mindestmaß an Anpassung erwarten!" „Es ist meine Pflicht – auch als Landesbediensteter – Werte zu vertreten, die hier gelten, und deshalb setze ich den curricularen Bildungsauftrag durch …", so oder so ähnlich lauten andere, kräftiger vorgetragene Verhaltensvorschläge. Kombiniert wird diese Begründung gerne mit dem Hinweis darauf, „als Lehrperson in erster Linie alle gleich behandeln zu müssen", außerdem „komme man in Teufels Küche, betrete man erst einmal den Möglichkeitsraum für Ausnahmen". Ist diese Schranke erst einmal geöffnet, wird eine unüberschaubare Kettenreaktion befürchtet, „… dann bin ich morgen mit Veganern, Buddhisten, religiösen Eiferern oder mit Demotivierten konfrontiert, die einen Vorwand suchen, sich ihrerseits zu verweigern, oder Sonderbehandlung verlangen". Dann bleiben nur noch Verweise auf die aktuelle Praxis, wie etwa Freistellen vom

Schwimm- oder Sportunterricht und Vergabe der Note Sechs aus Gründen der Nichtbewertbarkeit. Eine extreme Form der Exklusion als Verweigerung des Bildungsauftrags. Anstatt den Aushandlungs- bzw. Ermöglichungsspielraum zu erweitern, wird die Verantwortung – individuell und kollektiv – auf den/das Andere verschoben.

Eine militantere Variante, diese Selbstkulturalisierung als heroischen Akt zu legitimieren, ist es „den armen, sich im autoritären Zugriff ihrer Eltern oder ihrer Kultur befindenden Kreaturen einen Weg in die Freiheit und Demokratie zu weisen".

Diese ersten beiden Impulse fehlen in aller Regel bei keiner Gruppe, sie variieren in ihrer Intensität. Man könnte sie als alltagsweltliche Übersetzungen eines absoluten Kulturrelativismus einerseits und des missionarischen Universalismus andererseits begreifen. Beiden gemeinsam ist ein grundlegendes Misstrauen mit Blick auf die Aufrichtigkeit und Authentizität des Schülers. Zu prüfen wäre in erster Linie – so viele Stimmen der teilnehmenden Lehrer/-innen[1] –, „ob der Schüler die Religion nur als Vorwand ausgibt, um sich dem Arbeitsauftrag zu entziehen". Erst danach „lohne es sich, ernsthaft über mögliche weitere Schritte und Hintergrundmotive bei Mustafa nachzudenken". Ebenfalls beiden Strategien der „Anderung" (do Mar Castro Varela 2010, 42) und der „Assimilierung" ist eigen, dass es wenig bis gar keine Sicht auf die interpersonale Beziehung, die zwischenmenschliche Interaktion und das reale Gegenüber als Subjekt gibt.

Irritation und Verunsicherung – die Stimme(n) der Anderen

Was nun, wenn etwas dran ist an den Aussagen des Schülers? Andere Stimmen in der Lerngruppe setzen ein zunächst diffuses Unbehagen bei Mustafa voraus. Sie sehen sich veranlasst, die Ausnahmeregelung als Moratorium zuzulassen, bis die Angelegenheit geklärt ist. Die Exponent/-innen dieser Ideen setzen sich –

1	Die O-Töne sind zusammengetragen aus verschiedenen Fortbildungsgruppen, die der Autor im Rahmen der modularen Fortbildungsreihe(n) zu „Demokratie lernen in der pluralen Einwanderungsgesellschaft" gewinnen konnte.

zunächst im sicheren Gehege der Aufschubregelung – einem Wagnis aus: „Man könnte mit den Eltern sprechen, um herauszubekommen, welche Bedeutung die Religiosität in der Familie hat, oder einen Imam hinzuziehen". Wieder andere möchten sich Mustafa zuwenden, „um zu erkunden, was genau der Hintergrund seiner Verweigerung ist". Neben dem ernsthaften Bemühen, die Glaubwürdigkeit und die existenzielle Not Mustafas zu prüfen, taucht auf der unausgesprochenen Seite dieser Aussage ein zweites Motiv auf: Ich weiß nicht und ich kann nicht wissen, was Mustafa tatsächlich bewegt. Ich bin irritiert, weil mein gut gemeinter Plan nicht aufgeht, und ich bin unsicher, was an dieser Stelle zu tun ist. Es gibt Wege aufzuspüren, welche Deutungen und Bedeutungen auf der anderen, mir verborgenen, Seite zu der Verweigerungshaltung führen. Das Abenteuer besteht darin, diese Irritation zuzulassen und darin zu verweilen. Sich – rational wie emotional – von dem Wunsch nach Kontrolle und Gewissheit zu verabschieden und sich auf eine Begegnung einzulassen, deren Ausgang offen ist. Das erfordert Mut in zweifacher Hinsicht. Zum einen wird der Horizont einer wie auch immer imaginierten anderen „Kultur" betreten und zum anderen kommt das Selbstverständnis als Lehrkraft und Wissensautorität kräftig ins Wanken.

Änderung des Deutungsrahmens und Zielverlagerung

In manchen Gruppen gibt es beherzte Stimmen, welche die gestellte Herausforderung aus einer ganz anderen Perspektive sehen. Oft sind dabei Kunstlehrer/-innen, die sich vielleicht aus ihrer Expertenrolle diesen Blickwechsel eher erlauben. Meist tasten sich die Gruppen an diese grundlegenden Perspektivwechsel heran. Interessant dabei ist, dass hier weniger die andere „Kultur" in ihrer Bedeutung hervorgehoben wird, sondern die Aufgabe als Lehrkraft neu interpretiert wird. Beschwerten vorher Misstrauen, Bedenken, Irritationen und Selbstüberwindungsarbeit den Lernraum, so entsteht durch diese plötzliche Wende eine überraschende Leichtigkeit. Der Gedankengang geht ungefähr so: Was ist meine Aufgabe als (Kunst-)Lehrer/-in? Sie besteht darin, Heranwachsenden (Lebens-)Kompetenzen zu vermitteln. Dabei orientiere ich mich an bestimmten inhaltlich vorgegebenen Rahmenrichtlinien – auf dem Weg dahin genieße ich große Freiheit. Im geschilderten Fall geht es, sagen wir, um Fingerfertigkeit und

Geschick, Wahrnehmungsfähigkeit, Proportionalität, Stellenwert und Bedeutung von Selbstbildnissen etc. Welches „Geschenk", von Mustafa zu erfahren, wie er all diese Kompetenzen erproben kann, ohne dabei mit seinem Glauben in Konflikt zu geraten. Nicht nur für die Lehrer/-in-Schüler/-in-Beziehung, sondern für die gesamte Lerngruppe. Manche Dilemmadialoge endeten mit dem Vorschlag, Mustafa eine Kalligraphie malen zu lassen.

Beiden letzteren Varianten ist eigen, Verunsicherungen bei sich selbst wahrzunehmen und zuzulassen – als Mensch und mit professioneller Verantwortung – und diese dann in Handlungsstrategien umzuwandeln, welche in Beziehung mit dem Gegenüber als eigenständiges Subjekt und in seiner Rolle als Schüler/-in nach gemeinsamen tragfähigen Lösungen suchen.

Bei allen Handlungsoptionen wird deutlich, wie unterschiedliche Haltungen und Einstellungen Wirklichkeit erzeugen – und dabei Wege eröffnen oder verbauen. Aber was genau geschieht in diesem Lernraum?

Reflexion des Lernarrangements Dilemmadialog

Was allen Beteiligten zuerst Schwierigkeiten bereitet, wird in der nachträglichen Reflexion der Übung als „wertvoll" und als „etwas Besonderes" geschätzt. Dadurch, dass Meinungen und Hintergrundannahmen zu den einzelnen Handlungsoptionen kommentarlos ausgesprochen werden können, bleibt eine unmittelbare Diskussion aus. Diese Einschränkung eröffnet einen als produktiv erlebten Reflexionsraum, der sich frei von realem Handlungsdruck entfalten kann. Der als „Da-Zwischen" erlebte Raum, „wo Mehr- und Vielstimmigkeit ihren Platz haben", wird zum Ort der „Selbstreflexion", an dem „gedanklich unterschiedliche Positionen und Meinungen durchwandert werden". Hier „werden eigene Bilder und Imaginationen bewusst" und die „paradoxe Schwebe", in der alle Positionen offen sind", erlaubt es „eigene Handlungsmuster sichtbar und konträre Verhaltensimpulse verständlicher zu machen". Die Teilnehmenden melden „als wohltuend" zurück, dass „Bedeutungen wichtiger werden als Handlungen" und „Entscheidungen jederzeit revidierbar sind". Bezogen auf den Gesamtprozess in einer Gruppe fällt oft auf, dass so etwas wie ein „vorsichtiges Abwägen unterschiedlicher Hintergrundmotive geschieht" und der „Wahrnehmungsraum des Möglichen so erweitert" wird, dass diese insgesamt ein „neues, produktiveres Reflexionsniveau erreicht".

Durch das Dilemma, sich für eine von zwei suboptimalen Lösungen zu entscheiden, wird bei den Teilnehmer/-innen eine hohe Selbstaufmerksamkeit, aber auch eine sensible Wahrnehmungsbereitschaft für das „Ringen mit unterschiedlichen Überzeugungen" bei den anderen erzeugt. Die Trennung zwischen Meinung und Grund wird sichtbar. Der schmale Grat zwischen dem Reservoire an potenziellen Handlungsoptionen und der je individuellen Entscheidung wird deutlich. Der gemeinsame Prozess wird als etwas „Produktives" bezeichnet, bei dem eine neue Ebene des Denkens erreicht wurde. Wie kommt es zu dieser kollektiven Weisheit? Überraschenderweise wird das Hineinführen in die „Uneindeutigkeit", die Ambivalenz – zumindest im Nachhinein – als Befreiung erlebt. Sicherlich hat das etwas mit der Abwesenheit realen Handlungsdrucks zu tun. Es hat aber auch etwas damit zu tun, was wir wesentliche Merkmale des Dialogischen nennen würden. Dialog meint, im Unterschied zu Debatte oder Diskussion, wo es eher darum geht, wer die überzeugendsten Argumente vorbringt, etymologisch „das Fließen von Sinn" (Bohm in Hartkemeyer 2005, 32 ff.). Der Dialog ermöglicht durch seine Entschleunigung einen Prozess des gemeinsamen Erkundens von Bedeutungen. Das Gesagte wird weniger als Besitz gesehen, den es zu verteidigen gilt, denn als Such- und Abwägungsprozess, dessen Wichtigkeit und Bedeutungsgehalt ich für mich persönlich ergründe. Indem ich die Hintergrundannahmen offen lege, die zu einer bestimmten Überzeugung führen, erlaube ich den anderen Dialogteilnehmer/-innen, den Entstehungsprozess meines Gedankenflusses nachzuvollziehen. Das rein zweckrationale und instrumentelle Ausgerichtetsein auf Ergebnisse und Effizienz ist ausgeblendet. Im Dialograum können sich durch das respektvolle „in der Schwebe halten" unterschiedlicher Meinungen neue Bedeutungsschichten und innovative Zugänge eröffnen. Gerade in interkulturellen Kontexten oder kulturell „gerahmten" Bezügen kommt es auf die Fähigkeit an, Wirklichkeits- und Bedeutungsgefüge neu miteinander auszuhandeln. In diesem neuen Universum, in dem sich zwei verschiedene Weltsichten treffen, gibt es keinen Platz mehr für Selbstverständliches. Voraussetzung dafür ist die selbstreflexive Beschäftigung mit den eigenen Konstruktionen und Bedeutungen. Daraus können neue, situationsadäquate Handlungsimpulse entstehen, die u. U. losgelöst sind von den tradierten Erwartungshorizonten beider Dialogpartner und geschöpft werden aus dem erweiterten Repertoire an gemeinsam gefundenem und geteiltem Sinn (Antal/Friedman 2003). Ohne die erlebte Verunsicherung eigener Handlungsroutinen im Dialog- und Dilemmaraum wäre keine Erweiterung der Sinnhorizonte möglich gewesen, also das, was nach Frigga Haug Lernen, zumal „erfahrungsorientiertes" und „Demokratielernen", eigentlich ausmacht[2]. Die Fähigkeit zum Aushandeln, Ambiguitätstoleranz und Selbstreflexivität auch und v. a. gegenüber eigenen Konstruktionen sind Fertigkeiten, die mit Hilfe von Dilemmamethoden gefördert werden. Das sind Kompetenzen, die gerade bei Begegnungen in interkulturellen Kontexten von großer Bedeutung sind. Sie sind auch enthalten in den drei Schlüsselkompetenzen der OECD, „Autonomes Handeln, Wissen und Werkszeuge und Interaktion in sozial heterogenen Gruppen", die ausdifferenziert auch auf die Ausbildung „demokratischer Handlungskompetenzen" bezogen werden können. Ein Instrumentarium, an dem sich die Wirksamkeit von Bildungsprozessen zunehmend messen lassen muss und welches Orientierungshilfe bei der Planung, Beratung oder Begleitung von schulischen Entwicklungsprozessen bietet (vgl. Eikel/de Haan 2007, 25 ff.).

Dilemma-Dialoge können einfach so für sich stehen, sie bieten aber auch vielfache (Anschluss-)Möglichkeiten der Weiterarbeit. Bei Großveranstaltungen[3] können sie innere Beteiligung der einzelnen Teilnehmer/-innen erzeugen, bei spezifischen Themen bieten sie eine (Er-)Öffnung in ein Thema und steigern das Problembewusstsein. In jedem Fall dienen sie der Perspektivenvielfalt, schärfen das Urteilsvermögen und helfen, die Gütekriterien von Begründungen zu Tage zu fördern.

---

2   „Einen Lernprozess organisieren heißt, Erfahrungen in die Krise führen. Dafür benötigen Schüler Lehrer, die Verunsicherung herausfordern und das Sich-Einrichten immer wieder in Frage stellen" (vgl. Frigga Haug, „Lernverhältnisse" 2003, 65 ff.).

3   Wie beispielsweise an einem pädagogischen Tag mit einem kompletten Kollegium oder bei Tagungen im Plenum.

Im geschilderten Fall folgen wir der Neugierde der Gruppe, die sich mit dem Dilemma von Frau Reuter näher befassen möchte. Hier bereitet sich also die gesamte Gruppe auf das Gespräch mit dem Schüler vor. Die Kunstlehrerin dient als Übertragungsfigur für das Erlernen eigener Handlungs- bzw. Gesprächsführungskompetenzen. Denkbar wäre auch, dass die Gruppe sich in eine allparteiliche dritte Person, einen/eine Mediator/-in versetzt, die zwischen zwei Konfliktparteien (sagen wir zwei Schüler/-innen) vermittelt. Vorstellbar ist auch, dass eine Lerngruppe bei der Gesprächswerkstatt gecoacht wird, mit dem Ziel, die dabei sich anzueignenden Fähigkeiten an Schüler/-innen weiterzuvermitteln.

Gesprächswerkstatt: Perspektivwechsel, Gefahrenzonen und goldene Momente

Die Ausgangslage aus dem Dilemmadialog wird übernommen und führt über in eine Werkstatt, bei der sich die Kunstlehrerin Frau Reuter auf das bevorstehende Gespräch mit ihrem Schüler Mustafa vorbereitet. Gewappnet durch die Vorübung simuliert die in zwei (Rollen-)Hälften aufgeteilte Gruppe die Vorerwartungen, Annahmen, Gefühle und Wünsche der beiden Gesprächspartner. Anhand von Leitfragen versetzen sich die beiden Gruppen stellvertretend in den Schüler und die Lehrkraft. *Die Lerngruppen folgen dabei einem Drei-Schritt: Sie erkunden zunächst die Gefühls- und Bedürfnislage der (Konflikt-)Beteiligten: „Wie fühlt sich Frau Reuter/Mustafa?" Im zweiten Schritt öffnen sie sich den jeweiligen vermuteten Vorannahmen und Zuschreibungsmechanismen „Was denke ich (Frau Reuter/Mustafe), denkt der (Mustafa) oder die (Frau Reuter) andere über mich?", um abschließend die jeweilige Wunschperspektive zu ermitteln. „Was wünsche ich mir für das Gespräch?", lautet hierbei die Frage, derer sich die Kleingruppen im dritten Schritt annehmen.*

Die Fragen helfen den Gruppen, sich in die Person hineinzuversetzen, die Welt für einen Moment mit deren Augen zu sehen und nachzuempfinden. Sie bringen nach einer Brainstormingphase Originaltöne (O-Töne), die aus einer Ich-Perspektive formuliert werden und auch einander widersprechende Aussagen beinhalten können, mit ins Plenum. Hier werden die drei verschiedenen Wahrnehmungspositionen der Gedanken und Gefühle, des vermuteten Fremdbildes der jeweils anderen Seite sowie der Wünsche und Bedürfnisse deutlich. Zurück in der Gesamtgruppe werden die entstandenen O-Töne jeweils aus beiden Perspektiven in den einzelnen Wahrnehmungspositionen nebeneinandergelegt und laut vorgelesen. Nach jeder Wahrnehmungsposition werden Auffälligkeiten, Gemeinsamkeiten und Unterschiede gesammelt. Am Ende versetzt sich die Gruppe in eine gesprächsführende Person – im geschilderten Szenario ist das Frau Reuter selbst –, um herauszufinden, wo Gefahrenzonen dieses bevorstehenden Gesprächs „lauern" bzw. wie man diesen begegnen kann und wo es „goldene Momente" gibt, auf denen man aufbauen kann.

Dieses Vorgehen ist äußerst intensiv und wirkungsvoll. Eine klare und behutsame Moderation ist gefordert. Die Teilnehmer/-innen dürfen nicht in eine verengende Praxisdiskussion geraten, die vorschnell Vor- und Nachteile gegeneinanderstellt. Auch die (Hilfs-)Konstruktion, sich reale Schüler/innen vorzustellen, ist kontraproduktiv. Die eingeführten „Figuren" dienen als realistische Projektionsfläche für vielfältige Hintergründe und Reaktionsweisen. Es geht im Wesentlichen darum, die Aufmerksamkeit und die eigene Wahrnehmung auf ressourcenöffnende bzw. -verschließende Ansatzpunkte bei dem potenziellen Gespräch zu lenken. Was fällt nun im vorliegenden Fall auf?

Bezogen auf Gefühle ergeben sich erstaunlich viele Parallelen zwischen den beiden Akteuren. Sei es die „Unsicherheit, innere Zerrissenheit oder Hilflosigkeit", die „Enttäuschung, Einsamkeit oder die Anspannung". Gefühle sind authentisch, sie gehören den Personen, sie sind tragischer Ausdruck nicht erfüllter Bedürfnisse und über sie kann nicht verhandelt werden. Die „Tonalität" und Ähnlichkeit der Gefühlswelten wird ein wichtiger Ankerpunkt für das gemeinsame Gespräch sein. Im Gefühlsleben zeigen sich auf beiden Seiten die Dilemmasituation und die damit einhergehenden Ambivalenzen: Die Lehrperson schwankt zwischen Misstrauen, Selbstbehauptung und Duldsamkeit. In Mustafas Gefühlsleben tauchen Stolz und Scham, der gleichzeitige Wunsch nach Anerkennung seiner individuellen Not und Normalität auf. Besonders die Ambivalenz stellt (wie der Dilemmadialog gezeigt hat) eine Brücke zum Verständnis der anderen Seite dar. Beide Seiten haben mit Gesichtsverlust zu kämpfen und ringen um Macht und Kontrolle: die Lehrperson um Machterhalt und

-beweis, der Schüler um Selbsterhalt und Machtunterminierung. Darin lauert die Gefahr sich wechselseitig in Stellung bringender unversöhnlicher Positionen – allerdings mit zumindest formal ungleich verteilten Machtressourcen. Diese Denkweisen sind schon eher als Strategien zu verstehen, die auf der vermuteten Wahrnehmung der anderen Seite aufbauen.

Bei dieser Wahrnehmungsposition kommt – ganz nebenbei – zum Tragen, wie wichtig es ist, sich einen Wortschatz für Gefühle anzueignen, und wie schwierig es manchmal sein kann, Beschreibungen zu finden, die echte und kohärente Ich-Gefühle ausdrücken und keine unterstellten Vorwürfe sind, wie z. B. „ich fühle mich einsam" anstatt „ich fühle mich missverstanden" (Rosenberg 2001, 49 ff.). Lernbegleiter/-innen wird deutlich, dass es auch für Kinder und Heranwachsende Gelegenheiten geben muss Gefühle – bei sich und Anderen – wahrzunehmen und auszudrücken.

Schnell wird klar, dass in den jeweiligen Fremd- bzw. beim Anderen vermuteten Feindbildern die größte Gefahr liegt. Erstaunlich, wie passförmig komplementär und zielsicher die wechselseitig vermuteten Vorurteile und Unterstellungen operieren. Unabhängig davon, ob diese ausgesprochen oder nur als Hintergrundannahme wirken – in jedem Fall werden diese die Gesprächsdynamik prägen. An dieser Stelle entscheidet sich, ob Vertrauen und echte Begegnung stattfinden oder „investigatives" Aufspüren diskreditierender Bilder. Hier werden besonders die wechselseitigen Kulturalisierungsfallen deutlich: Sprechen sich die Gesprächspartner nur noch als Repräsentant/-innen ihres jeweiligen soziokulturellen Milieus und den damit assoziierten Stereotypen an,[4] wird es keine Verständigung geben. Der Konflikt verhärtet, erkaltet und erweitert seine Arena. Im schlimmsten Fall stehen sich dann zwei unversöhnliche Positionen gegenüber wie: „Du weiße Ungläubige zeigst keinen Respekt gegenüber meiner Religion" versus: „Du orientalischer Möchtegernmacho, zeig' mir erst mal die Stelle im Koran, wo begründet wird, dass Porträtmalen verboten ist". Der Konflikt wird personalisiert und ideologisiert. Nicht das gemeinsame Problem, sondern die Personen selbst stehen im Mittelpunkt der Auseinandersetzung – sie sind das Problem geworden.

---

4   „Macho", „radikalisierter Muslim" auf der einen, „Emanze", „Ungläubige" auf der anderen Seite.

Es ist zunächst wichtig nicht nur zwischen Mensch und Problem, sondern auch zwischen Mensch und Kultur zu trennen. Denn nicht Kulturen haben Konflikte, sondern die sich in kulturellen Praxen bewegenden und diese erzeugende Menschen. Dabei gilt es, wie wir von Mecheril lernen, immer mindestens zwei miteinander verwobene Dimensionen zu berücksichtigen: Imagination und Macht (Mecheril 1998, 287 ff.). Mit den „Bildern flirten und nicht sie heiraten" (ein treffender Ausspruch, der von Anita Kalpaka übernommen wurde) ist ein Weg, mit der imaginativen Dimension umzugehen. Es verlangt viel Fingerspitzengefühl, Bilder anzusprechen und gleichzeitig den aktuellen Anlass und Bezug nicht aus den Augen zu verlieren. Auch hier hilft es Annahmen zu benennen und zu suspendieren, wie wir es vom Dialog her kennen. Als besonders praxisrelevante Orientierung haben wir es erlebt jedes Gespräch als eingebettet in einen *Kontext*, einen gesellschaftlichen Diskurs, eine konkrete *Situation* (aktueller Anlass und Setting) und eine konkrete, *beziehungshafte Interaktion* zu sehen. Die Bilder werden den gesellschaftlich wirksamen und wirkenden Diskursen entlehnt. Sie „kolonialisieren" sozusagen die Situation und die Beziehung. Deshalb ist es so eminent wichtig immer wieder auf die konkrete Situation, den Anlass, um den es geht, zurückzuführen. Die Machtdimension, die Begegnung von Statushöheren und Statusniederen, die Über- und Unterordnung durchkreuzt sozusagen die Horizontale der vielfältigen nebeneinander stehenden Bilder, Empfindsamkeiten, Interpretationen und Wahrnehmungen. Gerade in interkulturellen Kontexten zeigt sich, dass es nicht beliebig ist, wer aus welcher Position heraus mit welchem Motiv kulturelle Aspekte hervorhebt[5]. Es gehört zu der subtilen Macht der Dominanzgesellschaft, dass deren kulturelle Verwobenheit als selbstverständlich, unhinterfragbar und unsichtbar – meist schon als unausgesprochene Regel – vorausgesetzt wird. Der oder die Andere, die Minderposition wird so „automatisch" zum Tabubrecher, die normale Ordnung wird durchbrochen (Weiß 2001). Das so erscheinende Verlangen als Sonderbehandlung kann nur über kulturell spezifizierte und als von der

---

5   Anita Kalpaka und andere Praktiker und Wissenschaftler, die rassismus- und differenzkritische Ansätze verfolgen, heben die Bedeutung hervor, die damit verbunden ist, die Position(en) der jeweiligen „Sprecher" zu reflektieren, wenn sie Kultur als Bezugspunkt verwenden. Vortrag gehalten am 18.06.1998, dokumentiert in „Interkulturelle Kompetenz" Paritätisches Bildungswerk Bremen S. 37.

Machtposition aus als legitim erachtete Forderung gewährt werden. Übertragen auf den vorliegenden Fall bedeutet dies, dass einseitig vom Schüler verlangt werden kann, stichhaltige Beweise für seine religiöse Überzeugung vorzubringen. Die überraschende Wende in dem Fall kommt erst zustande, nachdem die Lehrkraft überlegt, was in ihrer Verantwortungsmacht liegt, und die Situation neu gerahmt wird. Interessanterweise liegt der Schlüssel zu mehr Gleichgewicht und Neuorientierung in der je eigenverantwortlichen und rollenklaren Gestaltung der Lehrer-Schüler-Beziehung. Bezogen auf das anstehende Gespräch wird den Teilnehmenden klar, dass es viel wichtiger ist, die Diskriminierungserfahrungen, die der Schüler mitbringt, ernst zu nehmen, als auf kulturell-religiöse Erklärungen zu insistieren. Des Weiteren wird es wichtig sein, Mustafa selbst als Experten seiner Auslegung von Religion anzuerkennen – mit seinen Verstrickungen, Brüchen und Selbstbehauptungswünschen. Das erfordert echtes Interesse und die Grundhaltung eines Lernenden, nicht Wissenden.

In Nachgesprächen zu dieser Übung wird immer wieder betont, wie hilfreich „Aktives Zuhören" ist: Seinem Gegenüber „die eigene Präsenz schenken", „wirkliches Interesse zeigen" und v. a. „Begleiter auf einer gemeinsamen Erkundung nach seinen Lösungswegen" sein. Befinden wir uns in einem mediativen Setting (d. h. ein allparteilicher Dritter vermittelt zwischen zwei Konfliktparteien), ist es notwendig einen möglichst „breiten" Perspektivwechsel bezogen auf die jeweiligen Selbst- und Fremdbilder herbeizuführen. Kommen kulturalisierende Bilder ins Spiel, darf der Blick sich darauf nicht verengen – das gilt bei Frau Reuter und Mustafa genauso wie bei zwei Schülern mit unterschiedlichen Herkunftsbezügen, bei denen bestimmte Facetten der eigenen Identität betont werden. Welchen Deutungsrahmen geben die Konfliktbeteiligten ihrem Verhalten? Wer hat welchen Nutzen von evtl. vorgetragenen kulturellen Argumentationsmustern? Wie war die Situation genau und welche Denk- und Verhaltensmuster hat sie ausgelöst? Welche Rolle spielen dabei die in der Einwanderungsgesellschaft gemachten Erfahrungen, welche die familiäre Sozialisation? Welchen (Rechts-)Status haben die Personen und wie wirkt der sich aus? Welche Aspekte der eigenen Persönlichkeit werden in dem Konflikt sichtbar oder stehen auf dem Spiel? Dies alles können Aufmerksamkeitspunkte zur inneren Orientierung einer/-s Vermittler/-in oder Berater/-in sein. Wachsam muss diese/-r ebenfalls sein, wenn es sich um Vertreter/-innen von Mehr- oder Minderpositionen handelt. Hier gilt es v. a. wachsam gegenüber eigenkulturellen Bildern und Filtern zu sein und auch sensibel gegenüber der Bedeutung, welche die eigene Zugehörigkeit bei den Konfliktparteien evoziert. Auch hier ist es wesentlich hilfreicher eine konsequent fragende, lernende und offene Haltung beizubehalten als sich mit „landesspezifischem Wissen" selbst zu blockieren. Interkulturelle Kompetenz hat v. a. mit einer besseren Selbstkenntnis und der Fähigkeit zu Metakommunikation zu tun. Mecheril spricht hier bewusst von der sog. Kompetenzlosigkeitskompetenz (Mecheril in Castro Varela/Schulze/Vogelmann/Weiß (Hrsg.) 1998, 287 ff.).

Was geschieht bei unserem Fall in der dritten Wahrnehmungsposition?
Augenfällig stechen die goldenen Momente, d. h. die produktive Basis für ein Gespräch, bei den Wünschen und Bedürfnissen ins Auge. Beide Seiten wünschen sich – wortgleich – Verständnis und Verständigung, Beziehung und Anerkennung, Selbstbestimmtheit und Zugehörigkeit, Gelassenheit, Ambiguitätstoleranz und Fairness. Wird ein konstruktiver Erzählraum geschaffen, in dem diese Bedürfnisse ausgedrückt und wechselseitig nachvollzogen werden können, liegen alle Kriterien für eine Vereinbarung auf dem Tisch. Hier könnte es so ausgehen: Beim nächsten Projekt wird die Lehrkraft ihr Vorhaben frühzeitig mit der Lerngruppe besprechen, gemeinsame Leistungskriterien und individuelle Gestaltungsspielräume mit den Schülern vereinbaren. Es hat eine innere Neuorientierung stattgefunden, die eine neue Norm setzt. Unangenehme Herausgehobenheit als Angehöriger einer Minderposition mit den dazugehörigen Formen von individuellen Schuldzuweisungen oder Rechtfertigungsaufforderungen fallen weg.

Konstruktive Konfliktbearbeitung und transformative Mediation

Sowohl für die Motivation und Bereitschaft, sich auf das Gespräch einzulassen, als auch für die gemeinsame Lösungsfindung ist das Erkennen der „Bedürfnisnot" und der dahinterliegenden Bedürfnisse wichtiger Anker- und Orientierungspunkt (Ballreich in „Mediation in der Schule" 2006, 27 ff.). In der Logik der „bedürfnisorientierten Mediation" (ebenda) folgt nach einer möglichst wertneutralen Beschreibung dessen, was passiert ist – der Beobachtung –, die Benennung der Gefühle und die damit verknüpften Bedürfnisse. Diese Verknüpfung dient sowohl der Selbstklärung als auch der Herstellung der Nachvollziehbarkeit der eigenen Sichtweise (Perspektivwechsel) für die jeweils andere Seite. Danach schließt eine Bitte (Wunschmitteilung für die Zukunft) an die andere Seite mit dem vierten Schritt die Ärgermitteilung ab. Dies ist eine kurze Beschreibung der „Schritte der gewaltfreien Kommunikation" nach Rosenberg. Jeder dieser Schritte erfordert vielfältige Kompetenzen und Übung: z. B. die Unterscheidung von Beobachtung und Bewertung, die Differenzierung von Sekundär- und Primärgefühlen, das Wahrnehmen und Zulassen von Bedürfnisbedrohungen und dahinterliegenden Bedürfnissen (vgl. Modell: bedürftigkeitsorientierte Konfliktbearbeitung). Wird ein Konflikt dargestellt als zwei

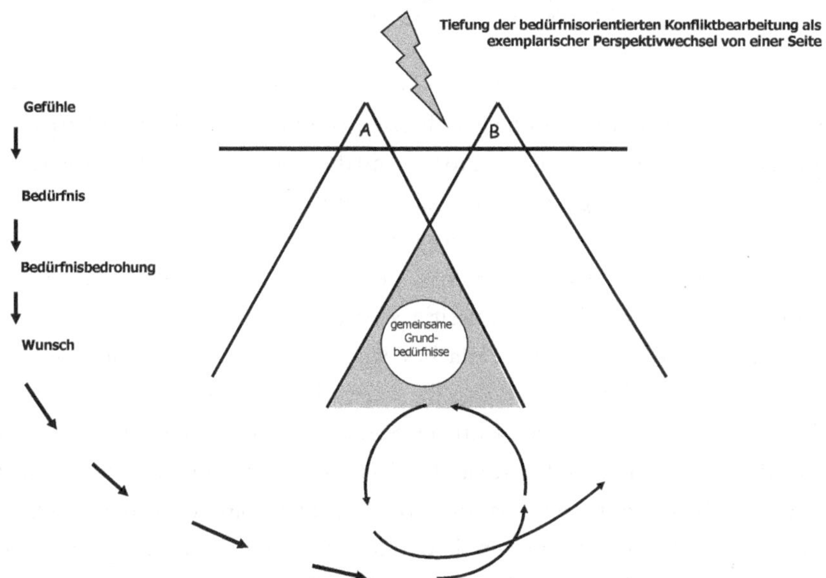

Eisberge, deren Spitzen (über der Wasseroberfläche) auseinanderliegen (weil der Konflikt sie entzweit), so entsteht unter der Wasseroberfläche eine gemeinsame Fläche, wo die jeweiligen Seitenschenkel sich treffen. Dies drückt bildlich den Ort aus, wo sich die gemeinsamen (Grund-)Bedürfnisse befinden. Das Gelingen einer Mediation hängt entscheidend davon ab, dass die Konflikteigner an

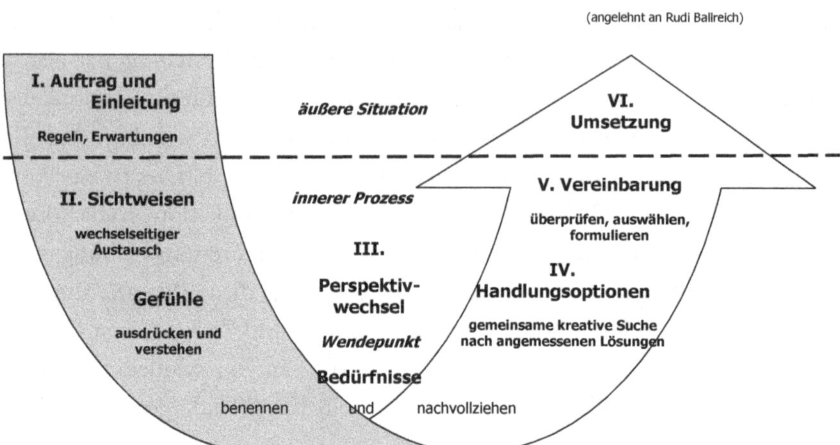

diesen Punkt herangeführt werden. In der anschaulichen Darstellung von Ballreich (vgl. Modell: Mediation als U-Prozedur) durchlaufen die Konfliktparteien in einer „U-Prozedur" diesen Prozess und durchleben die konfliktauslösende Situation von der Vergangenheit in die Zukunft. Tief- und Wendepunkt sind auch hier die Grundbedürfnisse. Begegnen sich die Konflikteigner auf dieser Ebene, wird oft von Aha-Momenten gesprochen, die Körperhaltung ändert sich schlagartig, Blicke und wechselseitiges Aufeinander-bezogen-Sein nehmen Raum. Nehmen wir ein relativ einfaches Beispiel von „Zuspätkommen", so wird beiden Partnern plötzlich klar, dass die wartende Seite, neben der mangelnden Anerkennung, sich auch beträchtliche Sorgen um ihr Gegenüber macht und dass der später Kommende zwar andere Zeitvorstellungen hat, es aber auch als sehr unhöflich empfindet, das intensive Gespräch, das er auf dem Weg zur Verabredung führt, abzubrechen. Hier findet eine Bewusstwerdung und Aktualisierung eigener Wertvorstellungen und Handlungsmuster, ja Welterklärung, statt. Beide Seiten können sich bezogen auf Anlass und Beziehung neu organisieren, so dass möglichst beide Vorstellungswelten berücksichtigt werden. In diesem Sinn ist tatsächlich jede Mediation eine interkulturelle Begegnung.

Das Auffinden von konsensualen Lösungen erweitert die Handlungsfähigkeit von beiden Seiten und integriert diese auf einer höheren Stufe. In diesem Sinne ist Mediation eine höchst inkludierende Praxis, bei der innovative Regeln aufgespürt werden, welche den Grundbedürfnissen aller Anwesenden gerecht werden. An dieser Stelle wird deutlich, warum wir es als sinnvoller erachten in pädagogischen Settings mehr der Spur und der Philosophie der transformativen Mediation zu folgen als der mehr an Interessen orientierten Harvardschule der Mediation. Die transformative Mediation baut darauf, dass Konflikteigner durch die konstruktive Bearbeitung ihrer Divergenzen in ihrer Persönlichkeit wachsen, sich weiterentwickeln. Die Motivation, bei der mehr an Interessen orientierten Mediation teilzunehmen, wird v. a. darin gesehen, dass beide Konfliktparteien erkennen, dass sie durch eine Mediation mehr gewinnen können als etwa durch das Aussitzen. Die Hintergrundtheorie dieses Ansatzes ist, dass Menschen v. a. interessegeleitete und an ihrem Nutzen orientierte Wesen sind. Der Ansatz der transformativen Mediation, die mehr einer konstruktivistischen Hintergrundtheorie zuzuordnen ist, verträgt sich gut mit dem von Montada gewünschten Blick auf die „Gerechtigkeitsdimensionen in Konflikten". Wir gehen mit Montada, wenn wir sagen, dass Menschen wesentlich wertgebundene Wesen sind, die u. U. auch bereit sind einen eigenen Nachteil in Kauf zu nehmen, wenn sie sehen, dass es der Allgemeinheit dient. Laut Montada ist bei einer Mediation oder in einem Aushandlungsprozess (von Schüler/innen oder einer ganzen Schulgemeinde, wie es in just community Schulen geschieht) ein „Sozialvertrag" entstanden⁶. Auf dem Weg dahin durchlaufen die Beteiligten folgende Schritte der Mediation (wie in dem beschriebenen Fallbeispiel):

* Wahrnehmungserweiterung und Erkennen der Dilemmastruktur
* Werteverschärfung und deren positive Relativierung bzw. Aushandlung
* Wunschproduktion über Identifikation der Bedürfnisse und der dahinter liegenden Bedürfnisnot
* Willensbekundung eines gemeinsamen verabredeten Vorgehens für die Zukunft

---

6   Vgl. Montada: „Die Mediation kann als Chance gesehen werden, zwischen den Parteien einen neuen Sozialvertrag zu schließen. Sofern die Vereinbarung (…) nicht die Rechte Dritter und der Allgemeinheit tangiert, sind die Parteien frei, die Ordnung für ihr Zusammenleben und Zusammenwirken selbst zu gestalten." (unveröffentl. Vortragsmanuskript s. a. Montada/Kals „Mediation. Lehrbuch für Psychologen und Juristen Weinheim 2001, 99 ff.).

Die Ähnlichkeit der Grundbedürfnisse mit den Grundrechten und den damit verknüpften Menschen- bzw. Kinderrechten ist kein Zufall. Individuen sind keine isolierten Monaden, sie sind beziehungshafte, auf Kommunikation und Kooperation angelegte Wesen und sie sind auch politische Wesen, die ihr Zusammenleben organisieren. Jede gefundene Lösung muss auch auf die Drittwirkung bezogen auf die soziale Welt – zumindest im unmittelbaren Umkreis der Konfliktbeteiligten – hin überprüft werden. Hier gibt es eine Brücke zwischen den humanistischen Prinzipien der Mediation und dem in unserem Konzept favorisierten Bezug auf Menschrechte.

Eine ergebnisoffene und allparteiliche Haltung und die Dimension der Gerechtigkeit

Mit Blick auf Aushandlungsprozesse im pluralen Klassenzimmer der Einwanderungsgesellschaft plädieren wir für ein Konzept konstruktiver Konfliktbearbeitung, das sich mit der Bedeutung von subjektivem Gerechtigkeitsempfinden (Montada) auseinandersetzt und sich der Idee einer „bedürfnisorientierten Mediation" (Ballreich) verpflichtet fühlt.

„Es gibt nicht die Gerechtigkeit. Das hat doch alles sehr viel mit dem subjektiven Empfinden des Einzelnen zu tun." „Wir haben bemerkt, dass es bei den Situationen, an die wir uns erinnert haben, sehr viel um das Gefühl von Wertschätzung ging." „Es geht um: gesehen und ernst genommen werden." „Ganz zentral schien uns zu sein, ob wir Entscheidungen, die uns betreffen, nachvollziehen konnten, ob das alles transparent ablief." Die verschiedenen Zitate spiegeln die zentralen Erkenntnisgewinne, die die Teilnehmenden ins Plenum bringen, nachdem sie sich zunächst allein und dann zu zweit mit der Fragestellung der Bedeutung des subjektiven Gerechtigkeitsempfindens auseinandergesetzt haben.

„Denken Sie an die letzten Monate. Haben Sie das Gefühl, dass Sie mit dem Thema Gerechtigkeit/Ungerechtigkeit irgendwie zu tun hatten? Erinnern Sie sich an eine Situation, in der Sie sich gerecht behandelt fühlten? Erinnern Sie sich an eine Situation, in der Sie sich ungerecht behandelt fühlten? Erinnern

Sie sich an eine Situation, in der Sie das Gefühl hatten, gerecht handeln zu können? Gab es eine Situation, bei der Sie im Nachhinein sagen würden, dass Sie selbst ungerecht gehandelt haben?" So lauteten die Fragen, mit denen sich die Teilnehmenden zunächst für sich alleine beschäftigen sollen. Dabei werden die Teilnehmer/-innen aufgefordert, die Fragen im Bewusstsein der Vielheit ihrer Identität (beispielsweise als Tochter/Sohn, Mutter/Vater, Bruder/Schwester, Schüler/-in, Freund/-in …) und nicht reduziert auf ihre berufliche Rolle zu „durchwandern". In einem zweiten Schritt findet dann ein Austausch mit einem/einer gewählten Partner/-in statt. Den Grad der Intimität ihrer Auskünfte bestimmen die Teilnehmenden selbst. Sie sind in dieser Arbeitsphase auch aufgefordert, sich darüber zu verständigen, was von dem, was sie besprochen haben, später im Plenum erwähnt werden darf.[7] Dort findet ein Austausch über die Wahrnehmung der Übung und problembezogene Erkenntnisse über das Thema statt. Über eine Auseinandersetzung mit der Bedeutung des subjektiven Gerechtigkeitsempfindens bei der Klärung sozialer Konflikte lassen sich Notwendigkeit und Chance dialogisch orientierter Lernarrangements leicht erschließen und Handlungsoptionen für die Begleitung konflikthafter Prozesse im „pluralen Klassenzimmer" gut entwickeln (vgl. Kaletsch in Niehoff 2011).

Von Montada wissen wir, dass „soziale Konflikte erst ‚heiß' (werden), wenn zumindest eine Partei eine Ungerechtigkeit erlebt oder wahrnimmt" (Montada, 2006, 21). Aus einer Perspektive konstruktiver Konfliktbearbeitung ist dies positiv zu bewerten, denn die „Erhitzung" hat in der Regel eine produktive, Veränderungen ermöglichende Wirkung. Ist das Gerechtigkeitsempfinden berührt, sind wir empört – dadurch ergibt sich ein Zugang zu unseren Gefühlen. „Konflikte werden heiß" und damit „bearbeitbar". In der Empörung drückt

---

7   So lässt sich ein subjektorienter Lernraum entwickeln, in dem Transparenz ein große Rolle spielt: Die Teilnehmenden wissen von Anfang an, was auf sie zukommt und können selbst bestimmen, wie viel sie einbringen und wie viel Nähe sie zulassen möchten. Da sie wissen, dass es keinen Zwang gibt, sich offenbaren zu müssen, können sie sich leichter auf die selbstreflexiven Prozesse einlassen. Diese Art Lernarrangement wird im Verlauf der Fortbildung immer wieder angeboten und auf einer Meta-Ebene reflektiert. Die teilnehmenden Lehrkräfte erleben dabei die Achtung der Selbstbestimmtheit und den angebotenen Schutzraum – der auch viel mit der Achtung der Menschenwürde zu tun hat – als etwas sehr kostbares. Dies modellhafte Lernen zeigt oft nachhaltige Wirkung und animiert die Lehrkräfte, sich in der Arbeit mit Schüler/-innen von den hier gewonnenen Erkenntnissen stärker leiten zu lassen.

sich unmittelbar die „innere Not" aus, in der wir uns befinden, weil Bedürfnisse gerade beeinträchtigt oder bedroht sind.

Über die Wahrnehmung der Bedürfnis-Ebene lassen sich Wünsche formulieren, die zu einer kreativen Lösungsfindung beitragen können. Diese verschiedenen Ebenen wahrzunehmen ist ein wesentliches Element konstruktiver Konfliktbearbeitung.

Von dieser Erkenntnis kann man Gebrauch machen, wenn man selbst in einen Konflikt involviert ist oder wenn man sich als Moderator/-in in einen Konfliktklärungsprozess einbringen will. Mediator/-innen versuchen, den Konfliktparteien Wege zu eröffnen, zunächst die eigene Bedürfnislage im Konflikt wahrzunehmen und die daraus resultierenden Wünsche zu entdecken. Darüber hinaus bietet sich im Verlauf des Mediationsverfahrens die Gelegenheit, die Perspektive des Anderen kennen zu lernen und zu versuchen, diese nachzuvollziehen. Die Beschreibung dieses Prozesses macht deutlich, warum ein Dritter nicht die Konflikte Anderer lösen kann. Er kann mediativ agieren, so dass sich die Konfliktparteien über ihre Bedürfnisse klar werden und diese Erkenntnisse dem jeweils Anderen auch vermittelt werden.

Lernbegleiter/-innen im Klassenzimmer der pluralen Gesellschaft in Deutschland können dieses Wissen, das neben einer klaren Struktur und Methodik vor allem eine (allparteiliche, nicht bewertende) Haltung beinhaltet, in vielfältiger Weise nutzen: Außer der konkreten Konfliktbearbeitung, in der sich Lernbegleiter/-innen den Problemeigner/-innen als Vermittler/-in anbietet, können die (Er-)Kenntnisse auf einer indviduellen Ebene sehr hilfreich und darüber hinaus in der Moderation von Gruppenprozessen sehr bereichernd sein. Zunächst ergeben sich Anwendungsmöglichkeiten auf der ganz persönlichen Ebene. Um eigenes Erleben konstruktiv reflektieren und in als irritierend und befremdend erlebten Situationen (wieder) handlungsfähig zu werden oder zu bleiben, kann es hilfreich sein, sich selbst zu fragen, welche Bedürfnisse hinter den empfundenen Gefühlen stecken. Um im oben entwickelten Beispiel zu bleiben: Frau Reuter kann sich selbst fragen, was irritiert mich? Wie reagiere ich in der Situation? Was steckt hinter meinem Gefühl der Empörung, der

Enttäuschung, der Verunsicherung? Was bräuchte ich, um mich in der Situation wieder wohl zu fühlen? Entdecke ich als Problemeigner/-in, welches Muster bzw. welcher oft sehr individuell, aufgrund verschiedener Erfahrungen entstandene Punkt berührt ist oder welche meiner Grundwerte tangiert sind, entsteht ein Zugang zu den Grundbedürfnissen, woraus sich ableiten lässt, was nötig wäre, um wieder handlungsfähig und souverän – auch den anderen Menschen zugewandt – agieren zu können.

Diese Erkenntniswege können für Heranwachsende im 21. Jahrhundert von zentraler Bedeutung sein. Daher empfehlen wir, dass Lernbegleiter/-innen Gelegenheitsräume schaffen, in denen die Adressat/-innen von Lernarrangements eingeladen werden, Gefühle, Bedürfnisse und Bedürfnisbedrohung bei sich und bei Anderen wahrnehmen zu können, die Vielzahl in einzelnen Personen und in Gruppen schlummernder Perspektiven zu einer Fragestellung kennen- und verstehen zu lernen und diese Vielfältigkeit für die kreative Problemlösung zu nutzen. Dies kann sich im Rahmen von Angeboten zum sozialen Lernen oder auch in der Begleitung von konkreten, basisdemokratischen Gelegenheiten zu Partizipation und/oder gemeinsamer Problembearbeitung ergeben[8].

Ein Bewusstsein für die Bedeutung des subjektiven – und damit nicht nur individuellen, sondern auch von Situation und Kontext abhängigen – Gerechtigkeitsempfindens erscheint uns zentral für die Entwicklung einer an Werten orientierten, das konstruktive Miteinander fördernder Konfliktbearbeitung. In diesem Zusammenhang ist es hilfreich wahrzunehmen, dass es verschiedene Gerechtigkeitsformen und hierzu wieder unterschiedliche Gerechtigkeitskonzepte gibt.

Montada weist in diesem Zusammenhang auf vier verschiedene Gerechtigkeitsformen hin: Verteilungsgerechtigkeit, Verfahrensgerechtigkeit, Austauschgerechtigkeit und Vergeltungsgerechtigkeit. „Wir reden über Gerechtigkeit normalerweise im Singular. Die Frage ist allerdings berechtigt, ob der Singular

---

8   Nicht nur in den explizit hierzu in Schule eingerichteten Lernorten wie Klassenrat und Programmen des sozialen Lernens wie zum Beispiel das im Rahmen der im hessischen Programm „Mediaion und Schulprogramme" entwickelten Klassenprogramme „Eingangsprogramm für die Klassen 5 und 6 (Kaletsch)" oder „Sensibilisierungsprogramm für die Klassen 7 und 8 (Altenburg)" sind entsprechende Lernangebote möglich, sondern auch im fachgebundenen Unterricht wie z. B. PoWi, Ethik, aber auch im sprachlichen Unterricht.

Gerechtigkeit angesichts der Vielfalt von Gerechtigkeitsprinzipien angemessen ist" (Montada 2006, 23). Diese Erkenntnis macht sehr deutlich, warum es hilfreich sein kann, eine Entscheidung von der (mehrere) Schüler/-innen betroffen sind, nicht nach dem Gerechtigkeitsprinzip der Lehrkraft zu entscheiden, sondern den Raum zu öffnen und zunächst zu erkunden, welche unterschiedlichen Gerechtigkeitskonzepte, welche verschiedenen Wertvorstellungen, Narrative und Handlungsoptionen präsent sind, diese zu hören, ohne sie zu bewerten und gleich eine Entscheidung zu treffen, und alle, die von der Entscheidung betroffen sein werden, in die Entwicklung der Handlungsoption(en) mit einzubeziehen.

„Zweifellos ist Gleichheit ein Grundprinzip der Gerechtigkeit, aber Gleichheit kann vielerlei bedeuten" (Montada 2006, 22). Gerade deshalb ist es so wichtig – nicht nur Kinder und Jugendliche, die ein sehr feines Gespür für Gerechtigkeitsvorstellungen haben – nach ihren Wahrnehmungen und Deutungen zu fragen, sie in das Dilemma verschiedener Handlungsoptionen mit einzubeziehen und sie einzuladen gemeinsam eine Güterabwägung vorzunehmen. So kann die Vielfältigkeit von Einschätzungen und Wertigkeiten verdeutlicht werden. „Bekommen alle die gleiche Aufmerksamkeit, müssen alle das Gleiche oder gleich viel bekommen. Ist es gerecht, wenn ein Gut zu gleichen Teilen an eine Gruppe Menschen verteilt wird, oder ist es nicht gerechter, wenn bei der Verteilung der Güter nach der jeweiligen Bedürftigkeit der Empfänger geschaut wird?" Dies sind Fragen, die beispielsweise im Kontext der Verteilungsgerechtigkeit relevant sein können und Hintergründe für ein konflikthaftes Geschehen verdeutlichen und darüber hinaus Perspektiven erweitern können, die wiederum nötig sind, um gemeinsam eine Entscheidung treffen zu können. Transparenz ist daher von zentraler Bedeutung im Kontext der Verfahrensgerechtigkeit. Ebenso ist die Nachvollziehbarkeit einer Entscheidung für das Gefühl der Gerechtigkeit von großer Bedeutung. Darüber hinaus weist Montada auf die Bedeutung der Art und Weise, wie mit den Betroffenen im Rahmen einer Entscheidungsfindung umgegangen wird, hin: „Für die Akzeptanz eines Entscheidungsverfahrens ist auch das Recht auf respektvolle und höfliche Behandlung bedeutsam, die auch als Indikator für die Gerechtigkeit des Verfahrens insgesamt gewertet wird" (Montada 2006, 24). Gerade im Lernort Schule, in dem sich viele zentrale Aspekte der Sozialisation für ein demokratisches Miteinander vermitteln können und der gleichzeitig von einer nicht zu unterschätzenden, auf vielfältigen Ebenen spürbaren Machtasymmetrie gekennzeichnet ist, erscheint es empfehlenswert entsprechend diskurssensibel und selbstkritisch über die üblichen Rituale der Entscheidungsfindung nachzudenken. Wer ein konstruktives und demokratisches Zusammenleben fördern möchte, sollte konsensuale Verfahren einführen und Kinder und Jugendliche dabei unterstützen, ihre eigenen Bedürfnisse wahrnehmen und artikulieren zu können und diese in einen größeren Zusammenhang einzuordnen und in Abwägung der von den Anderen eingebrachten Wünsche und Bedürfnisse zu einer – möglichst von allen getragenen – gemeinsamen Entscheidung zu kommen. Dies kann Zeit beanspruchen, in denen Phasen der Erhitzung und Prozesse der Selbstbefremdung und des Fremdverstehens möglich werden. Die (Konflikt-)Beteiligten werden dabei Erkenntnisse und Handlungskompetenzen erwerben, die sie über den konkreten Konfliktanlass hinaus begleiten werden.

Der Komplex der Austauschgerechtigkeit spielt im Zusammenhang mit nahen Beziehungen in Freundschaften und Familien eine große Rolle. Aber auch im Lehrer/-in-Schüler/-in-Verhältnis kann das Gerechtigkeitsempfinden schnell (empfindlich) berührt sein. Das Gefüge der gerechten Verteilung von Hilfeleistungen und Aufmerksamkeiten ist dabei ein sehr filigranes, schwer messbares Konstrukt, dessen Bedeutung den Beteiligten häufig erst deutlich wird, wenn das Empfinden des Gleichgewichts von einem Beteiligten als gestört empfunden wird. Angestrebt werden kann ein Gefühl der „Ausgewogenheit, was bedeutet, dass die Bilanz von Investitionen und Erträgen, von Kosten und Nutzen, von Leistung und Gewinn für alle am Austausch Beteiligten gleich sein sollte" (Montada 2006, 23). In diesem Kontext lässt sich auch das oben entwickelte Dilemma Porträtzeichnen lesen. Das Empfinden eines ausgewogenen Verhältnisses von Respekt und Anerkennung der jeweils von den Problemeigner/-innen eingebrachten Bedürfnisse kann von zentraler Bedeutung sein. In Lehrer/-in-Schüler/-in-Konflikten ist es wichtig die Machtasymmetrie und die damit einhergehende Rollenerwartung gegenüber dem/der Lehrer/-in wahrzunehmen. In diesem Zusammenhang spielen „normative Erwartungen auf Grund von

Bürger- und Menschenrechten" (Montada 2006, 23) eine zentrale Rolle. Das Bedürfnis nach einem respektvollen Umgang ist dabei zu berücksichtigen und das Empfinden von Ohnmacht und Erniedrigung spielt in Situationen, die im Kontext struktureller Machtasymmetrie ablaufen, eine zentrale Rolle. Im Fall des Dilemmas Porträtzeichnen ergibt sich die strukturelle Machtasymmetrie gleich in zweifacher Hinsicht, denn Frau Reuter ist nicht nur Lehrkraft, sondern auch Vertreterin der Dominanzkultur, von deren Entscheidung Mustafa, der sich und seine Familie vielfach in einer minorisierten Rolle erlebt, abhängig ist. Dieses das Gespräch strukturell beeinflussende Machtgefälle kann Frau Reuter bewusst wahrnehmen und sich um einen entsprechenden Ausgleich bemühen.

Auch eine Öffnung für die verschiedenen Konzepte im Zusammenhang mit der Vergeltungsgerechtigkeit kann sowohl im konkreten Fall der Konfliktbearbeitung als auch im eher theoretischen Gedankenspiel der Demokratie- und Menschenrechtspädagogik gewinnbringend und klärend sein. „Was passiert, wenn Normen verletzt werden und dabei die körperliche Unversehrtheit und/oder die Würde eines Menschen verletzt wurde? Wer darf den Täter zur Verantwortung ziehen? Was kann eine angemessene Strafen sein?" Dies können Fragen sein, die im Zusammenhang mit der Vergeltungsgerechtigkeit diskutiert werden und bei denen das Empfinden der Zumutung des Rechtsstaatsprinzips ernstgenommen, gleichzeitig aber auch die Bedeutung der Universalität der Menschenrechte und hierbei insbesondere das Recht auf justizielle Grundrechte verdeutlicht werden muss.

Eine Auseinandersetzung mit subjektivem Gerechtigkeitsempfinden kann als Ausgangspunkt sowohl für das Zusammenleben in der Klasse (Aushandlungsprozesse und konkrete Konfliktbearbeitung) als auch als Grundlage für die Entwicklung von demokratiepädagogischen Lernarrangements sein: „Wie wollen wir leben? Welche Chancen, Sicherheiten und Werte sind uns wichtig? Welche unterschiedlichen Narrative, Erfahrungen und Erlebnisse bringen wir mit und welche spielen bei Entscheidungen für uns eine wesentliche Rolle"? Über subjektorientiert angelegte Methoden, die eine innere Beteiligung bei den Kindern und Jugendlichen erzeugen, lassen sich Verständigungsprozesse initiieren, die Impulse für eine selbstverantwortliche Auseinandersetzung mit dem

Zusammenleben in der pluralen Gesellschaft setzen können. Methoden wie z. B. Gerechtigkeitsbarometer, ein Dilemma-Planspiel, in dem in einem konsensualen Prozess eine Lerngruppe ein „menschenfreundliches Gemeinwesen" (siehe Erläuterungen im Methodenteil S. 165) entwickelt oder die Auseinandersetzung mit Dilemma-Geschichten in Dilemma-Dialogen (Anregungen hierzu siehe im Methodenteil), die zu Perspektivwechseln einladen, können Konfliktfähigkeit und interkulturelle Kompetenz fördern und gleichzeitig zu einer gleichermaßen kritischen wie auch stärkenden Auseinandersetzung mit der Universalität der Menschenrechte einladen.

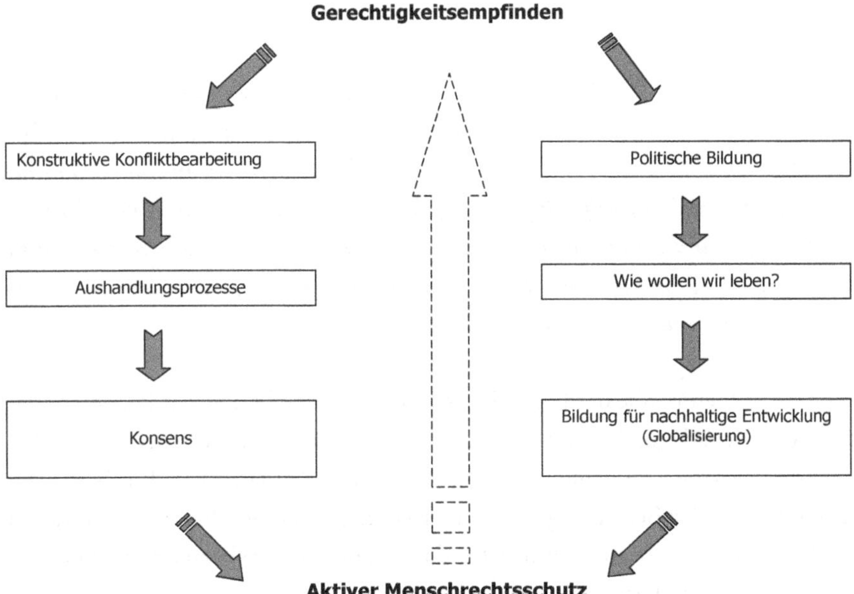

Partizipation und Menschenrechte

- Die UN-KRK als Bezugspunkt für pädagogisches Handeln im pluralen Klassenzimmer
- Die Relevanz der Kinderrechte im Kontext von sozialem und Demokratie-Lernen
- Innere Beteiligung erzeugen
- Warum Demokratiepädagogik eine kritische Demokratiepädagogik sein muss

„Die Relevanz der UN-KRK in meinem Berufsalltag? … die spüre ich tagtäglich. Denn die Kinderrechte sind ein sehr geeigneter Bezugsrahmen, um meine Arbeit zu reflektieren", erläutert eine Sonder- und Heilpädagogin, die in einer Schule für Lern- und Erziehungshilfe tätig ist. Es gebe in ihrem Berufsalltag so viele Herausforderungen und Situationen, in denen ihr sehr bewusst werde, wie achtsam sie vorgehen müsse, um die Würde der Kinder nicht zu verletzen oder sie nicht in ihren Mitbestimmungsrechten zu beschneiden.

Andere Teilnehmende des Fortbildungstages[9], die sich bereits seit Längerem mit Demokratiepädagogik und Schülerpartizipation beschäftigten, bestätigten diesen – das eigene Tun begleitenden – Nutzen der Kinderrechte. Ein bewusster Umgang mit der Beachtung der Kinderrechte kann einen klaren – und damit auch klärenden – Bezugsrahmen für das verantwortungsbewusste Handeln in einem pädagogischen Setting bieten.

Dies anzunehmen und anzuwenden ist allerdings keineswegs selbstverständlich. Die Widerstände in Lehrerkollegien, sich auf Schülerpartizipation einzulassen und der UN-KRK Raum im Schulalltag einzuräumen, sind vielfältig.

---

9   Es handelte sich hierbei um einen sogenannten Schnupperworkshop zum Thema „Auf dem Weg zur Kinderrechte-Schule", den die Autorin im Auftrag und in Kooperation von Macht Kinder stark für Kinderrechte (Makista) und Gewaltprävention und Demokratie lernen (GuD) seit Herbst 2013 anbietet.

Noch immer sind die Kinderrechte eher selten präsent. Vielfach scheint die UN-KRK in Grund- und weiterführenden Schulen nicht wirklich bekannt und der Informationspflicht, nach der Kinder und Jugendliche über ihre Rechte aufzuklären sind, wird oft nicht entsprochen. In der nunmehr dritten Dekade beklagt die „National Coalition für die Umsetzung der UN-Kinderrechtskonvention in Deutschland": „Die meisten Kinder und Jugendlichen sind über ihre Rechte auf Beteiligung nicht ausreichend informiert". Sie fordert daher „aktive Information über Kinderrechte in allen Einrichtungen, in denen Kinder sich aufhalten" (National Coalition 2010, 11).

Darüber hinaus fehlen vielfach Bewusstsein und Gelegenheitsräume für eine das Alltagshandeln von Lernbegleiter/-innen in Schule begleitende Reflexion. Die Erziehungswissenschaftlerin Annedore Prengel kommt in ihren Studien zur Interaktion zwischen Lehrer/-innen und Schüler/-innen zu dem Ergebnis, dass verletzendes Verhalten und Beschämung von Schüler/-innen durch Lehrer/-innen in pädagogischen Institutionen Teil einer nicht diskutierten und damit auch nicht bearbeiteten Alltagskultur sind und beklagt, „dass (es) zu wenig normative Aussagen und Reflexionen darüber (gibt), was angemessenes pädagogischen Handeln ausmacht – vor allem auf der Beziehungsebene" (Prengel 06/2013, 10). Sie empfiehlt einen Ethikkatalog für die pädagogische Arbeit zu entwickeln. Dieser sollte sich an der UN-Kinderrechtskonvention orientieren und im Bewusstsein des strukturellen Machtgefälles zwischen Lehrer/-innen und Schüler/-innen einen bewussten Umgang mit Mitspracherechten der Schüler/-innen wählen (Prengel 06/2013, 12).

Die 1989 in den Vereinten Nationen verabschiedete Kinderrechtskonvention setzt sich bewusst mit der besonderen Rolle des Kindes im Menschenrechtssystem auseinander. Sie erkennt an, dass Kinder von Beginn an Menschen und damit ohne Einschränkung Träger/-innen von Menschenrechten sind. Gleichzeitig setzt sie sich bewusst mit den spezifischen entwicklungsbedingten Bedürfnissen von Kindern auseinander (Maywald 2012, 14/15). „Als ‚Seiende' sind sie (die Kinder) einerseits Menschen wie alle anderen auch. Als ‚Werdende' sind sie andererseits Menschen in einer besonders dynamischen Entwicklungsphase. Das Verhältnis zwischen Erwachsenen und Kindern ist asymmetrisch: Erwachsene tragen Verantwortung für Kinder, nicht jedoch umgekehrt Kinder in gleicher Weise für Erwachsene" (Maywald, 15). Diese Erkenntnis ist nicht nur grundlegend für das Verhältnis von Eltern und Kindern, sondern selbstverständlich für die Beziehung von Pädagog/-innen und Kindern. Die UN-KRK ist daher sehr geeignet als Bezugsrahmen zur Gestaltung der Lehrer/-in-Schüler/-in-Beziehungen, und dies auf allen Ebenen: sowohl zur Gestaltung der Aneignungsprozesse im Rahmen des inhaltlichen, fächergebundenen und auch projektorientierten Lernens als auch zur Entwicklung einer Lern- und Arbeitsatmosphäre in der Lerngruppe.

Soziales Lernen und Demokratie lernen – Hinweise zu einer impliziten und expliziten Menschenrechtsbildung

Die Auseinandersetzung über zentrale Fragen der Gestaltung des Miteinanders in einer (Lern-)Gruppe lebt von einer dialogischen und ergebnisoffenen Gesprächsführung. Hierzu müssen konstruktive Rahmenbedingungen gestaltet werden, in denen sich alle Schüler/-innen als geschätzte und in ihrer Einzigartigkeit (Individualität) geachtete Partner/-innen in einem immer wieder neu zu führenden Aushandlungsprozess erleben können.

Damit Kinder und Jugendliche Kompetenzen erwerben können, die sie konstruktiv mit Konflikten umgehen und Probleme kreativ lösen lassen, kommt der Rolle der Lernbegleiter/-innen eine zentrale Bedeutung zu. Es liegt in ihrer Verantwortung, die Lern- und Handlungsräume so zu gestalten, dass Kinder und Jugendliche selbst Verantwortung für die sie betreffenden Belange übernehmen können – ohne sie dabei zu überfordern.[10] Verantwortungsübernahme (in sozialen Kontexten) bedeutet dabei eben auch, die Interessen anderer wahrnehmen und berücksichtigen zu können, ein Gespür dafür zu entwickeln, wo die Gefühle anderer verletzt, die Bedürfnisse anderer missachtet oder übergangen werden und wesentliche Perspektiven aus der Gruppe fehlen (vgl. Kaletsch 2001).

In diesem Zusammenhang sind soziales Lernen und Demokratie lernen stark miteinander verschränkt.

---

10 Vgl. in diesem Zusammenhang die im Rahmen der Demokratiekampagne zur Umsetzung der UN-KRK in Schleswig-Holstein entwickelten Prüfsteine zur qualifizierten Mitbestimmung, die gleich in Prüfstein 1 auf die Gefahr der „Über- und Unterforderung" hinweisen (Deutsches Kinderhilfswerk e.V. 1997, 22).

„In allen Demokratien spielt die Dynamik von Ein- und Ausschluss eine entscheidende Rolle, welche nicht identisch ist mit dem Wechselspiel von Minderheiten und Mehrheiten", stellt der Autor und Mediator Duss-von Werdt fest und entwickelt folgendes Demokratieverständnis: „Politische Freiheit ist nicht Unabhängigkeit, sondern Eigengesetzlichkeit und Selbstbestimmung. Nicht A kann die Freiheit von B definieren, d. h. bestimmen, sondern A hat B den Raum zu lassen, es selber zu tun. Autonomie kann man sich nicht nur einfach nehmen, man hat sie sich auch gegenseitig zu lassen" (Duss- von Werdt 2003, 35).

Trainingsprogramme zu Demokratie lernen und Mitbestimmung in Schule sollten daher Gelegenheiten bieten, eine Spur zu legen, die die Selbstbestimmtheit und die Individualität des Einzelnen fördert und die Jugendlichen dazu animiert, ein In-Schubladen-Denken zu überwinden und sie für eine bedürfnis- und damit konsensorientierte Entscheidungsfindung zu sensibilisieren (vgl. Kaletsch 2007a). Es ist daher zentral, von einem anspruchsvollen Demokratiebegriff auszugehen und Demokratie und Menschenrechte immer zusammen zu denken. Insbesondere weil nicht nur in pädagogischen Zusammenhängen das Demokratieverständnis häufig verkürzt, auf die Garantie der Wahlmöglichkeit(en) reduziert wird und schlimmstenfalls darin gipfelt, dass das Instrument der Mehrheitsabstimmung als Inbegriff der Umsetzung von Demokratie begriffen wird. Ein anspruchsvolles Demokratieverständnis, in dem die Anerkennung der Menschenrechte als zentral und wesentlich begriffen wird, lässt die Sensibilität für und Achtung der Mindervoten selbstverständlich begreifbar werden. Darüber hinaus bieten Menschenrechte und die um sie geführten Auseinandersetzungen und Diskurse einen unverzichtbaren Bezugsrahmen für die Auseinandersetzung mit diskriminierendem Geschehen. Albert Scherr weist in diesem Zusammenhang auf die besondere Bedeutung des anspruchsvollen Demokratieverständnisses in der Auseinandersetzung mit Rechtsextremismus hin:

„Zweifellos besteht zwar per definitionem ein Gegensatzpaar Rechtsextremismus im engeren Sinn des Begriffs einerseits und Demokratie andererseits, keineswegs aber ein Ausschließungsverhältnis von demokratischen Verfahren und den nationalistischen, fremdenfeindlichen und rassistischen Kernmotiven des gegenwärtigen

Rechtsextremismus und Rechtspopulismus. Ein solches Ausschließungsverhältnis besteht nur dann, wenn von einem Demokratieverständnis ausgegangen wird, das sich substantiell auf die Menschenrechte bezieht. Denn die deklarierten Menschenrechte gehen über die politischen Partizipationsrechte und Staatsbürgerrechte hinaus. Sie umfassen insbesondere das zentrale Diskriminierungsverbot und damit eine klare Positionierung gegen Ideologien, Diskurse und Praktiken, die zwischen vollwertigen und gleichberechtigten Gesellschaftsmitgliedern einerseits und sozialen Gruppen andererseits unterscheiden, denen ein minderwertiger Status zugewiesen wird" (Scherr, 2012, 112/113).

Dieser von Albert Scherr auf die Auseinandersetzung mit Rechtsextremismus bezogene Gedanke/Ansatz lässt sich auf alle Formen gruppenbezogener Menschenfeindlichkeit ausdehnen und verdeutlicht plastisch, warum der Ausrichtung auf die Reflexion der Relevanz von Menschenrechtsfragen im Alltagshandeln eine so bedeutsame Rolle zukommt.

Ein Bezug auf die Menschenrechte muss den Angeboten des sozialen Lernens immer zugrunde liegen. Die Menschenrechte stellen einen wesentlichen Bezugs- und Orientierungsrahmen für Lernbegleiter/-innen in ihrer besonderen Rolle der Gestaltung von Prozessen des sozialen Lernens und der Konfliktlösung dar.

Wenn wir davon ausgehen, dass sich alle Lernbegleiter/-innen in einem gesellschaftlichen Raum bewegen, in dem die strukturellen Rahmenbedingungen dazu führen, dass Ungleichbehandlungen und Verstöße gegen die Menschenrechte Teil des Alltagsgeschehens sind, ist es wichtig, Reflexionsräume anzubieten, die zu einer kritischen Auseinandersetzung mit den Realitäten anregen, die Wahrnehmung eigener Verstrickungen in diskriminierende, rassistische Diskurse möglich machen und die Entwicklung von Handlungsoptionen als gewünscht und nachvollziehbar begreifen (vgl. Kaletsch 2011a, 58). Dabei kann je nach Situation und Kontext die Auseinandersetzung mit der Anerkennung der eigenen Verwobenheit in die gesellschaftspolitischen Rahmenbedingungen unterschiedlich stark im Fokus stehen. Entsprechend vertiefend soll hierzu in Kapitel III: „Identität und Menschenrechte" und Kapitel IV: „Gewalt(freiheit) und diskriminierungskritische Perspektive" gearbeitet werden. Es erscheint allerdings gleichermaßen wichtig dafür zu sensibilisieren, dass diese strukturell bedingte Ebene immer mitzudenken und immer von einer Berührtheit auszugehen ist – auch, oder insbesondere dann, wenn sie gerade nicht (so) sichtbar ist. Ebenso kann die Thematisierung der Orientierung an Menschenrechten unterschiedlich stark benannt werden. Der Bezug zu den Menschenrechten und die damit zusammenhängende Menschenrechtsbildung kann und sollte sowohl implizit als auch explizit geschehen. Eine Orientierung an Menschenrechten empfiehlt sich in vielerlei Hinsicht: Die Menschenrechte können als zentraler Bezugsrahmen für das Verhalten der Lernbegleiter/-innen in der Interaktion mit Schüler/-innen betrachtet werden sowohl im Unterrichtsgeschehen als auch in der allgemeinen Gestaltung, Durchführung und Moderation von Programmen des sozialen Lernens. Auch im Zuge einer konkreten Konfliktbearbeitung sind die Garantie der Menschenrechte und ein klares Bewusstsein für ihre Wahrung während des Vermittlungsverfahrens als auch bei der Bewertung der von den Konfliktparteien getroffenen Vereinbarung selbstverständlich und wesentlich.

Alle bisher angeführten Beispiele sind in ihrer Ausrichtung und Wirkung eindeutig im Kontext von Menschenrechtsbildung zu sehen und beschreiben dabei insbesondere die Handlungsebene „Lernen durch die Menschenrechte", in der die Schüler/-innen ein entsprechend an den Menschenrechten orientiertes Handeln kennen lernen und erfahren können, dass sie sich auf die Garantie der Wahrung der Idee der Menschenrechte verlassen können. Dabei lassen sich alle bisher erwähnten Anwendungsbereiche eher dem Bereich der „impliziten" Menschenrechtsbildung zuordnen.

Damit der Bezug zu den Menschenrechten für Schüler/-innen auch jederzeit nachvollziehbar und damit auch einforderbar wird, ist es zentral auch Lerngelegenheiten zu schaffen, die einer expliziten Menschenrechtsbildung entsprechen. Darüber hinaus bietet es sich an, den Bezug zu der Haltung eines menschenrechtlichen Denkens, wo immer es möglich ist, herzustellen. Maywald verdeutlicht dies an einem Dialog zwischen einer erwachsenen Bezugsperson und einem Kind, in der der für den respektvollen Umgang der Kinder untereinander verantwortliche Erwachsene (Vater) dem Kind erklärt, dass es die körperliche Unversehrtheit der Anderen zu achten habe. Statt dem Kind zu sagen, dass es „seinen Freund nicht schlagen dürfe", kann der Erwachsene formulieren: „du hast nicht das Recht, deinen Freund zu schlagen". „Bei dieser Formulierung verweist der Vater auf Rechte, die unabhängig von der betroffenen Person bestehen und allen Menschen zustehen. Das Recht wird hier als etwas geachtet, das nicht von einzelnen Personen aufgrund deren Macht gesetzt wird, sondern als Regulativ für alle Menschen gilt, Grenzen markiert und Zusammenleben ermöglicht und regelt" (Maywald 2012, 123).

Das zentrale Ziel der Menschenrechtsbildung kann folgendermaßen beschrieben werden: „Sie soll dazu befähigen, Menschenrechte zu achten, zu schützen und einzufordern" (Reitz 2013, 10). Der in der Menschenrechtsbildung generell verfolgte ganzheitliche Ansatz, der neben partizipativen und subjektorientierten Lerngelegenheiten auch konkrete Handlungsfelder – in denen Kinder und Jugendliche die Relevanz (ihrer) Rechte erfahren können – verlangt, besteht auch auf der Vermittlung von Wissen. Das Lernen über die Menschenrechte (Wissen), für die Menschenrechte (Fähigkeiten) und Lernen durch die Menschenrechte (Einstellungen/Haltungen) stellt einen wesentlichen Dreiklang in der Menschenrechtsbildung dar (Deutsches Institut für Menschenrechte 2009, 26/27).

Kinder und Jugendliche haben ein Recht darauf zu wissen, dass sie Rechte haben. Der Bezug zu der seit 1992 in Deutschland zunehmend verankerten Kinderrechtskonvention (UN-KRK) gibt den Handlungsfeldern des sozialen Lernens und der konstruktiven Konfliktbearbeitung (in Schule) einen verbindlichen Rahmen. Es ist das Recht der Kinder und Jugendlichen, beteiligt zu werden, Räume zu bekommen, in denen sie ihre Interessen und Bedürfnisse erkennen und beschließen können, sich für ihre Durchsetzung stark zu machen (Recht auf Beteiligung und Mitbestimmung). Es ist ihr Recht, im Konfliktfall ernst genommen und an einer Lösungsfindung beteiligt zu werden (Recht auf Schutz). Fehlen diese Handlungsfelder, werden die Rechte der Kinder verletzt. Dies sollte eine zentrale Erkenntnis für die Implementierung von Prozessen des sozialen Lernens in Schule sein und verdeutlichen, dass eine Verschränkung von Menschenrechtsbildung und sozialem Lernen nötig und auch gewinnbringend ist. Sie fördert ein Hereinwachsen der Kinder und Jugendlichen in eine Kultur der Menschenrechte und bietet den Lernbegleiter/-innen Orientierungsrahmen, erkennen zu können, wo die Gefahr besteht, dass in der Alltagspraxis gegen die UN-KRK (und damit gegen Menschenrechte) verstoßen wird.

Die Kinderrechtskonvention will die Kinder in ihrer Entwicklung stärken, ihnen Mut und Lust machen, sich in ihrer Einzigartigkeit kennen, wahrnehmen und achten zu lernen und auf ihre Kreativität, Lösungs- und Handlungskompetenz vertrauen zu können. Die Hinführung und Bezugnahme auf die Kinderrechte soll die Kinder dazu animieren, sich als kompetente und gefragte Bürger/-innen der Weltgesellschaft erleben zu können. Ein Bezug zur UN-Kinderrechtskonvention darf nicht dazu führen, dass die Kinder mit Bezug auf die Menschenrechte „moralisch erschlagen" werden, indem beispielsweise jedes Fehlverhalten einer groben Menschenrechtsverletzung zugeordnet wird. Vielmehr geht es darum, den (Lern-)Raum so zu gestalten, dass Kinder entdecken können, dass alle Kinder Rechte haben und dass es daher gewinnbringend ist, nach Wegen zu suchen, die sicherstellen, dass alle Kinder sich als Träger/-innen von Menschenrechten entfalten können.

Rechte! nicht Pflichten

Zentral erscheint dabei, anzuerkennen, dass im Konzept des menschenrechtlichen Denkens alle Menschen aufgrund ihres Menschseins Rechte haben. Die verschiedenen Menschenrechte und ihre Rechtsbereiche bedingen einander, sind aufeinander bezogen und daher auch entsprechend begrenzt. Der Rechtsbereich des einen Rechts endet da, wo der Rechtsbereich eines anderen Rechts beginnt bzw. entsprechend berührt ist. Sehr leicht lässt sich dies beispielsweise am Verhältnis zwischen der Meinungsfreiheit und dem Recht auf seelische und körperliche Unversehrtheit erläutern: Das Recht auf Meinungsfreiheit endet da, wo das Persönlichkeitsrecht einer anderen Person verletzt wird. Beleidigungen, Beschämungen, volksverhetzende, rassistische Aussagen oder das Andenken durch die NS-Verbrechen ermordeter Menschen missachtende Äußerungen und Handlungen haben nichts mit dem Recht auf Meinungsfreiheit zu tun und eine entsprechende Bewertung und Ächtung dieser Handlungen stellt in keinem Fall eine Einschränkung der Meinungsfreiheit dar.

Das Beispiel macht zweierlei deutlich: erstens, dass alle Menschen, die sich in Kreisen der extremen Rechten, des Rechtspopulismus oder anderer, die universell geltende Menschenwürde missachtender Ideologien bewegen, Träger/-innen von Menschenrechten sind, von denen sie – im Rahmen des universell gültigen Menschenrechtsverständnisses – Gebrauch machen können. Zweitens: Das Konzept der Menschenrechte kommt ohne die explizite Benennung der Pflichten aus. Die Verpflichtung steckt bereits im Verständnis der Rechte. Gerade im Kontext der Menschenrechtsbildung ist es sehr wesentlich, ein Bewusstsein dafür zu entwickeln, dass die Wahrung der Rechte des Anderen bereits in der Idee der universell geltenden Menschenrechte entsprechend „eingebaut" ist. Kinder haben Rechte!!! Punkt. Damit endet der Satz, der eine zentrale Bedeutung bei der Einführung kinderrechtsorientierter Ansätze in Familie, Kindertagesstätte und Schule hat. Nicht selten werden bei Einführungsveranstaltungen zu Kinderrechten Stimmen von Erwachsenen (Lehrer/-innen, Erzieher/-innen und Eltern) laut, die darauf verweisen, dass es doch auch darum gehen müsse, „den Kindern zu vermitteln, dass sie auch Pflichten haben".[11] „Kinder sind Träger eigener Rechte. Erwachsene sind Pflichtenträger und tragen Verantwortung für die Umsetzung der Kinderrechte" (Maywald 2012, 110). Lernbegleiter/-innen sollten den Kindern helfen, die Kultur der Kinderrechte kennen zu lernen, zu verstehen und sich in ihnen selbstbewusst und gleichermaßen achtsam gegenüber den Anderen bewegen zu können. Es ist ihr Recht, die Kultur der Menschenrechte zu erfahren und in sie hineinzuwachsen. Die Menschenrechte können ihnen Orientierung geben. Dies muss aber immer so geschehen, dass sie durch die Erläuterungen (auch wenn es in Bezugnahme auf ein konkretes Geschehen zwischen zwei Akteuren geschieht) in ihrem Bewusstsein gestärkt

---

11 Vgl. hierzu auch den Bericht von Peter Fritzsche, Inhaber des UNESCO-Lehrstuhls für Menschenrechtsbildung an der Universität Magdeburg: „Mehrheitlich reagierten allerdings LehrerInnen, mit denen ich gearbeitet habe, auf die Angebote, Kinderrechte auch als Rechte der Kinder in der Schule zu thematisieren, noch mit dem Argument, die Verantwortung der Kinder müsse zunächst im Mittelpunkt stehen, da die Kinder sonst keine Grenzen lernen würden" (Fritzsche 2013, 8/9).

werden, dass sie Menschen und damit Träger/-innen von Menschenrechten sind.

In diesem Kontext ist es zentral wahrzunehmen, dass Menschenrechte vor allem einzelne Individuen vor staatlichen Übergriffen schützen. Menschenrechte regeln das Verhältnis zwischen Mensch (Bürger/-in) und Staat. Konkret auf Schule heruntergebrochen heißt dies: Schüler/-innen können in Schule eine Verletzung ihrer Menschenrechte erfahren. Lehrer/-innen können in ihrer Rolle als Lehrkräfte (und damit als Repräsentant/-innen staatlichen Handelns) die Menschenrechte von Schüler/-innen verletzen. Streit, Beleidigungen, verbale und nonverbale Verletzungen zwischen einzelnen Schüler/-innen oder auch zwischen Lehrer/-innen untereinander sind als Elemente eines Konfliktgeschehens auf- und ernst zu nehmen. Eine Menschenrechtsverletzung im engeren Sinne stellen diese Auseinandersetzungen zwischen Individuen und insbesondere zwischen Schüler/-innen nicht dar. Es kann selbstverständlich sehr sinnvoll und auch gewinnbringend sein, wenn Menschen ihr ganz individuelles Verhalten an der Philosophie der Menschenrechte ausrichten und sich von der Idee der Menschenrechte leiten lassen. In diesem Zusammenhang ist es auch sehr hilfreich, Kinder und Jugendliche darin zu unterstützen, Sicherheit im Verständnis der verschiedenen Dimensionen der Menschenrechte in ihrem Alltagsleben (und auch im Verständnis ihrer Drittwirkung) zu erlangen.

Lehrer/-innen sind diejenigen, die Gelegenheitsräume gestalten können und müssen, in denen die in der Kinderrechtskonvention formulierten Rechte (insbesondere die Rechte auf Mitbestimmung und Beteiligung sowie die Rechte auf Förderung und Entwicklung) mit Leben gefüllt, angewandt und eingefordert werden können. Hierzu bieten sich in Schule vielfältige Gelegenheitsräume.

Der *Klassenrat,* der nach einer festen, den Entwicklungsstand der Schüler/-innen berücksichtigenden Struktur ab dem ersten Schulbesuchsjahr in allen Klassen durchgeführt werden kann, bietet sich als ein sehr konkreter Schritt zur Umsetzung der Kinderrechte an. „Im Klassenrat erfahren Kinder von Anfang an, dass die Kinderrechte nicht ein Geschenk von gutwilligen Erwachsenen sind, sondern ihnen zustehen" (Student/Portmann 2007, 79). Kinder haben ein Recht darauf, gehört zu werden und sich ernst genommen zu fühlen. Sie haben ein Recht darauf, dabei unterstützt zu werden, ihre Bedürfnisse und Interessen zu entdecken, ihre Wünsche und die anderer Kinder wahrzunehmen und sich an der Gestaltung ihrer (Alltags-)Räume zu beteiligen. Der Klassenrat als ein sehr basisdemokratischer Ansatz ist besonders geeignet, Kindern die Chancen der durch die Menschenrechte garantierten Ideen von Gleichberechtigung, Gleichheit und Menschenwürde zu vermitteln, insbesondere deshalb, weil er alle anspricht und die Teilhaberechte aller Jungen und Mädchen einer Klasse garantiert und fördert. Auch andere Formen der Schülermitbestimmung wie zum Beispiel der repräsentativen Beteiligungsform der von den in den Klassen gewählten Klassensprecher/-innen gebildeten SV, dem Schulsprecher/-innen-Team, der kommunalen Vertretungen in Stadt- und Kreisschülerräten oder auch der Jahrgangs-, Haus- und Vollversammlungen bieten vielfältige Möglichkeiten, die Kultur der Menschenrechte kennen und sich entsprechend in ihnen als aktiver Akteur, der von seinen Rechten u. a. auf Beteiligung und Mitbestimmung Gebrauch macht, zu erleben. Diese beschriebenen Gelegenheitsräumen lassen sich aber nur für alle Schüler/-innen gewinnbringend nutzen, wenn die Lehrer/-innen ihrem durch die UN-KRK formulierten Auftrag gerecht werden und das Recht aller Kinder auf Förderung und Entwicklung ernst nehmen. Konkret heißt das, dass Lernbegleiter/-innen die Aushandlungsprozesse innerhalb der Peergruppe der Schüler/-innen unterstützen, Angebote zum Erlernen von Kompetenzen machen und die Heranwachsenden für die Gefahren von Ausschlussmechanismen sensibilisieren und sie im Bedarfsfall auch unterstützen müssen, Handlungsoptionen zu entwickeln, diskriminierende, die (Menschen-) Rechte Anderer verletzende Verhaltenspraxen wahrzunehmen und entsprechend zu bearbeiten.

Demokratie ist – wie bereits erwähnt – mehr als Abstimmung und Mehrheitsentscheid. Erfahrungsgemäß ist es gut und wichtig, Kinder und Jugendliche dabei zu unterstützen, Entscheidungsfindungsprozesse kritisch reflektieren und gängige Alltagspraxen in Frage stellen zu können. Neben einer dezidierten Auseinandersetzung mit der Problematik von Mehrheitsentscheidungen (vgl. Kaletsch, 2007a, 162 ff.) kann auch eine kritische Reflexion von Lobbyismus und dem Bilden von „Seilschaften" hilfreich und das Kennenlernen alternativer – auf Transparenz und die Beteiligung aller von der Entscheidung betroffener Menschen setzender – Verfahren gewinnbringend sein. „Interesse wecken und Beteiligung anstreben" – so kann man das zentrale Anliegen eines von der Autorin Ende der 1990er Jahre entwickelten *SV-Training* (vgl. Kaletsch 2001) formulieren. Es will die SV-Schüler dafür sensibilisieren, dass sie ihre Arbeit in der Schülerschaft transparent machen, dass sie ihr Amt ernst und wahrnehmen, indem sie sich als einzelne Entscheidungsträger nicht zu viel aufbürden und sich vor ihren Wählern durch „Geheimniskrämerei" verschließen, sondern vielmehr ihre Rolle in der Vermittlung und Moderation von Schülerinteressen begreifen und die Bereitschaft entwickeln, möglichst viele Leute an den Entscheidungsprozessen zu beteiligen. In diesem Zusammenhang ist es wichtig, die SV-Mitglieder immer wieder dazu zu animieren, auf ihre Mitschüler/-innen zuzugehen und sie nach ihrer Meinung zu fragen, aber auch um ihre Mitarbeit zu werben. Dabei geht es auch darum, den Schüler-Vertreter/-innen Mut zu machen, die ihnen durch ihr Amt verliehene Macht für ihre Mitschüler/-innen zu nutzen und nicht über sie zu „herrschen". Erfahrungsgemäß greifen Schüler/-innen diese Anregungen gerne auf und sind bereit, ihre Perspektive und ihr Verfahrensrepertoire zu erweitern. Ohne entsprechende Anregungen (durch entsprechend geschulte/reflektierte Moderator/-innen) werden viele Jungen und Mädchen allerdings – aufgrund fehlender Rollenvorbilder – diese Herangehensweise nicht selbstverständlich entwickeln können. Den Lernbegleiter/-innen kommt daher in der aktiven Vermittlung von sowohl impliziter als auch expliziter Menschenrechtsbildung eine zentrale Rolle zu.

Demokratie lernen im Verständnis der UN-Kinderrechtskonvention

Die vom UN-Kinderrechtsausschuss als besonders wichtig identifizierten Grundprinzipien der UN-KRK wie das Recht auf Nichtdiskriminierung (Artikel 2), das Recht auf vorrangige Berücksichtigung des Kindeswohls (Artikel 3, Absatz 1), das Recht auf Leben und bestmögliche Entwicklung (Artikel 6) und das Recht auf Berücksichtigung der Meinung des Kindes in allen es betreffenden Angelegenheiten (Artikel 12) können dabei handlungsleitend sein. Mit diesen vier Grundprinzipien wird deutlich, dass die UN-KRK der Partizipation von Kindern zentrale Bedeutung zumisst und der Idee der Inklusion verpflichtet ist.

Kinder haben ein Recht darauf, ihre Rechte zu kennen und entsprechend wahrnehmen zu können, und dies gilt für alle Kinder. Die UN-KRK, deren Relevanz von der Kultusminister-Konferenz 2006 anerkannt wurde, stärkt damit die Lernbegleiter/-innen in Schule darin, Gelegenheitsräume zu schaffen, in denen Kinder demokratisches Handeln lernen und üben können. Die Lernbegleiter/-innen wiederum sind verpflichtet, Lehr-, Lern- und Handlungsräume zu schaffen, die es allen Kindern – und eben nicht nur denen, die dies schon zufälligerweise schon „von zuhause aus" mitbringen – ermöglichen, sich einbringen und Verantwortung für sich und die Interessen ihrer Peer übernehmen zu können. „Inwieweit sich Kinder als aktive Mitglieder einer Gemeinschaft erleben können, die für die Rechte des Einzelnen eintritt und Mitgestaltung ermöglicht, aber auch Grenzen und Regeln markiert und diese erklärt, hat große Auswirkungen auf die moralische Entwicklung und auf die politische Sozialisation des Kindes" (Maywald 2012, 126). Die Herausforderung besteht im Wesentlichen darin, den Kindern Angebote zu machen, die den Anforderungen der UN-KRK an Beteiligung von Kindern – die eine Soll- und keine Kann-Bestimmung ist – gerecht werden. In diesem Zusammenhang ist es wichtig wahrzunehmen, dass die Kinderrechtskonvention einen starken Fokus auf die Beteiligungsrechte legt.

Die Konzeption der Kinderrechtskonvention lässt sich auch gut mit dem Bild des Hauses der Kinderrechte (Maywald 2012, 50) darstellen, bei dem der Vorbehalt des Kindeswohls als Dach aller Rechtsbereiche, die man wiederum in die drei Säulen Schutzrechte, Rechte auf Beteiligung und Entwicklung und Recht auf Förderung und Entwicklung unterteilen kann, voransteht.

Vorbehalt des Kindeswohls		
Recht auf Schutz	Recht auf Beteiligung und Mitbestimmung	Recht auf Förderung und Entwicklung

Bedeutsam ist in diesem Kontext der Hinweis von Maywald, der sehr deutlich die Bedeutung der Partizipation von Kindern im Verständnis des Vorbehalts des Kindeswohls betont und damit das Bewusstsein für die Förderung der Beteiligungs- und Mitbestimmungsrechte herausarbeitet: „Im englischen Original der Konvention wird der Begriff ‚Kindeswohl‘ als ‚best interests of the child‘ bezeichnet. Im Begriff der ‚besten Interessen‘ kommt im Unterschied zur deutschen Bezeichnung ‚Kindeswohl‘ deutlicher zum Ausdruck, dass keineswegs nur die erwachsene bzw. elterliche Definition dessen, was einem Kind guttut, zählt. Auch die Formulierung der Interessen durch das Kind selbst muss in die Bestimmung des Kindeswohls eingehen. Auf diese Weise wird deutlich, dass der Vorrang des Kindeswohls und das Recht auf Beteiligung des Kindes in einem engen Zusammenhang stehen" (Maywald 2012, 43). In diesem Zusammenhang ist auch Artikel 12 der UN-KRK zu verstehen. Wenn es um die „Berücksichtigung der Meinung des Kindes in allen es betreffenden Angelegenheiten" geht, so sind damit u. a. alle bürgerlichen Freiheitsrechte wie die Meinungs- und Informationsfreiheit, die Versammlungs- und Vereinigungsfreiheit und die Gedanken-, Gewissens- und Religionsfreiheit gemeint und entsprechend aktiv beworben. Das Recht auf Beteiligung geht über das Verständnis der Freiheitsrechte hinaus: „Das Kind hat nicht nur ein Recht zur freien Meinungsäußerung, sondern die Meinung des Kindes muss angehört und angemessen berücksichtigt werden" (Maywald 2012, 49). Das bedeutet wiederum, dass die die Kinder begleitenden Erwachsenen als Verantwortungsträger verpflichtet sind, Gelegenheitsräume zu schaffen, in denen sich Kinder an den sie betreffenden Angelegenheiten beteiligen. Diese müssen inklusiv partizipativ gestaltet werden. Die methodischen Angebote müssen demnach entsprechend vielfältig und geeignet sein, eine innere Beteiligung bei den Kindern, die immer auch als Subjekte eines Lernprozesses wahrzunehmen sind, zu erzeugen (siehe entsprechende Hinweise im Methodenteil).

Verantwortung der Lernbegleitung

Es ist gleichermaßen hilfreich wie auch unbedingt nötig, immer im Blick zu behalten, dass demokratische Prozesse immer auch Mechanismen von Ein- und

Ausschluss beinhalten und die Entscheidungsträger/-innen entsprechend dafür sensibilisiert werden müssen, dass alle (von einer Entscheidung betroffenen) Personen berücksichtigt werden.

Wie bedeutsam das Lernen in und von der Peergroup – insbesondere im Bereich der Entwicklung sozialer Kompetenzen – ist, ist bekannt und soll hier nicht bestritten werden. Dennoch erscheint es bedeutsam, darauf hinzuweisen, dass Heranwachsende – ebenso wie erwachsene Mutliplikator/-innen – immer wieder Gelegenheitsräume brauchen, in denen sie die Funktions- und Wirkweisen von gewaltförmigen, diskriminierenden und die Würde des Menschen verletzenden Geschehen erkennen und die eigenen Verstrickungen darin wahrnehmen und entsprechend verändern können. Es ist daher Teil einer Entwicklung einer Kultur der Menschenrechte bzw. einer kinderrechtsorientierten Schule, dass Lernbegleiter/-innen ihrer Verantwortung gerecht werden müssen und die Herausforderungen bezüglich des Rechts auf Schutz aller Schüler/-innen aktiv wahrnehmen und die von Schüler/-innen eigenverantwortlich gestalteten Aushandlungsräume im Bewusstsein der Unteilbarkeit der auch in der Kinderrechtskonvention formulierten Menschenrechte begleiten.

In diesem Zusammenhang weist Scherr (Scherr 2012, 117) auf einen bedeutsamen Aspekt im Zusammenspiel zwischen Peer-Lernen und Verantwortung der Lernbegleitung hin:

„… die strukturellen Rahmenbedingungen offener Jugendarbeit (beinhalten) Lernpotenziale, die auch unabhängig von den Absichten der verantwortlichen Pädagoginnen und Pädagogen dazu führen können, dass Jugendliche einen konstruktiven Umgang mit Unterschieden und Formen einer gewaltfreien Konfliktregulierung erlernen können … Dies setzt jedoch voraus, dass die Entstehung und Verfestigung von Dominanzverhältnissen und Ausgrenzung ggf. auch durch pädagogische Intervention verhindert wird."

Lernbegleiter/-innen müssen sich aufgrund der besonderen Verantwortung damit auseinandersetzen, dass sie a) als Rollenvorbild fungieren und b) aufgrund ihrer besonderen Rolle, die sie auch mit Macht ausstattet, gefordert sind zu erkennen, wenn sie durch ihr Handeln die (Menschen-)Rechte der Schüler/-innen und ihrer Bezugspersonen (Eltern) verletzen. In diesem Kontext erinnert die Erziehungswissenschaftlerin Annedore Prengel daran, dass „das Diskriminierungsverbot auch für Schülerinnen und Schüler (gilt)" und bezieht aus der UN-Kinderrechtskonvention die „ethisch grundlegend(en) Verpflichtungen" (Prengel 06/2013, 10).

Die Unteilbarkeit der Menschenrechte

Neben dem Orientierungsrahmen für die Reflexion und die Bewertung von Alltagshandeln lässt sich aus dem Bezug auf die Menschenrechte ein zentrales Bewertungskriterium für die Güte von Entscheidungsfindungsprozessen und die dabei gefundenen Ergebnisse entfalten. Verfahren oder Entscheidungen, die die Menschenrechte oder einzelne Menschenrechtsaspekte verletzen, können nicht demokratisch sein. Die Auseinandersetzung zum „Hamburger Schulstreit" 2010 kann dabei als ein besorgniserregendes Beispiel verstanden werden. Das direkte Bürgerbeteiligungsverfahren hat hier fatalerweise dazu geführt, dass das Bemühen um die Durchsetzung von Gleichheitsrechten und Inklusion am Engagement eines privilegierten Bürgertums scheiterte. Dieses verstand es, die sechsjährige Grundschulzeit, die eine längere Zeit gemeinsamen Lernens ermöglicht hätte, zu verhindern (Kaletsch/Rech 2012, 140; Jörke 2011, 16).

In diesem Kontext ist es wichtig dafür zu sensibilisieren, wenn Menschenrechtsvorstellungen einseitig auf politische Freiheitsrechte reduziert werden und das Bewusstsein für die Bedeutung von Gleichheitsrechten und sozialer Inklusion aus dem Blick gerät. Entsprechend kann man sich dem von Asisye Öztürk formulierten Plädoyer anschließen, „die Politik in die Verantwortung zu nehmen für ein neues ‚Gleichgewicht' zwischen Freiheit und Gleichheit der Individuen" (Öztürk 2011, 2). Unter dieser Prämisse wollen wir die Schlüsselakteure im System Schule, nämlich Lehrkräfte und Schulleitungen, für ein entsprechend diskriminierungskritisches Konzept gewinnen.

Der durch die UN-Behindertenrechtskonvention eingebrachte Grundsatz der Inklusion kann in diesem Zusammenhang wegweisend sein. „Inklusion steht für die Offenheit eines gesellschaftlichen Systems in Bezug auf soziale Vielfalt, die selbstverständlich Menschen mit Behinderungen einschließt" (Aichele 2010, 16). Der neue Leitbegriff der Inklusion signalisiert den geforderten Wandel hin zu einer selbstverständlichen Zugehörigkeit (Bielefeldt 2009, 11).

„Dem Konzept der Inklusion liegt das Prinzip der vorbehaltlosen Einbezogenheit und Zugehörigkeit aller Mitglieder einer Gesellschaft zugrunde. Ziel einer inklusiven Gesellschaft ist die gleichberechtigte Teilhabe aller Menschen. Es geht darum, Vielfalt anzuerkennen und allen Menschen gleiche Teilhabechancen zu gewähren. Während Integration davon ausgeht, dass manche Menschen zunächst von bestimmten Angeboten ausgeschlossen und daher integriert werden müssen, will Inklusion von vornherein das Zusammenleben so organisieren, dass niemand ausgeschlossen wird. Inklusion ist daher mehr als Integration, wie dies auch in der offiziellen Definition inklusiver Bildung der UNESCO zum Ausdruck kommt: … Inklusive Bildung bedeutet, dass allen Menschen – unabhängig von Geschlecht, Religion, ethnischer Zugehörigkeit, besonderen Lernbedürfnissen, sozialen oder ökonomischen Voraussetzungen – die gleichen Möglichkeiten offenstehen, an qualitativ hochwertiger Bildung teilzuhaben und ihre Potentiale zu entwickeln" (Maywald 2012, 70).

Innere Beteiligung erzeugen

Nach Einführung der Grundlagen eines menschenrechtlichen Denksystems, das neben der Allgemeinen Erklärung der Menschenrechte (AEMR) insbesondere einerseits der Logik des Grundrechtskatalogs des Grundgesetz (GG) folgend Schutz-, Freiheits- und Gleichheitsrechte einführt und dabei andererseits auf die im Haus der Kinderrechte (UN-KRK) benannten Säulen der Rechte auf Schutz, Beteiligung und Mitbestimmung sowie der Rechte auf Förderung und Beteiligung verweist, wird ein bevorzugter Bezug auf die UN-KRK bei der Einführung von Menschenrechtsbildung im pluralen Klassenzimmer empfohlen. Anschließend werden die Teilnehmenden[12] um eine Einschätzung der Gründe dieser Entscheidung gebeten.

---

12 Diese Herangehensweise ist ein fester Bestandteil der von der Autorin entwickelten Multiplikator/-innen-Fortbildung zum Thema „Demokratie lernen in der pluralen Gesellschaft".

„Weil es die Rechte der Kinder sind und sie sich davon mehr angesprochen fühlen", ist in fast allen Fortbildungsgruppen die meistgenannte Antwort. Dieser Aspekt ist auf jeden Fall von Bedeutung. Weitere Begründungslinien zu ermitteln, fällt den Teilnehmenden dann aber in der Regel eher schwer. Auch der Hinweis auf die Zusammensetzung der Lerngruppe im „Klassenzimmer der pluralen (Trans-)Migrations-Gesellschaft" führt nicht immer dazu, dass die Teilnehmenden von sich aus einen Bezug zu den rechtlich sehr entscheidenden Unterschieden zwischen GG und UN-KRK herstellen. Vielfach ist den den PoWi-Unterricht gestaltenden Lernbegleiter/-innen nicht bewusst, dass die im GG formulierten Freiheitsrechte weitestgehend als Bürgerrechte formuliert sind und damit Bürger/-innen der pluralen Gesellschaft in Deutschland, die nicht über die deutsche Staatsangehörigkeit verfügen, nicht selbstverständlich zustehen. Insbesondere in Bezug auf Partizipations- und Teilhaberechte werden die in Deutschland lebenden Menschen nicht gleich behandelt. Der selbstverständliche Zugang zu einer das Gemeinwesen entsprechend gestaltenden, Verantwortung tragenden Rolle ist einer – von der Dominanzkultur in den öffentlichen Diskursen häufig marginalisierten, in der Realität des Klassenzimmers der Migrationsgesellschaft nicht nur quantitativ relevanten – Gruppe verwehrt.

Jetzt werde ihr „einiges klarer", bekennt eine Teilnehmende und berichtet von einer sie irritierenden Beobachtung an ihrer Lehrschule. Im Vorfeld einer PoWi-Stunde sei von einigen Schüler/-innen die Frage gestellt worden, ob sie nicht „während der PoWi-Stunde auf dem Pausenhof bleiben und sich selbst beschäftigen dürften, so wie sie es ja auch immer in der Phase des Religionsunterrichts" (der hier nur als christlicher Religionsunterricht, differenziert nach evangelisch und katholisch angeboten wird) täten. Das, was im PoWi-Unterricht behandelt werde, „betrifft uns ja nicht", gibt die Teilnehmende die Begründungslinie der Schüler/-innen wieder. Und fügt hinzu, dass die angesprochene Lehreinheit tatsächlich sehr stark auf das Kennen lernen der Strukturen des parlamentarischen Systems der Bundesrepublik Deutschland fokussiert sei.

Das im Folgenden entwickelte Beispiel ist einer Lehrveranstaltung mit angehenden Lehrkräften (LiVs) in ihrer zweiten Studienphase mit dem Ziel, Lehrer/-innen für Politik und Wirtschaftswissenschaften (PoWi) zu werden, entnommen.

Das Beispiel macht mehrere Aspekte deutlich. Sehr zentral ist die Frage nach einer möglichen „inneren Beteiligung" der Adressat/-innen des Lernangebots. Dieses setzt voraus, das Lernbegleiter/-innen ein dialogisches, subjektorientiertes Konzept politischer Bildung verfolgen und nach entsprechenden, die Adressat/-innen des Lernprozess zum „Mitgehen" einladenden Gelegenheitsräumen zur Aneignung von Wissen und gemeinsame Verständigung über Haltungen und Handlungsoptionen suchen. Ein solches Konzept versucht, den Lernraum dadurch zu öffnen, dass eine innere Beteiligung ermöglicht wird und nach Anknüpfungspunkten an die durch Erfahrung bereits gewonnene Expertise der Teilnehmenden des Bildungsangebots schaut. Dies ist eine Herangehensweise, die der kompetenzorientierten Ausrichtung der Demokratie- und Menschenrechtsbildung sehr entspricht bzw. entsprechen müsste. Allerdings scheint sie noch nicht selbstverständlich im Alltag verankert zu sein. Nicht selten wird in Berichten von Lehrer/-innen der Fächer PoWi und Geschichte eine erlebte Schwere in der „Vermittlung des Stoffs" beschrieben. Diese wird dann häufig mit einem, den Schüler/-innen pauschal ein Desinteresse unterstellenden und damit sehr zuschreibenden Erklärungsmodell abgetan. Es sei halt grundsätzlich „schwer in diesen (bildungsfernen) Klassen (mit hohen Migrantenanteil) PoWi und Geschichte zu unterrichten".

Diese Wahrnehmung und daraus resultierende Herangehensweise ist nicht nur, aber insbesondere aus einer kinderrechtlichen Perspektive durchaus als problematisch zu bewerten. Es sind gleich drei wesentliche Grundprinzipien der UN-KRK berührt: das Recht auf Nichtdiskriminierung, der Vorbehalt des Kindeswohl („best interest of the child") und die Verpflichtung, Kinder bei der Gestaltung von Angelegenheiten, die sie betreffen, zu beteiligen. Die Kinderrechte sind verletzt, wenn es versäumt wird, Angebote zu machen, die die Chance bieten, dass sich alle an dem Lernangebot beteiligten Kinder damit auseinandersetzen können, ob sie sich mit Demokratie und Menschenrechte beschäftigen, hierzu entsprechendes Wissens- und Handlungskompetenzen erwerben möchten. Dazu muss der Lernraum so gestalten werden, dass die Adressaten des Lernraums erleben, dass das Thema für sie eine Relevanz hat. Die UNESCO[13]

---

13 1995 beginnt die „UN-Dekade zur Menschenrechtserziehung" und diese mündet 2005 in das „Weltprogramm zur Menschenrechtsbildung" (Lenhart 2006, 35 ff.).

und die Kultusministerkonferenz (KMK) haben die Relevanz dieses Bildungsziels mehrfach festgestellt. In dem 2006 von der KMK beschlossenen „Bekenntnis" zur UN-KRK wurde festgestellt, „dass die Vermittlung von unveräußerlichen Rechten und essentiellen Werten wie Menschenwürde, Toleranz, Freiheit, Selbstbestimmung ... sowohl allgemeine Aufgabe von Schule und Unterricht als auch spezifische Aufgabe der dafür relevanten Fächer ist" (zitiert nach Maywald 2012, 133/134). Darüber hinaus enthält Artikel 29 Absatz 1b der UN-KRK „die Verpflichtung, dass die Bildung des Kindes darauf gerichtet sein muss, dem Kind die Achtung vor den Menschenrechten und Grundfreiheiten und den in der Charta der Vereinten Nationen verankerten Grundsätzen zu vermitteln" (Maywald 2012, 117).

Um einen die drei Aspekte der Menschenrechtsbildung[14] berücksichtigenden Weg entwickeln zu können, ist es entscheidend, die Gelegenheitsräume so zu gestalten, dass Partizipation (innere Beteiligung) möglich und dadurch kreative Angebote zur Aneignung des Menschenrechts-Konzepts entstehen können. Dabei sollte berücksichtigt werden, dass das Menschenrechts-Konzept in seinen Chancen, Möglichkeiten und Versprechen, aber auch in seinen Unzulänglichkeiten, seiner Unabgeschlossenheit und den mit ihm zu erlebenden Phasen der Fort- und Rückschritte erkennbar wird.

Vielfach wird aber darauf verzichtet, die Adressaten von Menschenrechtsbildung dazu einzuladen, sich mit ihren eigenen Vorstellungen, Erfahrungen – und damit bereits bestehenden Expertisen – sowie Fragen einzubringen (vgl. Scherr 2011, 308; Maywald 2012, 134).

Gerade aufgrund seiner großen Relevanz, die insbesondere in der Notwendigkeit einer möglichst nachhaltigen Verknüpfung der Adressaten der Menschenrechtsbildung mit ihren Inhalten besteht, kommt der Gestaltung des Lernraums zur Aneignung des weltumspannenden Menschenrechts-Konzepts zentrale Bedeutung zu. Wir empfehlen eine „voraussetzungsarme" Herangehensweise (vgl. Hormel/Scherr 2004, 148). Dies kann beispielsweise dadurch geschehen, dass Teilnehmende des Bildungsangebots zu Demokratie- und Menschenrechtspädagogik der Frage folgend „Wie wollen wir leben?" zur Entwick-

---

14 Lernen über Menschenrechte, Lernen durch die Menschenrechte und Lernen für Menschenrechte.

lung einer Vision „eines menschenfreundlichen Gemeinwesens" eingeladen werden (vgl. Kaletsch 2007, 151 ff. und weitere Hinweise im Methodenteil dieses Buches). In manchen Lernräumen kann dieser sehr offene Einstieg zu weit und damit überfordernd und in Anlehnung an die Prüfsteine zur Kinder- und Jugendpartizipation (vgl. Deutsches Kinderhilfswerk 1997, 22) nicht geeignet sein, wirklich einer Beteiligungs- und damit Subjektorientierung zu entsprechen. Hier haben sich in der Praxis[15] szenische Einstiege bewährt, in denen den Teilnehmenden kurze Szenen präsentiert werden, in denen einzelne – und zur Lebensrealität der Adressaten des Angebots passende – Kinderrechte eingeführt werden (nähere Erläuterung der Herangehensweise siehe im Methodenteil). In der Auseinandersetzung mit den einzelnen Rechten können die Teilnehmenden eingeladen werden, sich mit dem Thema zu verknüpfen und dann zunehmend ihre eigenen Erfahrungen mit Menschenrechten einzubringen. In der Praxis[16] zeigt sich, dass viele Menschen sich gut mit dem Thema verknüpfen und sich entsprechend angesprochen fühlen. Die Herausforderung besteht darin, einen gleichermaßen offenen wie auch gleichzeitig konkret auf die Menschenrechte bezogenen Einstieg zu finden, der geeignet ist, die Teilnehmenden dazu einzuladen, dass sie ihre Vorstellungen und Erfahrungen mit dem Konzept der Menschenrechte in Beziehung setzen und darüber hinaus in einem nächsten Schritt interessiert bleiben, sich mit den bestehenden rechtlichen Verhältnissen zu verknüpfen.

In einem auf Dialog und Begleitung ausgerichteten Lernarrangement geht es insbesondere darum, zu den Kompetenzen der Teilnehmenden passende Angebote zu entwickeln, über die die Teilnehmenden und ihre Lernbegleitung die bereits bei den Adressaten des Bildungsprozess vorhandenen Expertisen und Ressourcen kennen lernen und aufgreifen können. Die Kenntnisse der Adressaten des Bildungsangebots können von dem/der Lernbegleiter/-in „durch Kurzinputs in einen größeren Rahmen gestellt werden, mit dem Ziel, die Heranwachsenden mit Hintergrundwissen „auszustatten", das sie autark werden lässt,

---

15 Trainings mit Klassen im Kontext der Förderschulen, der Lernhilfe sowie einem Training mit der
    SV einer Förderschule für Praktisch Bildbare.
16 Seit 2004 bietet die Autorin entsprechende Workshops zu Demokratie- und Menschenrechtsbildung in schulischen und außerschulischen Kontexten an.

um für sich und ihre Rechte eintreten zu können. Die Inputs sind dabei so dosiert, dass sie die Kinder und Jugendlichen stärken können. Angeboten werden überschaubare „Häppchen", die zu den im Trainingsgeschehen entstandenen Fragen und Anliegen – und den Aufnahmekapazitäten der Teilnehmer/innen – passen. Ziel ist dabei, für die Kinder und Jugendlichen nachvollziehbares und direkt anwendbares, aktives Wissen zu schaffen. Ein Wissen, dessen sich die jungen Trainingsteilnehmer selber angenommen haben und das ihnen Kraft geben kann, sich engagieren zu können. *„Ich wusste gar nicht, wie viel ich weiß"*, sagt die 14-jährige Seda am Ende der Trainingstage. Selbstbewusst erklärt sie einer Journalistengruppe, wie ein Demokratietraining funktioniert und wie viel das mit ihr selbst und mit Schülerrechten zu tun hat[17]" (Kaletsch 2007b, 38).

Es geht im Rahmen von Demokratie- und Menschenrechtsbildung immer auch darum, den Adressaten des Bildungsprozesses Wissen verfügbar zu machen und sie dazu einzuladen, Einblicke in Themen- und Fragestellungen zu nehmen, die sie bisher noch nicht berücksichtigt oder wahrgenommen hatten. „Grundlegend für eine subjektorientierte politische Bildung ist ein Verständnis von Bildung als ein dialogischer Prozess, der darauf zielt, Selbstbildungsprozesse anzuregen, zu ermutigen, zu unterstützen und zu qualifizieren" (Scherr 2011, 310).

Mit der Förderung der Selbstautonomie, der Selbstwirksamkeit und des Empowerments von besonders jungen Teilnehmenden ist sicher eine zentrale Zielsetzung von demokratiepädagogischen Angeboten beschrieben. Dabei muss allerdings (selbst)kritisch zur Kenntnis genommen werden, dass die Aufforderung zu oder das Versprechen der Förderung der Selbstbestimmtheit immer auch bewusst im Kontext seiner strukturell bedingten Begrenztheit zu sehen ist. In einer Gesellschaft, die von einer diskriminierenden Praxis geprägt ist, sind die Möglichkeiten zur Selbstverwirklichung der in Deutschland lebenden Menschen nicht gleich. Insbesondere „feministische, postmoderne und poststrukturalistische Theorien haben geltend gemacht, dass die positive Beanspruchung des Subjektbegriffs mit Ausblendungen einhergeht: Die Idee des von anderen

---

17 „Demokratie hat mit uns allen zu tun. Sie gibt uns Rechte und Schutz", sagt die 14-jährige Seda in: Taunus Zeitung, 23.4.05, siehe auch Frankfurter Rundschau 23.4.05.

unabhängigen in diesem Sinne autonomen Subjekts wird hier als eine Denkfigur dechiffriert, die sich am historischen Modell des männlichen besitzbürgerlichen Individuums orientiert, das seine grundlegenden sozialen Bindungen und Abhängigkeiten verdrängt und verleugnet … Sie blenden zudem den Preis aus, den andere dafür zahlen, dass sich männliche bürgerliche Individuen als autonome Subjekte inszenieren und imaginieren können."

Diese Erkenntnis der Begrenztheit(en) der strukturell bedingten Entfaltungsmöglichkeiten muss bei der Gestaltung demokratiepädagogischer Angebote sicher mehr bedacht werden.[18]

Es kann in Anlehnung an Scherr um die Inititiierung von Lern- und Bildungsprozessen gehen, „die auf das Bedürfnis reagieren, die soziale Wirklichkeit zu verstehen und die darauf ausgerichtet sind, Jugendliche und Erwachsene zu einer Überprüfung sowie zu einer Auseinandersetzung mit alternativen Verstehens- und Handlungsmöglichkeiten anzuregen" (Scherr 2011, 312/313).

Universalität und Unabgeschlossenheit des Menschenrechtskonzepts

In der Gestaltung eines prozess- und damit teilnehmerorientierten Lernraums kann der/die Lernbegleiter/-in dafür sorgen, dass alle zentralen Aspekte des Menschenrechts-Konzepts nach und nach angeboten und damit von den Adressaten des Bildungsprozesses angenommen werden können. Als zentral betrachten wir dabei folgende Erkenntnisse: Jeder Mensch hat das Recht, Rechte zu haben. Dies ist das Prinzip der Gleichheit und Universalität der Menschenrechte, der Unteilbarkeit und der Unabgeschlossenheit der Menschenrechte. Dazu gehört unbedingt auch eine offen(siv)e und bewusste Haltung der Lernbegleitung zu den Widersprüchen, Paradoxien und wiederkehrend zu erlebenden Verletzungen der Menschenrechte. Diese thematisieren zu können und dabei insbesondere die Realität in Deutschland in den Blick zu nehmen, gehört zu einer fundierten Menschenrechtsbildung unbedingt dazu. Noch immer gibt

---

18 Sehr erhellend ist in diesem Zusammenhang der Aufsatz von Carsten Bünger 2011: Politische Bildung nach dem ‚Tod des Subjekts'.

es in machen Lernangeboten die Tendenz, die Menschenrechtsverletzungen zu externalisieren.

Dies ist in zweierlei Hinsicht problematisch: Erstens wird der Blick auf ein sehr relevantes Thema, namentlich die Menschenrechtsproblematik in der Bundesrepublik Deutschland, verstellt und zweitens wird dadurch das aktive Menschenrechtsbewusstsein der Teilnehmenden geschwächt. Denn, wenn Menschenrechtsverletzungen insbesondere über gravierende Verstöße in konstruiert „weit entfernten Erdteilen" passieren, vermittelt sich den Adressaten des Bildungsangebots das Thema Menschenrechte als eines, das „wir in Deutschland nicht brauchen. Das betrifft uns nicht, ist ein Thema der armen Kinder". Nicht selten werden diese die Realität verzerrenden Vorstellungen von den Teilnehmenden der Bildungsangebote reproduziert. „Für uns ist das nicht so wichtig, wir leben hier ja glücklich. Aber wenn man jetzt mal z. B. nach Afrika schaut, da sieht das Ganze natürlich ganz anders aus." So – oder so ähnlich – äußern sich häufiger sowohl Jugendliche als auch Erwachsene in den von der Autorin angebotenen Bildungsangeboten. Dieser paternalistische Gestus kann sowohl in Bildungskontexten mit sozial eher privilegierten als auch marginalisierten Gruppen auftauchen. Entscheidend ist, diese problematische Denkfigur in einer wertschätzenden, die Teilnehmenden nicht bloßstellenden Weise aufzugreifen und sie in den Kontext einer rassismuskritischen, postkolonialen Auseinandersetzung zu betrachten.

Gestaltet man das Bildungsangebot von Anfang an und konsequent so, dass die Teilnehmenden sich eingeladen fühlen, sich bei der Aneignung der Menschenrechte auch mit ihrer eigenen Erfahrungswelt zu verknüpfen, ist die Relevanz der Kinderrechte in Deutschland häufig ganz selbstverständlich im Raum. Sind die Adressaten von Bildungsangeboten eingeladen, sich mit ihren Vorstellungen zu einem die Bedürfnisse des Einzelnen wahrnehmenden und berücksichtigenden Zusammenleben in einem „menschenfreundlichen Gemeinwesen" (siehe Erläuterungen im Methodenteil S. 165) zu verknüpfen, entstehen zumeist Ideen und Fragestellungen, die sich natürlich in vielen Bereichen in den Grundlagen der UN-Kinderrechtskonvention und zu Teilen auch im Grundgesetz wiederfinden. Gleichzeitig gibt es häufig mindestens einen Aspekt, der bisher in keinem menschenrechtlichen Vertrag Berücksichtigung fand, worüber sich das Phänomen der Unabgeschlossenheit der Menschenrechte gut erschließt. In der Arbeit mit Kindern und Jugendlichen empfiehlt es sich auf ein ausgewogenes Verhältnis zwischen Menschenrechtsgarantien und entsprechenden Fehlstellen und Brüchen zu achten. Die jungen Fortbildungsteilnehmer/-innen sollten gestärkt aus der Begegnung mit den Menschenrechtskonzepten hervorgehen können, worauf eine entsprechend sorgsame Lernbegleitung achten kann (vgl. Kaletsch 2011b, 140/141; Kaletsch 2007a, 188).

Aus der Spannung zwischen der menschenrechtlichen Vorstellung der UN-KRK und des GG lassen sich einerseits sehr gute Bezugspunkte finden, um das Entwicklungspotential des Menschenrechts-Systems zu verdeutlichen, andererseits kann man die menschenrechtliche Realität in Deutschland auf der Grundlage der auch von der Bundesrepublik anerkannten UN-KRK betrachten und entsprechend gestärkt die kritischen Aspekte in den Blick nehmen und nach Handlungsoptionen schauen, wie man der Philosophie und Garantie der Menschenrechte noch stärker Nachdruck verleihen kann.

Das Recht auf eine gewaltfreie Erziehung

Am Beispiel der Einführung des garantierten Rechts auf gewaltfreie Erziehung kann man sehr gut Unabgeschlossenheit und Entwicklungspotential der menschenrechtlichen Diskurse nachvollziehen. Obwohl die Bundesrepublik Deutschland der 1989 in der UN verabschiedeten Kinderrechtskonvention zustimmt und diese auch 1992 im Bundestag ratifiziert, dauert es bis zum November 2000 bis ein Gesetz zur Ächtung der Gewalt in der Erziehung verabschiedet wird, das die Kinder in ihren Rechten stärkt und festschreibt, dass sie auch im Verhältnis zu ihren Eltern das Recht auf Gewaltfreiheit genießen (vgl. Maywald 2012, 33). Damit wurde ein jahrzehntelang währender Kampf im Sinne der Kinderrechte positiv beendet und deutlich, dass ein entsprechender Bewusstseinswandel stattgefunden hat, der Kinder als Träger eigener Rechte wahrnimmt. Dies war allerdings lange Zeit alles andere als selbstverständlich. Bis in die 1980er Jahre hinein wurde in der öffentlichen Meinung und in der Rechtsprechung „körperliche Züchtigung als Gewohnheitsrecht der Eltern betrachtet" (Maywald 2012, 33). Im Jahr 1979, das von der UN als Internationales Jahr des Kindes proklamiert wurde, ergriffen Kinderschutzbund und der Deutsche Juristinnenbund die Initiative und forderten „erstmals, ein ausdrückliches Züchtigungsverbot in das (Bürgerliche Gesetzbuch) BGB aufzunehmen" (Maywald 2012, 34). „Trotz der reformerischen Aufbruchsstimmung war die Zeit für ein Gewaltverbot in der Erziehung noch nicht reif. ... Anfang der 1990er Jahre wurde der Druck auf den deutschen Gesetzgeber durch die Verabschiedung der UN-Kinderrechtskonvention, die in Artikel 19 ein absolutes Gewaltverbot in der Erziehung enthält, auch von internationaler Seite verstärkt. Doch während Länder wie Schweden, Finnland, Dänemark, Norwegen und Österreich Gewaltverbote in ihren Gesetzen bereits durchgesetzt hatten, behielt in Deutschland die Abwehr gegen ein striktes und allgemeines Gewaltverbot in der Erziehung zunächst weiter die Oberhand" (Maywald 2012, 35). Erst mit dem Regierungswechsel 1998 wurde eine entsprechende Gesetzesänderung möglich. Seit November 2000 heißt es in der Neufassung des § 1631 Absatz 2 BGB: „Kinder haben ein Recht auf eine gewaltfreie Erziehung. Körperliche Bestrafungen, seelische Verletzungen und andere Maßnahmen sind unzulässig" (Maywald 2012, 35). Nur durch das beharrliche Eintreten von Nichtregierungsorganisationen (NGOs) – wie z. B. dem Kinderschutzbund – konnte dieser Bewusstseinswandel für die Rechte des Kindes vollzogen werden. In der 1995 gegründeten „National Coalation zur Umsetzung der UN-Kinderrechtskonvention" haben sich inzwischen mehr als 100 Organisationen, Institutionen und Initiativen zusammengeschlossen. Sie weisen auf die Verletzungen der UN-Kinderrechtskonvention in Deutschland hin und ergreifen Initiativen, um die Umsetzung voranzubringen. Da die UN-KRK bisher[19] kein Verfahren der Individual-Beschwerde vorsieht, kommt der National Coalition als unabhängige Monitoringstelle eine zentrale Bedeutung zu.

---

19 Seit Inkrafttreten der UN-KRK haben sich Kinderrechts-Initiativen immer wieder für die Einführung eines Individualbeschwerderechts eingesetzt. Im Juni 2011 hat nun der Menschenrechtsrat „einstimmig eine Resolution verabschiedet, in der die UN-Generalversammlung aufgefordert wird, dem Entwurf eines Individualbeschwerdeverfahrens als Fakultativprotokoll der UN-Kinderrechtskonvention zuzustimmen" (Maywald 2012, 61).

Monitoring zur Umsetzung der UN-KRK in Deutschland

In regelmäßigen Abstände informiert die National Coalition über Entwicklungsfelder und Missstände in der Umsetzung der UN-Kinderrechtskonvention und versucht „alle Verantwortungsträger in Politik und Gesellschaft" immer wieder deutlich auf die aus der UN-Kinderrechtskonvention resultierenden Verpflichtungen aufmerksam zu machen. Seit 1996 werden sogenannte „zehn vordringliche Handlungsfelder benannt, die im Interesse einer Verbesserung der Subjektstellung des Kindes aufgearbeitet werden müssten". 1999 wurden anlässlich des zehnjährigen Bestehens erstmals „Impulse für die zweite Dekade" gegeben, in denen wiederum zehn „aktuelle Problemlagen aufgezeigt wurden, die unverzügliches Handeln nötig machen" (National Coalition 5/2007, 2/3). Auch für die dritte Dekade (2009-2019) wurden entsprechende Handlungsfelder benannt (National Coalition 2010, 6). Manche Themen bleiben konstant entwicklungsbedürftig, wie z.B. der Bekanntheitsgrad der UN-KRK, die Problematik sozialer Ungleichheit/Armut in Deutschland und der Chancengerechtigkeit in der Bildung. Die Überwindung strukturell rassistischer Bedingungen ist ein weiteres zentrales Handlungsfeld, dessen Brisanz von Anfang an – durch die 1992 nur unter Vorbehalt vollzogene Ratifizierung der UN-KRK in Deutschland – bestand. Durch diesen Vorbehalt wurden eindeutig nichtdeutsche Kinder benachteiligt und damit in mehrfacher Hinsicht gegen wesentliche Prinzipien der Kinderrechtskonvention, insbesondere das Recht auf Nichtdiskriminierung und der Vorrang des Kindeswohls, verstoßen. Die National Coalition stellt hierzu in ihren Impulsen zur zweiten Dekade fest, „dass Kindern ohne deutschen Pass einschließlich unbegleiteten Flüchtlingskindern der dauernde Aufenthalt in Deutschland verwehrt wird. Insbesondere rechtliche Bestimmungen und praktisches Verwaltungshandeln in Zusammenhang mit Einreise, Aufenthalt und Bleiberecht berücksichtigen unzureichend, dass Art. 3 KRK den Vorrang des Kindeswohls verlangt" (National Coalition 5/2007, 12). Die Innen- und Jugendministerkonferenz wurde entsprechend aufgefordert, die „Aufenthalts- und Asylgesetzgebung unter dem Gesichtspunkt der Übereinstimmung mit der UN-KRK zu prüfen" (ebenda). Auch in Bezug des Rechts auf Bildung wurden Flüchtlingskinder massiv benachteiligt, da ihnen in manchen Bundesländern der Zugang zur Schule praktisch verwehrt wurde. Auch nach Rücknahme des Vorbehalts im Juli 2010 besteht nicht in allen Bundesländern die Schulpflicht für Kinder, die sich in einer „aufenhaltsrechtlichen Illegalität" befinden. Zwar sind seit 2011 Schulen nun „nicht mehr dazu verpflichtet, der Ausländerbehörde zu melden, sollte ein irregulärer Aufenthalt eines Schulkindes bekannt werden" (Wilmes 2013, 35), die Rechte der Kinder sind dadurch jedoch noch immer nicht eindeutig und umfassend garantiert. Im Unterschied zu beispielsweise Bremen, Schleswig-Holstein und Baden-Württemberg, in denen mittlerweile Schulpflicht besteht, wird z. B. in Hessen nur ein Schulzugangsrecht gewährt. Auch in vielen anderen Bereichen sind die Gesetze und Verwaltungspraxen in Deutschland in Bezug auf die nun umfassende Umsetzung der Kinderrechtskonvention noch nicht entsprechend verändert worden. Insbesondere in Bezug auf unbegleitete alleinreisende Minderjährige haben sich die Regelungen noch nicht entsprechend dem Kindeswohl entwickelt und die Bundesrepublik Deutschland verstößt demnach weiterhin in manchen Punkte gegen die Kinderrechte. Tillmann Löhr ermahnt daher in seinem Artikel „Endlich gleiche Rechte für alle Kinder?" im „Grundrechte-Report des Jahres 2011" die Bundesregierung, die „erfreulicherweise … den längst überfälligen Schritt (der Rücknahme des Vorbehalts) vollzogen" habe, dürfe „nicht das nächste Versäumnis folgen lassen, indem sie die erforderliche Gesetzesänderung verweigert" (Löhr 2011, 187; vgl. hierzu auch Cremer 2012).

Auf dem Weg zu einem Weltbürger-Recht, oder warum Demokratiepädagogik eine kritische Demokratiepädagogik sein muss

Die Idee der Universalität der Menschenrechte steht in einem bisher unaufgelösten Widerspruch zu Nationalismus und nationalstaatlicher Verfasstheit des Ordnungsprinzips der Welt. „Während die Menschenrechte unbegrenzt gültig sein sollen, setzt die Souveränität des Volks ein begrenztes *demos* voraus, das selbstbestimmt handelt. Politische Selbstbestimmung impliziert Selbstkonstituierung. Daher entsteht ein unauflöslicher Widerspruch, …, zwischen den expansiven und inklusiven Prinzipien des moralischen und politischen Universalismus der Menschenrechte und den partikularistischen und exklusiven Konzepten demokratischer Abschließung" (Benhabib 2009, 24). Benhabib weist in diesem Zusammenhang auf mehrere zentrale Aspekte hin: Sie macht einerseits den Aspekt der Konstruktion, der Erfindung des Nationalstaats (Benhabib 2009, 28/29) und die damit einhergehende Ausgrenzungsmechanismen deutlich und verweist andererseits auf die Problematik der fehlenden Beteiligung (Benhabib 2009, 24 ff.) von zentralen Entscheidungen betroffener Menschen. Deutlich hält sie fest, dass „es sich beim Nationalismus um eine Ideologie (handelt): „Er versucht, eine komplexe, uneinheitliche und unhandliche Realität in den Griff zu bekommen, indem er sich einiger simpler reduktionistischer Prinzipien wie der Zugehörigkeit zu einer Nation bedient. Jede Nation hat ihre Anderen – im Inneren wie im Äußeren – und so entstehen eine ganze Reihe von imaginären und realen Demarkationslinien zwischen *Uns* und *den Anderen,* die den Nationalstaat konstruieren" (Benhabib 2009, 29). Gerade diese der Konstruktion von Nationalstaatlichkeit innewohnende Praxis widerspricht aber in zentralen Aspekten der Idee der Gleichheit und Universalität der Menschenrechte.

Auch hierzu hat sich eine kritische Demokratie- und Menschenrechtsbildung zu verhalten und die Stimmen ernst zu nehmen und zu würdigen, die die Versprechen des Konzepts der universellen Menscherechte skeptisch begleiten. Hanna Arendt, die sich als Philosophin u. a. mit politischer Theorie beschäftigte, hatte selbst als Staatenlose leben müssen und formulierte eine sehr ernstzunehmende Kritik gegen die nichtexistente Garantie der Universalität der Menschenrechte. Arendt machte den Unterschied zwischen Bürger- und Menschenrechten deutlich. Sie verwies darauf, dass Menschen, wenn ihnen jegliche Grund- und Bürgerrechte verwehrt sind, immer noch Mensch bleiben, eine verletzbare Menschenwürde besitzen und dann auf andere Dinge wie Freundschaft, Solidarität und (Menschen-)Liebe angewiesen seien. „Der Mensch kann, wie sich herausstellt, alle sogenannten Menschenrechte verlieren, ohne seine wesentliche Qualität als Mensch, seine menschliche Würde einzubüßen. Allein der Verlust eines Gemeinwesens verstößt ihn aus der Menschheit." Wenn Menschen keinen politischen Raum mehr haben, dann bieten ihnen nur noch die „Zufälle von

Freundschaft und Sympathie" und die „große und unschätzbare Gnade der Liebe" „irgendeine Bestätigung ihrer selbst und ihrer Würde" (Young-Bruehl 3/2013, 360/361). Sie schrieb in einem Nachwort zu einer ihrer theoretischen Abhandlungen über die Menschenrechte: „Solange die Menschheit national und territorial in Form von Staaten organisiert ist, werden Staatenlose nicht einfach aus ihrem Vaterland oder ihrer Wahlheimat vertrieben, sondern von allen Ländern ausgeschlossen – da kein einziges verpflichtet ist, sie aufzunehmen und einzubürgern –, was bedeutet, dass sie praktisch aus der Menschheit verbannt sind" (Young-Bruehl 3/2013, 383). Die Praktiken der EU an den Grenzen des von ihr als innereuropäisch definierten Raums machen die Aktualität der von Arendt bereits 1949 formulierten Erkenntnis deutlich. In ihrem Bemühen, Menschen daran zu hindern, von ihrem Recht auf Freizügigkeit Gebrauch zu machen, werden die Menschenrechte durch die „Grenzregime"[20] massiv verletzt. „Das Grenzregime stellt jedoch ein Paradoxon dar: Es soll die Bewegung von Menschen verhindern, in einer Welt, die mehr denn je durch Mobilität gekennzeichnet ist. Die Kontrollen stellen eine künstliche Verknappung des Guts Bewegungsfreiheit dar, das heute einfacher denn je hergestellt werden kann." Denn: „Die Möglichkeiten zu reisen sind heute so groß wie noch nie in der Menschheitsgeschichte. Umso absurder wirkt es, wenn das Recht, diese Möglichkeiten zu nutzen, bestimmten Menschen verweigert wird." (Oulios 2013b, S. 12).

Die Universalität der Menschenrechte bedarf eines Verständnisses eines weltweit umspannenden Gemeinwesens. Im Verständnis einer kritischen Demokratiepädagogik erscheint es m. E. unbedingt nötig, einerseits für die Idee eines weltumspannenden Gemeinwesens zu werben und damit das Selbstverständnis von Nationalstaatlichkeit zu erschüttern und gleichzeitig die bestehende Rechtsrealität in Deutschland und Europa kritisch zu beleuchten. In diesem Kontext muss es u. a. darum gehen, die Problematik der Klassifizierung von Menschenrechten und die gesellschaftlich akzeptierte Rechtlosigkeit von (in der Gesellschaft in Deutschland lebenden) Menschen, ihre strukturelle Manifestation zu themati-

---

20 Zum Begriff vgl. Karakayali/Tsianos 2007,13 ff.

sieren. Es gilt nachvollziehbar zu machen, dass die Ungleichbehandlung justiziell und damit strukturell eingeführt und durch ein konsequent durchdekliniertes Verwaltungshandeln implementiert und überwacht wird. Solange Grenzregime bestehen, geduldet und gepflegt werden, ist die Universalität der Menschenrechte nur eine theoretische Annahme, nur Anspruch, aber nicht Wirklichkeit.

Eine kritische Demokratie- und Menschenrechtsbildung muss Gelegenheitsräume schaffen, die es den Adressaten des Bildungsprozesses ermöglichen, die Praxis einer die Universalität der Menschenrechte in Frage stellenden, strukturell diskriminierenden Verwaltung, Polizei und Justiz kennen lernen und bewerten zu können. Insbesondere die von den Gesetzgebern erzeugte Illegalisierung von (in Deutschland) lebenden Menschen, die wiederum ihre Kriminalisierung erst ermöglicht, ist im öffentlichen Mehrheitsdiskurs wenig präsent. „Abschiebungen als Teil einer Migrationspolitik passen nicht zum Selbstbild einer ‚weltoffenen Gesellschaft‘. Das ist den staatlichen Akteuren durchaus bewusst, daher versuchen sie den Komplex ‚Abschiebung‘ unsichtbar werden zu lassen. Abschiebung wird zur Blackbox. Die Öffentlichkeit soll möglichst keinen Blick hineinwerfen. Damit Abschiebung funktioniert, ist Intransparenz notwendig. Und diese muss immer wieder hergestellt werden, denn der Widerstand gegen Abschiebung besteht unter anderem darin, Licht in die Blackbox zu bringen" (Oulios 2013a, 19).

Entsprechend stellen Hormel/Scherr in ihrem Buch „Bildung für die Einwanderungsgesellschaft" klar: „Im Kontext einer Bildung für die Einwanderungsgesellschaft (kommt) der Menschenrechtsbildung eine spezifische Bedeutung zu: Ihre Aufgabe liegt zunächst darin, eine Möglichkeit zur Auseinandersetzung über moralische und normative Grundlagen zu bieten, die einer Kritik von Ungleichheiten und Diskriminierungen zu Grunde gelegt werden können. Darüber hinaus kann Menschenrechtspädagogik … nicht darauf verzichten, die Frage zu stellen, ob die Menschenrechte von Flüchtlingen, NichtstaatsbürgerInnen und MigrantInnen ohne legalen Aufenthaltsstatus tatsächlich ausreichend gewährleistet sind" (Hormel/Scherr 2004, 135).

Freizügigkeit: ein Weltbürgerrecht

Die Idee der Universalität der Menschenrechte ist eine sehr wichtige, aber sie entbehrt (bisher noch) jeglicher rechtlicher und damit realistischer Grundlage. Es erscheint trotzdem wichtig sie wahr- und ernst zu nehmen, und zwar als einen wesentlichen Bestandteil der Beschäftigung mit dem Konzept der Menschenrechte, als Philosophie und Haltung, als unverrückbaren Anspruch an alle menschenrechtlichen Konzepte und Bemühungen.

Der Anspruch der Universalität der Menschenrechte kann und muss als Orientierungsrahmen in der menschrechtspolitischen Auseinandersetzung gedacht werden. Dies an einzelnen grundrechtlichen Fragen des Zusammenlebens in der pluralen Gesellschaft in Deutschland in den Blick zu nehmen, kann hilfreich sein, um Handlungsoptionen entwickeln zu können, die geeignet sind, Menschen zu stärken, die diejenigen unterstützen möchten, die von der Garantie der Menschenrechte gerade ausgeschlossen werden (siehe daher im Methodenteil auch entsprechende Situationen für Dilemma-Dialoge und Courage-Spiel). Die in einem strukturelle Benachteiligung akzeptierenden Gemeinwesen lebenden Akteure, die in einer Gesellschaft leben, in der Menschenrechtsverstöße durch Gesetz erst geschaffen werden, befinden sich in einem Dilemma: Wenn sie sich entsprechend der Idee der Universalität der MR gegenüber ihren Nächsten verhalten möchten, brauchen sie für sich und ihr Handeln eigene und für sie gültige – sehr starke – Kriterien, die sie handlungsfähig bleiben bzw. werden lassen, auch wenn ihre Handlungen bedeuten werden, dass sie gegen bestehende Gesetze „ihres" Gemeinwesens werden verstoßen müssen.

Es braucht also über die (Rechts-)Realität der Menschenrechte hinausgehende Kriterien, die handlungsleitend für ein die Rechte aller wahrendes Leben sein können, nämlich die Idee der Universalität der Menschenrechte, die die Aufteilung in Menschen- und Bürgerrechte überwindet und sich konsequent an der Idee der Weltbürgerschaft orientiert. Hierzu bedarf es insbesondere in der zivilgesellschaftlichen Auseinandersetzung mit menschenrechtlichen Themenstellungen im Bereich von Flucht und Asyl eines Perspektivwechsels. Viele Initiativen, die sich seit Jahren für die Bedürfnisse von Flüchtlingen und illegalisierten Menschen einsetzen, haben im Zentrum vor allem humanitäre Hilfe und das Erkämpfen des Bleiberechts für Einzelne zum Ziel. Dadurch wird der von Grenzregimen entwickelte nationalstaatliche Diskurs reproduziert und bestärkt. Die grundsätzliche Fragestellung des Rechts auf Freizügigkeit bleibt dabei (bisher) weitgehend unberücksichtig (vgl. Oulios 2013a, 323). Ganz anders sehen dies Vertreter der Flüchtlingsselbstinitiativen. Sie „handeln heute schon so, als ob es längst möglich wäre, ein Weltbürger zu sein. Sie praktizieren eine ‚global citizenship'" (Oulios 2013b, 9). „Ich glaube, Grenzen sind dafür gemacht, dass die Menschen sie überwinden", betont Arrash. „Einfach gesagt, es leben sieben Millionen Menschen auf der Welt, …, wer ist gefragt worden, ob wir überhaupt Grenzen haben wollen" (ebenda). Jörg Maywald hat in seinem Standardwerk zu den Kinderrechten sehr deutlich den Unterschied zwischen einem bedürfnisorientierten und einem rechtebasierten Ansatz zur Durchsetzung von Kinderrechten herausgearbeitet. Besonders bemerkenswert erscheint mir dabei die Feststellung, dass zwei Dinge gegenüber gestellt werden: die „Bereitstellung von Diensten" als zentrales Moment bei bedürfnisorientierten Initiativen und der rechtebasierenden Ansatz „Träger von Rechten werden ermächtigt, ihre Rechte einzufordern (empowering)" (Maywald 2012, 112). Entsprechende Überlegungen lassen sich auch im Kontext von Flucht und Migration denken, wenn man diesen menschenrechtebasiert aufgreifen und in diesem Sinne auch einer kritischen Demokratie- und Menschenrechtsbildung zugänglich machen will. Ihr Ziel ist nicht „unmittelbare Akzeptanzbeschaffung für das bestehende politische System und die Vermittlung vermeintlich eindeutiger demokratischer und menschenrechtlicher Normen. Vielmehr ist es ihr Ziel, Individuen in die Lage zu versetzen, die ihnen in demokratischen Verfassungen versprochene Position des mündigen Bürgers auch tatsächlich wahrzunehmen" (Scherr 2011, 303; siehe hierzu u. a. die Dilemma-Dialoge zu „Schulbesuch" und „Befreiung aus der Zelle"[siehe Erläuterungen im Methodenteil S. 15]).

Identität und Menschenrechte

Zentrale Aspekte des Kapitels:
- Selbst- und Fremdwahrnehmung
- Selbstbestimmtheit versus strukturelle Benachteiligung
- Empowerment und Wahrung der Individualität

Der Grundschüler Mehmet wird als Sieger des Wettbewerbs ‚Sicher durch den Straßenverkehr' zu einem Empfang beim Bürgermeister geladen „und war dort das einzige Kind mit Migrationshintergrund. Als der Bürgermeister fragte, woher er denn komme, da nannte Mehmet den Namen des Dorfes in der Nähe von Bielefeld, in dem er mit seinen Eltern wohnte, worauf der gesammte Saal in Lachen ausbrach ..."

„Zuvor hatte Mehmet, der ja in Deutschland geboren wurde, fest daran geglaubt, er gehöre dazu – zu den anderen Kindern, zu seinem Dorf und letztendlich auch zu Deutschland." Die Frage danach, „woher er denn komme" – diesen Prozess des Geandertwerdens – sollte Mehmet noch häufig erleben.[21]

Das Beispiel löst unterschiedliche Reaktionen aus. Da gibt es die Stimmen, die aus der Perspektive des Bürgermeisters denken und sich entsprechend schwertun, den Prozess des Geandertwerdens (vgl. Kalpaka 2009, 26), der Exklusion des Preisträgers, Schülers und Gemeindemitglieds Mehmet durch die Beharrlichkeit des Fragemodus zu sehen. Dies sei bestimmt nicht böse gemeint. Vielmehr habe der Bürgermeister vielleicht seiner Bewunderung Ausdruck verleihen wollen, dass „ausgerechnet Mehmet, trotz seiner besonderen Hintergründe, zu einer solchen Leistung fähig ist", sie demnach doppelt, ja deutlich mehr zähle

---

21 Die Einführung in diese Erfahrungswelt geht auf eine Textpassage in Terkessidis (2010), Interkultur, S. 80, zurück und wurde von der Autorin unter dem Stichwort: „Die Banalität des Rassismus" in einem Impulsvortrag zum Thema „Partizipation durch Bildungsbeteiligung" im Rahmen einer vom hess. Integrationsministerium veranstalteten Tagung erstmals verwandt und anschließend im Rahmen eines Fortbildungsblocks der Praxisgruppen zum „Demokratie lernen in der pluralen Gesellschaft", an denen Lehrer/-innen und (Sozial-)Pädagog/-innen teilnehmen, genutzt.

als die eines herkunftsdeutschen Schülers. Im Übrigen erinnere sie dieses Beispiel an ihr Erleben mit „ihren" Schülerinnen und Schülern. Denen sei die Benennung ihrer Herkunft sehr, sehr wichtig und sie würden ungefragt selbst „immer wieder betonen, Türke oder Italiener zu sein".

Mehmet solle „sich am besten daraus nichts machen. Selbstbewusst und stark dazu stehen, wer man ist", empfiehlt eine andere Stimme und markiert damit eine weitere Reaktionsweise auf das oben erwähnte Beispiel. Diese Exklusionsprozesse gehörten leider zum Alltag von Menschen mit Migrationshintergrund. Es sei daher das Beste, Kinder und Jugendliche zu stärken und sie auf den Umgang mit Vorurteilen und Anfeindungen entsprechend vorzubereiten.

Grundsätzlich fällt es vielen Teilnehmenden zunächst scheinbar schwer aus der Betroffenenperspektive heraus zu denken und das Geschehen/die Situation aus dem Erleben von Mehmet zu schildern und wahrzunehmen, was er erlebt. Andere wiederum nehmen das Beispiel aus dessen Perspektive wahr und werden dadurch an eigene Erfahrungen erinnert. Die fehlende Sensibilität für die Betroffenenperspektive in den von der Gruppe in Analyse des Beispiels geführten Diskurse lösen bei manchen Teilnehmenden Gefühle der Verletzung aus, die mit der Gruppe geteilt werden können und einen Lernprozess durch Perspektiverweiterung ermöglichen.

Was geschieht hier genau? Welche Diskurse werden im Moment des Lachens „laut"? Und wie spiegeln diese sich in den nachfolgenden Reaktionen der Teilnehmer/-innen?

Auf der Suche nach Antworten bewegen wir uns in dem wirkungsmächtigen Spannungsfeld von Verunsicherung, Selbstbestärkung und Zuschreibungspraktiken. Für die selbstreflexive Aufarbeitung aus der Sicht pädagogischer Fachkräfte ist es hilfreich diesen Prozess des „othering" zu zerlegen und nachzuverfolgen:

Da ist zunächst die entschuldigende Rede von, „das war nicht so gemeint …", sicherlich wollte der Bürgermeister die besondere Leistung von Mehmet herausstellen. Diese Beschwichtigungsstrategie verweist darauf stellvertretend für den Sprecher (hier der Bürgermeister), das Ausgesprochene „klein zu machen" und zu verniedlichen. Gleichzeitig drückt sich darin der Wunsch aus, das Gesagte zu tilgen und positiv umzudeuten. Verdrängt bzw. geleugnet werden hier die Absicht und der Prozess der Ausschließung: zum einen durch positive Verbesonderung und zum anderen durch die autoritative Bezugnahme auf die erlebte „Selbstethnisierung" („die Herkunft ist denen sehr wichtig").

Interessant ist, dass in der nachfolgenden Sequenz dann – sozusagen als zweiter Schritt – die fürsorglich-pädagogisierende Reaktion als individuelles Aufbauprogramm folgt. Die vorurteilsbeladene Umwelt wird als gegeben gesetzt, die es am besten durch die Besinnung auf die eigene Stärke zu ignorieren gilt.

Als eher schwierig bzw. als ein zu überwindendes Hindernis wird beschrieben, wie die Teilnehmenden Anschlüsse zu und eine Perspektivübernahme von Mehmet suchen. Im Raum hallt ein Echo von Betroffenheit und nachdenklicher Traurigkeit nach – die existenzielle Not, der eiserne Zugriff, in dem sich Mehmet befindet, ohne einen Ausweg zu finden, wird spürbar.

Durch den Prozess des „othering" wird die Stimme des/der Anderen, der subjektive Selbstentwurf zugedeckt und unsichtbar gemacht. Der/die Andere kommt als handelnder Akteur, der sich als selbstverständlich in seiner Mehrbezüglichkeit bewegt, nicht vor. Anfängliche Irritation und Unsicherheit weichen dem unbewussten Wunsch nach (Wieder-)Herstellen von Ordnung durch das Aufstellen einer binären Logik (fremd/eigen). Die beschriebenen Prozeduren (banalisieren, verneinen, verleugnen, umdeuten, zitieren, individualisieren, paternalistisches Coachen) dienen der Bekräftigung der eigenen Position und damit der Sicherung des eigenen diskursiven Universums, das nicht ins Wanken kommen darf. Erst das Zulassen der eigenen Unsicherheit, die Umkehr der Perspektive und das Erspüren eigener Ohnmachtserfahrungen erzeugen einen neuen Blick auf die Situation.

Das von Mark Terkessidis in seinem Essay zu Interkultur dargestellte Beispiel und die Auseinandersetzung mit verschiedenen Reaktionen darauf in einer heterogenen Lerngruppe führen sehr plastisch in die zentralen Aspekte des Themenkomplexes Identität und Menschenrechte ein. Die Auseinandersetzung mit Identität ist etwas sehr Intimes, sehr Kostbares und sehr Vielfältiges. Sie findet immer im Spannungsfeld zwischen Selbst- und Fremdwahrnehmung statt. Jede Situation, die man erlebt, findet in einem spezifischen Kontext statt. In der Bewertung der Situation (des Geschehens) spielen die spezifischen Erfahrungen, die man bisher gemacht hat, und die daraus entwickelten Wertvorstellungen eine entscheidende Rolle. Diese Wahrnehmungs- und Bewertungsmuster sind immer subjektiv und daher sehr unterschiedlich. Sie sind darüber hinaus auch sowohl auf der intrapersonellen als auch auf der interpersonellen Ebene sehr vielfältig und fließend, d. h. einem stetigen Wandel unterzogen. Was, d. h. welche Facette der Identität der/die Einzelne in einer spezifischen Situation für relevant erachtet, kann nur der/die Einzelne selbst bestimmen. Fremdzuschreibungen – insbesondere, wenn sie sich nicht mit der eigenen Wahrnehmung der Selbstdefinition decken – können daher zu großen Verletzungen führen.

Um noch mal auf das Beispiel zurückzukommen: es machte einen großen Unterschied, ob Mehmet selbst entscheidet, ob er es erwähnenswert findet, dass seine Eltern aus der Türkei nach Deutschland einwanderten. Vielleicht ist er der Erste in seiner Familie, der an einer Verkehrserziehung teilnimmt und damit so eine Art Fahrradführerschein erwirbt.

Vielleicht gibt es irgendwann eine Situation in seinem Leben, in der Mehmet Lust hätte, diesen Zusammenhang zwischen der Fahrradprüfung und der Migration seiner Eltern herzustellen. Am Tag der Ehrung für den Wettbewerbsgewinn war es dies ganz offensichtlich nicht. Mehmet fühlte sich zu seinem westfälischen Dorf zugehörig und hatte vielleicht in dem Moment an seine Klasse in seiner Grundschule gedacht, der zu Ehren er einen wichtigen Preis „geholt“ hatte. Vielleicht hätte er sich auch nur darüber freuen mögen, ein guter und verkehrssicherer Radfahrer zu sein. Die Frage nach dem Woher hätte er nicht gebraucht. Durch die Frage nach seiner Herkunft und durch die zurückweisende Reaktion (das Lachen im Saal)[22] wird sein Recht auf Selbstdefinition verletzt. Der dadurch initiierte Ausschlussmechanismus gefährdet Mehmets seelische und körperliche Unversehrtheit.

---

22 Terkessides erklärt dies folgendermaßen: „Die Anwesenden hatten erwartet, der Junge würde sich als ‚Ausländer‘ identifizieren und sagen: ‚Ich komme aus der Türkei.‘ Für Mehmet barg dieses Erlebnis eine initiale Erkenntnis – die Erkenntnis nämlich, dass er anders ist, dass er von woanders kommt und dass er nicht dazugehört“ (S. 80).

Diese Auseinandersetzung mit einer Schlüsselszene, die eine von vielen Menschen in Deutschland geteilten Erfahrung des Geandertwerdens beschreibt, macht sehr deutlich, warum Angebote zum interkulturellen Lernen unbedingt mit einem dezidierten Verständnis der Menschenrechte und der Menschenrechtsbildung verknüpft sein müssen. Fehlt dies, besteht die Gefahr, dass im Zuge entsprechender und oft auch gutgemeinter Bildungsangebote „kulturelle Unterschiede" erst konstruiert und dann festgeschrieben werden. Dies zeigt sich beispielsweise wenn Schüler/-innen durch den Wunsch der in der Dominanzkultur verhafteten Lehrer/-innen dazu veranlasst werden, sich in einer Art und Weise zu präsentieren oder Dinge mit in die Schule zu bringen, die wenig mit ihrer Wirklichkeit zu tun haben, sondern vielmehr der von den Lehrer/-innen konstruierten Vorstellung von Vielfalt entsprechen. Unter dem Stichwort „interkulturelles Frühstück" hat Annita Kalpaka eindrücklich die „Effekte eines statischen Kulturbegriffs" beschrieben (Kalpaka 2005, 394/395).

Bei Fragestellungen im Themenkomplex der Identität sind insbesondere Schutzrechte berührt. Mit Schutzrechten sind diejenigen Rechte gemeint, die das Recht auf individuelle Selbstbestimmtheit näher beschreiben, die Privatsphäre wahrnehmen und zu fassen suchen. Sie gehen von dem Recht auf körperliche und seelische Unversehrtheit aus und gleichzeitig darüber hinaus. Die Freizügigkeit, d. h. das Recht, sich dorthin zu bewegen und aufzuhalten, wo man es möchte, die Unverletzlichkeit der Wohnung, der Schutz der Privatsphäre, zu der u. a. gehört, wie und wen man lieben möchte, Religions- und Gewissensfreiheit, all dies sind zentrale, die Identität und Identitätsbildung maßgeblich beeinflussende Aspekte, die daher im Konzept der Menschenrechte auch als Schutzrechte formuliert und verstanden werden. Das Konzept der Schutzrechte lässt sich von der Idee der Einzigartigkeit jedes Menschen leiten. Die Schutzrechte sind im Verständnis und im unerschütterlichen Respekt vor der Kostbarkeit jedes Menschen zu verstehen und begründen das Grundverständnis menschenrechtsgeleiteten Denkens und Handelns: Jeder Mensch hat das Recht, Rechte zu haben, sich zu entfalten und ein würdevolles Leben zu führen. Eingriffe in die Schutzrechte stellen daher massive Verletzung der Menschenrechte dar.

Im Kontext von Schule ergeben sich eine Vielzahl von Gelegenheitsräumen, in denen ein Bewusstsein für das Konzept und Verständnis der Menschenrechte – in seiner ganzen Komplexität und Fragilität – entwickelt werden kann und/oder aber eben auch die Menschenrechte verletzt werden können. Es erscheint daher empfehlenswert die Rituale und Strukturen insbesondere des formellen Bildungsgeschehens dahingehend kritisch zu betrachten und die als Lehrer/-innen den Staat repräsentierenden Lernbegleiter/-innen für problematische Situationen zu sensibilisieren und alternative, die Pluralität der Gesellschaft in Deutschland würdigende Handlungsoptionen zu entwickeln.

Zur Problematik des „monokulturellen Habitus"

Am Rande einer Tagung zum Thema „Integration und Bildungsbeteiligung" sucht eine Erziehungswissenschaftlerin, die an einem von der Autorin geleiteten Workshop teilgenommen hatte, den Kontakt, um von einer Erfahrung zu berichten: Nach einigen Wochen des Besuchs in einer Kindertagesstätte sei ihr damals vierjähriger Sohn zu ihr gekommen und habe ihr mitgeteilt, dass er künftig nicht mehr Türkisch, sondern nur noch Deutsch sprechen wolle. Türkisch „sei keine gute Sprache", habe er seiner Mutter erklärt, mit der er bis dahin Türkisch gesprochen hatte. Auf Nachfrage erfuhr sie, dass Bemerkungen der Erzieherin ihren Sohn verunsichert und das Konzept der Zweisprachigkeit in der Familie in Frage gestellt und damit nachhaltig erschüttert haben.

In dem Beispiel wird die Dimension der durch den „monolingualen Habitus"[23] des formellen Bildungswesens in Deutschland ständig bestehenden Gefahr der Verletzung zentraler Persönlichkeitsrechte, die u. a. massive Verletzungen der UN-KRK darstellen, deutlich. So beschreibt Art. 8 unter dem Stichwort „Identität" der UN-KRK wörtlich: „Die Vertragsstaaten verpflichten sich, das Recht des Kindes zu achten, seine Identität, einschließlich seiner Staatsangehörigkeit, seines Namens und seiner gesetzlich anerkannten Familienbeziehungen, ohne

---

23 Dieser von Ingrid Gogolin 1994 in ihrer Arbeit zu: Der monolinguale Habitus der multilingualen Schule eingeführte Begriff wird von Mecheril 2004 in seiner Einführung in die Migrationspädagogik ausführlich diskutiert.

rechtswidrige Eingriffe zu behalten." Die Bemerkung der Erzieherin, die eine zentrale Einrichtung des Bildungswesens der Gesellschaft in Deutschland repräsentiert, veranlasst den vierjährigen Jungen, einen wesentlichen Aspekt seiner Identität in Frage zu stellen. Er erfährt, dass es zulässig zu sein scheint, Wertigkeiten einzuführen, zu bestimmen, dass eine Sprache mehr wert sei als eine andere. Er erlebt eine Bewertung, eine Herabwürdigung und eine Ungleichbehandlung, die auf keinen Fall zulässig, vielmehr den Bildungsauftrag verletzend und damit auch als ein Verstoß gegen die Menschenrechte zu begreifen ist. Entscheidend ist dabei, wer es sagt. Indem die Erzieherin ein Ranking von Sprachen, die zu können unterschiedlich viel wert zu sein scheint, einführt, lernt die ganze Lerngruppe, dass eine Unterscheidung in Mehr- und Minderwertigkeiten erlaubt und möglich ist. Sie führt damit einen unzulässigen, die Idee der Menschenrechte fundamental verletzenden Code der Bewertung und Ungleichbehandlung ein, an dem sich künftig alle Kinder orientieren werden. Sie erfahren damit eine Lehrstunde in Diskriminierung, die strukturelles Diskriminierungsgeschehen reproduziert und gewaltförmiges, ausgrenzendes Verhalten der Kinder im Alltag unterstützt und ermöglicht (vgl. „Konfliktsituation Sprachförderung" → S. 177-179, Methodenteil).

In der Auseinandersetzung um die Frage des Umgangs mit Vielsprachigkeit in formellen Lernorten, und hier insbesondere in Klassenzimmern und Orten des Schulgeländes wie Sekretariaten und Schulhöfen, ist der Zusammenhang von Identität und Menschenrechten immer berührt und Konzepte sollten dahingehend ausgerichtet sein. Mittlerweile liegen durchaus auch Praxisbeispiele vor, die sich von dem Anerkennen der Heterogenität als Norm leiten lassen und entsprechende Gelegenheitsräume für einen angemessenen Umgang mit Pluralität eröffnen (vgl. hierzu beispielsweise Kiper 2005 und Schanz 2005). Grundsätzlich ist hier aber noch Handlungsbedarf feststellbar.

Auch der Umgang mit Namen, sie zu achten, richtig auszusprechen und nicht durch Nachfragen zu „andern", stellt eine zentrale Wahrung der Persönlichkeitsrechte dar. Verhalten sich die die Lerngruppe als Lernbegleiter/-innen begleitenden Pädagog/-innen entsprechend, haben alle einen Bezugs- und Bewertungsrahmen, an dem sie ihr eigenes Verhalten und das ihrer Mitschüler/-

innen messen können. Lassen Lernbegleiter/-innen verletzende Bemerkungen zu oder führen sie (häufig auch unterschwellig durch Auslassung oder nachlässiges Benennen) selbst Mehr- und Minderpositionen ein, gestalten sie einen Rahmen, der eine Würdigung der Achtung der körperlichen und seelischen Unversehrtheit vermissen und damit deren Verletzung zulässt.

Schule kann ein Ort sein, in dem Menschen lernen, selbstverständlich mit Heterogenität umzugehen und sich kompetent in den vielfältigen Situationen und Aushandlungsprozessen der pluralen Gesellschaft bewegen zu können. Dazu müssen die Institution Schule und die in ihr tätigen Schlüsselakteure Heterogenität als Norm und nicht als Problem begreifen und sich ihrer Verantwortung in der Gestaltung möglichst gewaltfreier Lernräume bewusst sein. Die Menschenrechte als Bezugs- und Bewertungsrahmen können dabei die ständig zu erneuernden selbstreflexiven Planungsprozesse begleiten. Dies kann und sollte zwei Richtungen haben: einerseits eine offene, Fehler akzeptierende Haltung, die sensibel dafür ist, wo Verletzungen stattfinden, oder die Gefahr besteht, (Menschen-)Rechte von Lernenden zu verletzen, und andererseits das Bemühen um eine Gestaltung von Lernräumen, in denen eine aktive Aneignung des Zusammenhangs von Identität und Menschenrechten möglich wird.

In diesem Kontext erscheint es gewinnbringend, noch einen Moment bei zentralen Aspekten des Rechts auf individuelle Selbstbestimmtheit zu verweilen. Es ist – so denke ich – schon sehr deutlich geworden, dass wir für Zuschreibungsmechanismen sensibilisieren und Lernbegleiter/-innen ermuntern wollen, Kinder und Jugendliche dabei zu unterstützen, sich in ihrer Vielfalt und Mehrbezüglichkeit wahr- und ernst nehmen zu können. Um dies in einer inklusiv partizipativen Weise tun zu können, kann es hilfreich sein, sich wiederum mit einigen potentiellen Stolpersteinen, die mit der Wahrnehmung minorisierter Positionen zu tun haben, auseinanderzusetzen.

Aspekte der Identitätsbildung finden immer im Wechselspiel aus Selbst- und Fremdwahrnehmung statt. Das Wissen um die Kostbarkeit und die Verletzlichkeit des Menschen muss immer zusammen gedacht werden. „Vulnerabilität entsteht aufgrund der Abhängigkeit menschlicher Existenz von anderen, denn kein Subjekt entsteht ‚ohne leidenschaftliche Verhaftung an jene‘, ‚von denen es in fundamentaler Weise abhängig ist‘" (Butler zitiert nach Velho 2010, 135).

Da Schule in der pluralen Gesellschaft in Deutschland sich in einer Atmosphäre strukturell bedingter Diskriminierung und sich stets reproduzierender gruppenbezogener menschenfeindlicher Diskurse bewegt, muss immer davon ausgegangen werden, dass ein Bekenntnis zu manchen Identitätsmerkmalen von manchen Menschen in manchen Situationen und/oder spezifischen Kontexten als prekär/gefährlich empfunden werden und ein selbstverständliches und damit (selbst)bewusstes Eintreten für die freie Entfaltung der Persönlichkeit (wie es das Grundgesetz in Artikel 2 jedem Menschen garantiert) eingeschränkt sein kann. Fragen der sexuellen Orientierung oder der Geschlechtsidentität[24], des sozialen Status (in dem die Familie beispielsweise von Hilfsleistungen abhängig ist) oder des rechtlichen Status (in dem durch die Konstruktion fehlender oder „falscher" Papiere Menschen der Zugang zu wesentlichen Gelegenheitsräumen verwehrt wird), der Religions- und/oder Gruppenzugehörigkeit können als minorisiert und/oder negativ bewertet wahrgenommen werden, weshalb Teilnehmende des (formellen) Bildungsgeschehens darauf verzichten, sich in der Schulöffentlichkeit offen zu einem für sie durchaus relevanten Aspekt ihrer Identität zu bekennen. Dies nicht zu tun, entspricht selbstverständlich dem Recht auf Selbstbestimmtheit. Niemand ist verpflichtet, über sich und zentrale Aspekte seiner Identität Auskunft zu geben. Bemerkenswert erscheint mir in diesem Zusammenhang jedoch eine Wahrnehmung der Dynamiken zwischen Mehr- und Minderpositionen, die damit einen wesentlichen Einfluss auf Sicht- und Unsichtbarkeit haben und damit das Recht auf freie Entfaltung der Persönlichkeit für Betroffene von Minderpositionen deutlich einschränken können. Die Entscheidung darüber, ob man ein offenes Bekenntnis zu einer heterosexuellen Orientierung und/oder christlichen Sozialisation wählt, bleibt in der Regel eine sehr individuelle und der Motivation des Moments angemessen lustvolle. Selten erwachsen hieraus (über den Moment des Bekenntnisses

---

24 Zu den Hintergründen und Diskursen zu ‚gender identity‘ siehe beispielsweise den Beitrag von Jana Mittag und Arn Sauer (2012), Geschlechtsidentität und Menschenrechte im internationalen Kontext, in: Aus Politik und Zeitgeschichte 20-21/2012: Geschlechtsidentität.

hinaus) Gefährdungen der Reduktion auf dieses eine benannte Merkmal, des Otherings und/oder der Ausgrenzung. Der von Vertreter/-innen der Mehrposition häufig formulierte Hinweis, es sei doch kein Problem, sich zu seiner (beispielsweise) jüdischen Identität zu bekennen, man habe „ja auch keine Problem damit, zu sagen, dass man katholisch/evangelisch ist", macht die Komplexität und die Vulnerabilität der Persönlichkeitsrechte sehr deutlich. Wichtig in diesem Zusammenhang erscheint, in dem aus der Mehrposition Vorgetragenen nicht nur die selbstverständlich vorhandenen Abwehrmechanismen zu sehen, sondern und insbesondere auch die daraus resultierende erneute Verletzung der Minderposition wahrzunehmen. Die Beispiele in Literatur und Praxis hierzu sind sehr vielfältig. So achten Schüler/-innen mit jüdischem Hintergrund häufig darauf, dass dieser Aspekt ihrer Identität in der Schule nicht bekannt wird (vgl. Ensinger 2013, 12), ebenso vermeiden viele Rom/-nja und Sint/-ezza – wenn es geht – ein Bekenntnis zu dieser Gruppenzugehörigkeit (Strauß 2011, 79) und auch die Perspektive gleichgeschlechtlich liebender und lebender Menschen bleibt vielfach in Schule unsichtbar. Dies betrifft alle Ebenen der Schulöffentlichkeit. Beispielsweise ziehen es viele homosexuell lebende Lehrer/-innen vor, über diesen Aspekt ihrer Identität keine Auskünfte zu geben[25]. Die in der Regel das Klima bestimmende, heteronormative (Schul-)Kultur behindert einen offenen Umgang mit wesentlichen Aspekten der Selbstbestimmtheit. „‚Schule als System denkt heteronormativ … Mutter, Vater, Kind – das ist noch immer die Norm', hat der Lehrer für Biologie und Chemie festgestellt. Homosexualität werde, wenn überhaupt, nur als Randaspekt diskutiert" (Esslinger 2013). Es ist in diesem Kontext bedeutsam wahrzunehmen, dass es die oben beschriebenen Umstände sind, die dazu führen, dass Mitglieder der Schulgemeinde sich gezwungen sehen, die Entscheidung zu treffen, einen wesentlichen Aspekt ihrer Identität schützen und damit für sich behalten zu müssen. Das Fehlen einer entsprechenden inklusiv-partizipativen Kultur des Miteinanders im Kollegium und darüber hinaus in der Schulgemeinde hat Auswirkungen, die zu einer Verfestigung der Heteronormativität führen kann: Die fehlende

---

25 Dies ist u. a. ein Ergebnis eines Berichts der Antidiskriminierungsstelle des Bundes zum Thema Homophobie an Schulen. Vgl. hierzu: Esslinger 2013.

Sichtbarkeit verhindert eine selbstverständliche Pluralität und verstärkt den Prozess der Verbesonderung. Völlig fehlgeleitet sind hierzu Anregungen, die von den Minorisierten verlangen, das Problem zu beheben, indem sie doch nur „selbstbewusst zu ihrer Besonderheit" stehen sollten.

Heterogenitätssensible Gestaltung von Lernräumen

Das Recht auf freie Entfaltung der Persönlichkeit kann nur dann positiv und die Rechte aller meinend erfüllt werden, wenn sich die Schulgemeinde für einen generellen Perspektivwechsel hin zu einem umfassend inklusiven Blick entscheidet und konsequent darauf achtet, dass die Narrative und Konstruktionen in Lehrmaterialien, Leitbildern, Ritualen sowie konkreten Vereinbarungen und Verhalten ganz selbstverständlich repräsentativ der Pluralität der Gesellschaft in Hessen/Deutschland entsprechen. So könnten beispielsweise homosexuelle Lebenspartnerschaften, binationale Patschworkfamilien ganz selbstverständlich – und damit ebenso selbstverständlich wie Menschen mit und ohne Behinderungen – Fallbeispiele in mathematischen Textaufgaben und Szenarien im Sprachunterricht sein[26]. Darüber hinaus ließen sich die Narrative und Bebilderungen in gesellschaftskundlichen Fächern entsprechend überprüfen und optimieren. Insbesondere an der Ausrichtung des Geschichtsunterrichts lässt sich ein Perspektivwechsel verdeutlichen. Hier geht es beispielsweise darum, die deutsche Kolonialgeschichte und ihre Wirkungen auf rassistische Strukturen, Diskurse und Bilder in der Gesellschaft der Bundesrepublik Deutschland bewusst wahrzunehmen und nicht weiter auszublenden, die Geschichte des versuchten Völkermords an Sinti und Roma im Zuge der nationalsozialistischen Verbrechen als wesentlichen Bestandteil der sogenannten Holocaust-Education zu erkennen und die Bedeutung der Arbeitsmigration (und hier insbesondere

---

26 „Wir meinen, dass Geschichte, Leistungen und Erfahrungen von Lesben, Schwulen, Bisexuellen und Transgender-Menschen auf den gesamten Lehrplan verteilt werden sollten und nicht nur im Rahmen des Sexualunterrichts angesprochen werden sollten. Denn auch wenn es einen echten Sieg bedeutet, wenn beim Thema Sexualität und Beziehung auch irgendwann selbstverständlich über Homosexualität gesprochen wird, so besteht gleichzeitig die Gefahr, dass sexuelle Identität auf sexuelle Handlungen beschränkt bleibt" (DePalma, Renée und Jennet, Mark 2008, S. 45).

die Aspekte der türkisch-deutschen Transmigrationsgeschichte) für die Entwicklung der Bundesrepublik zu thematisieren.

Pädagogische Einrichtungen der außerschulischen Bildungsarbeit haben hierzu beispielgebende Konzepte und Materialien entwickelt, deren Einsatz in Schule möglich und wünschenswert ist. Die unter dem in dieser Hinsicht programmatischen Titel „Mehrheit, Macht, Geschichte" vom Anne Frank Zentrum herausgegebenen Arbeitsmaterialien bieten vielfältige Möglichkeiten, Geschichte aus der Position der von der Dominanzkultur deklarierten Minderheit(en) zu erzählen (Anne Frank Zentrum 2007). Dabei werden die Lebensgeschichten von sieben Menschen in einen gesellschaftspolitischen Kontext gebracht, um Fragen nach Strukturen und Rahmenbedingungen, in denen die verschiedenen Akteure handeln (konnten), sichtbar zu machen. Dies lädt zu einer menschenrechtsfundierten Auseinandersetzung mit postkolonialer, postnationalsozialistischer Geschichte ein und bietet Zugänge zur Auseinandersetzung mit Rassismus, Antisemitismus, Antihomosexualität, Antiziganismus und Nationalismus.

Die von Elke Gryglewski in der Gedenk- und Bildungsstätte Haus der Wannsee-Konferenz entwickelten Konzepte beschäftigen sich mit Fragen der Zugänge, die sich darum bemühen, die Teilnehmenden einzuladen, sich selbst mit den Themengegenständen des Nationalsozialismus verknüpfen zu können und damit auch angesprochen zu fühlen. Gryglewski sucht dabei nach geeigneten Wegen, die der Pluralität der Gesellschaft in Deutschland entsprechen, und Zuschreibungsmechanismen auf potentielle Lernadressat/-innen zu vermeiden bzw. sich der Gefahr dieser bewusst zu stellen (vgl. Gryglewski 2013 und Ehricht/Gryglewski 2009). Dabei kommen viele Überlegungen zum Tragen, die als wesentlich in der Beschäftigung mit Holocaust-Education in der pluralen Einwanderungsgesellschaft betrachtet werden können: Ausgangspunkt ist eine selbstreflexive, forschende Haltung, die den Adressat/-innen des Lernangebots mit Neugierde und Wertschätzung begegnet und diese einlädt, sich auf eine gemeinsame Suchbewegung zu begeben und angemessen mit einem wiederkehrend irritierenden, verunsichernden und nicht leicht zu (be)greifenden Gegenstand auseinandersetzen zu können. Dabei geht es um eine heterogenitätssensible Gestaltung des Lernraums, die dazu einlädt, die Geschichte des NS zu erforschen und diese Auseinandersetzung in Bezug zu eigenen Narrativen und Vorstellungen von Erinnerung und Erinnerungsritualen zu setzen. Die Geschichte des NS nicht als eine nationalstaatliche auf Deutschland beschränkte, sondern als eine europäische Geschichte wahrzunehmen, entspricht nicht nur den Erkenntnissen der (zeit)historischen Wissenschaften, sondern öffnet im pädagogischen Raum vielfältige Zugänge und Forschungsfelder. Die dadurch möglichen Perspektiverweiterungen können sehr gewinnbringend für das historisch-politische Lernen im Klassenzimmer der pluralen Gesellschaft sein. Damit wird der Gefahr einer manche Teilnehmende der Lerngruppe ausschließenden Herangehensweise konstruktiv begegnet.

Insbesondere in Bezug auf das historische Lernen und die Auseinandersetzung mit dem NS ist sowohl in Forschung als auch in der Bildungspraxis eine Tendenz zu beobachten, die eine Unterscheidung konstruiert und die Lerngruppe in ein binäres System unterteilt. Diese Unterscheidung zwischen „Herkunftsdeutschen" und „migrantischen Minderheiten" hat Einfluss auf die Wahrnehmung der Lerngruppen und die daraus resultierenden Lernarrangements, in denen sich vielfach Diskrepanzen zwischen angenommener konstruierter Vorstellung über den (Ge-)Anderten und den Lernadressant/-innen finden. Messerschmidt weist in diesem Kontext darauf hin, „dass der historische Gegenstand … dabei von den Identitätszuschreibungen überlagert wird, die an diejenigen herangetragen werden, von denen eine problematische Geschichtssicht, ein Unwissen oder verzerrtes Wissen erwartet wird." Sie empfiehlt daher: „Bildungsarbeit, die ‚Heterogenität als Normalfall' (Kalpaka …) anerkennt, versucht demgegenüber, den Raum der Differenzen offen zu halten und nicht mit vorschnellen Zuschreibungen über bestehende Unterschiede zu hantieren. Eher geht es einer heterogenitätssensiblen Bildungsarbeit darum, vielfältige Bezugnahmen auf historische Gegenstände zu ermöglichen, um deren gegenwärtige Bedeutung zu thematisieren" (Messerschmidt 2009, 187).

Identität und Menschenrechtsbezug

Wenn man sich mit der Dynamik von Mehr- und Minderpositionen beschäftigt, wird plastisch deutlich, warum die Menschenrechte unteilbar sind und sein müssen. Die Persönlichkeitsrechte sind nur umfassend und können sich für alle Menschen nur dann gleichermaßen entfalten, wenn sie im Zusammenspiel mit den Gleichheitsrechten gesehen werden. Und dabei ist die Idee der Gleichheitsrechte nicht auf die Dimension des Diskriminierungsschutzes zu reduzieren. Vielmehr müssen die – der Logik des Grundgesetzes nicht selbstverständlichen, aber das Verständnis der UN-KRK stark prägenden – Rechte auf Förderung und Entwicklung berücksichtigt werden.

Das Recht auf Förderung und Entwicklung meint insbesondere einen inklusiven Blick auf Möglichkeits- und Aneignungsräume zu werfen und kritisch zu prüfen, ob die Partizipation aller im Gemeinwesen lebender Menschen selbstverständlich möglich und von allen akzeptiert ist. Für Lernbegleiter/-innen ergeben sich hieraus zentrale Merkpunkte, die sie für Fehlwahrnehmungen und daraus resultierende Ausschlussmechanismen sensibilisieren können: Wurde an alle gedacht? Wird jeder sich beteiligen können? Sind diejenigen, die von den Folgen der Entscheidung betroffen sein werden, an dem Prozess der Entscheidungsfindung beteiligt? Haben wir hierzu Verfahren gewählt, die geeignet erscheinen Machtasymmetrien auszugleichen und nicht ungewollt – weil unreflektiert – zu verstärken? Lernbegleiter/-innen können, in Reflexion ihrer Alltagspraxis und in Vorbereitung neuer Lernarrangements, immer wieder ihre eigene innere Berührtheit und den Anteil ihrer Verstrickungen in diskriminierende Diskurse und Praxen hinterfragen und damit ihre professionelle Haltung weiterentwickeln: Wo passieren mir/uns leicht Zuschreibungsmechnismen? Wer läuft Gefahr, leicht von mir/uns übersehen zu werden? Mit wem könnte ich mich regelmäßig unterhalten, um diese Fehlstellen wahrzunehmen und mein Handlungsrepertoire entsprechend zu erweitern? So könnten Fragen aussehen, die eine nachhaltige Auseinandersetzung mit dem Themenkomplex Identität und Menschenrechtsbildung begleiten könnten.

Eine Wahrnehmung der Wirkung islamfeindlicher Konstruktionen in gesellschaftlichen Diskursen auf Alltagspraxen kommt dabei besondere Bedeutung zu. Insbesondere im Umgang mit Muslima, die ihre Religiosität u. a. auch durch das Tragen des Kopftuchs ausdrücken möchten, machen sich häufig Zuschreibungsmechanismen bemerkbar, die sehr viel über die die islamfeindlichen Konstruktionen reproduzierenden Sprecher/-innen verdeutlichen (vgl. Karakaşoğlu/ Yasemin 2010) und sehr wenig über die entsprechend beschriebene Person aussagen. In den verbalen und nonverbalen Angriffen auf „das Kopftuch" und „die Kopftuchträgerinnen" werden sowohl die Religionsfreiheit als auch das Recht auf Selbstbestimmtheit und Selbstdefinition der Betroffenen verletzt. Ob und in welcher Weise das Tragen des Kopftuchs als ein die persönliche Entfaltung begrenzendes oder aber die Selbstbehauptung unterstützendes Symbol wahrgenommen und empfunden wird, kann nur diejenige, die es trägt, wissen und gegebenenfalls (wenn der Gesprächsraum als ausreichend angenehm und geschützt betrachtet wird) erläutern. Auch können Wahrnehmung und Bewertung hierzu von der Betreffenden je nach Situation und Kontext ganz unterschiedlich sein. Darüber hinaus wird die Bedeutung der Religiosität wiederum für die Betroffene je nach Situation und Kontext verschieden stark sein. Nicht selten aber werden Muslima, die ein Kopftuch tragen, in Fremdwahrnehmungen (durch Pädagog/-innen der Mehrheitsgesellschaft) auf dieses eine Merkmal ihrer Identität reduziert. Lernbegleiter/-innen empfehlen wir daher ihre Zuschreibungsmechanismen, in denen sie häufig eher unbemerkt gesellschaftliche Diskurse reproduzieren, kritisch zu durchleuchten. Die Akzeptanz der Diskriminierung von Muslima auf dem Arbeitsmarkt, die sich insbesondere in der strukturellen Ungleichbehandlung muslimischer Lehrerinnen, denen man das Tragen des Kopftuchs im Schuldienst verbieten darf, manifestiert, bleibt nicht ohne Wirkung. Es steht im Widerspruch zu einer inklusiven, partizipativen Gestaltung des Zusammenlebens in einer pluralen Gesellschaft.

Eine Auseinandersetzung mit dem Thema Identität und Menschenrechte muss daher immer auch die strukturell bedingten Begrenzungen wahrnehmen und zu einer entsprechenden gesellschaftskritischen Auseinandersetzung einladen dürfen. In diesem Zusammenhang darf die Wahrnehmung der Gefährdung und Verletzung von Persönlichkeitsrechten von Flüchtlingen nicht fehlen. Gerade in diesem Kontext zeigt sich besonders, wie die Einschränkung von Grundrechten die Selbstbestimmtheit und damit auch die Selbstdefinition beschränken kann. Wer ohne Papiere in Deutschland leben muss, wird möglicherweise die Auswirkungen dieser strukturellen Benachteiligung in der Wahrnehmung dessen, was ihn/sie in dieser Phase seines Lebens bestimmt, sehr stark spüren und andere Merkmale seiner/ihrer Identität werden ggf. in den Hintergrund rücken (müssen). Gerade für Angehörige der Dominanzkultur kann es sehr wichtig und erkenntnisreich sein, sich darauf einzulassen, sich für diese Beschränkungen der Möglichkeitsräume zu sensibilisieren. Die Übung „Wie im richtigen Leben" (→ S. 179-184, Methodenteil) bietet hierzu Anregungen.

Hinweise zum methodischen Vorgehen

Die Beschäftigung mit Fragen von Identität erzeugt eine hohe innere Beteiligung und erfordert eine hohe Sensibilität von Lernbegleiter/-innen, wenn sie die Teilnehmenden von Lernprozessen dazu einladen, sich in ihrer Individualität wahrzunehmen und einzubringen. Dies gilt insbesondere in Zwangsgemeinschaften – wie sie Klassen in Schulen darstellen – und in heterogenen Gruppen, in denen strukturell bedingte Machtasymmetrien immer – oft auch unbemerkt – wirken und darüber hinaus ein strukturelles Machtgefälle zwischen Lernbegleiter/-in (ausgestattet mit Befugnissen/Anforderungen der Bewertung und Reglementierung) und Lernenden (die sich in einem Abhängigkeitsverhältnis gegenüber den sie bewertenden Lernbegleiter/-innen befinden) besteht. Es empfiehlt sich daher bei Lernangeboten, die eine Auseinandersetzung mit der eigenen Biografie und mit Fragen der Identität initiieren, mit großem Respekt gegenüber der Intimität – der Kostbarkeit, was immer auch Verletzlichkeit beinhaltet – des Einzelnen und gegenüber seiner Individualität vorzugehen.

Gelingt es, dass sich die einzelnen Teilnehmer/-innen in ihrer Einzigartigkeit gesehen und gewürdigt und in ihrem Recht auf Selbstbestimmtheit und Selbstdefinition gefördert und geachtet fühlen, werden wiederum „Dinge" möglich, die ohne dieses Gesehen- und Akzeptiert-Werden nur schwerlich geschehen.

Ein bewusstes Wahrnehmen des Zusammenhangs von Identität und Menschenrechtsfragen macht ein inklusiv-partizipatives Vorgehen unumgehbar. Inklusiv partizipativ meint, immer Raum zu lassen für Selbstdefintion und – im

Bewusstsein für strukturell geschaffene Machtasymmetrie – zu dieser (Selbst-definition) zu animieren und eine Festlegung – insbesondere, wenn sie Repro-duktion von Ungleichbehandlung bedeutet – in Frage zu stellen. Die Berech-tigung zu diesem emanzipatorischen Akt haben Lernbegleiter/-innen in formel-len Bildungssettings sicher nur in sehr begrenztem Rahmen und dessen sollten sie sich immer bewusst sein. Im Bewusstsein eines macht- und diskurssensiblen Vorgehens können sie aber zu entscheidenden, die Selbstwirksamkeit der Ler-nenden fördernden, Prozessen beitragen.

Gewalt(freiheit) und diskriminierungskritische Perspektive

- Perspektiverweiterung(en)
- Wahrnehmung der Dynamik zwischen Täter – Opfer – Zuschauer (TOZ)
- Wahrnehmung der Deutungshoheit durch die potentiell Betroffenen-Perspektive
- Unterscheide: Prävention – Intervention – Nachsorge (PIN)
- Unterscheide Herangehensweise bei gewaltförmigen und konflikthaften Geschehen
- Sensibilisierung für einen weiten Gewaltbegriff
- Empowerment in der Zwangsgemeinschaft – Bewusstseinserweiterung und Grenzen eines rassismuskritischen Ansatzes im System Schule
- Entwicklung einer diskriminierungskritischen Perspektive auf der Folie von Gruppenbezogener Menschenfeindlichkeit (GMF)

„Ich verstehe nicht, warum der M. seine Klassenkameraden verpfeift. Das finde ich schon irgendwie komisch. Aber es scheint ihm ein großes Anliegen zu sein, dass sich da was tut …“, sagt die Klassenlehrerin einer achten Hauptschul-Klasse einer additiven Gesamtschule. Mit Verwunderung reagiert sie darauf, dass ein Schüler sich an sie als Klassenlehrerin wandte, um ihr seine Wahrnehmungen zu schildern und sie darauf aufmerksam machte, dass an verschiedenen Stellen in der Schule (Pausenhof, Toiletten, auf Schultischen) Codes und Symbole auftauchen, die der rechtsextremen Szene zuzuordnen sind. Des Weiteren berichtete der Schüler davon, dass manche Schüler/-innen andere mit Musik der rechten Szene „versorgten“, u. a. auch dann, wenn sie selbst diese gar nicht zu erhalten wünschten. Die Vorgänge beunruhigten den Schüler und er wandte sich an „seine Lehrerin“ in der Hoffnung, dass sie sich der Sache annehmen, die Vorgänge stoppen und diejenigen, die sich davon gestört und bedroht fühlten, entsprechend schützen würde. Die Artikulation seiner Beobachtungen löste jedoch eine Vielzahl von Schritten aus, die letztend-

lich dazu führten, dass der Schüler am Ende die Schule verließ und für sich zu der Erkenntnis gelangte, „sich niemals mehr einzumischen. Wenn ich mir etwas wünschen könnte, wäre es vor allem das, dass ich mich niemals an die Lehrerin gewandt hätte." [27]

Der Problemanzeiger war zu einem Problem geworden, denn niemand konnte ihm mehr die Sicherheit geben, die er gebraucht hätte, um wieder selbstbestimmt die Schule besuchen zu können. Es war nicht mehr möglich, sicher zu sein, keinen Anfeindungen ausgesetzt zu sein und sich frei auf die Inhalte des Unterrichts konzentrieren und die Pausen entspannt in den Freiräumen der Schule verbringen zu können. Seinen Schulweg konnte er nicht mehr eigenständig gestalten: Jeden Tag wurde er in einem privaten Pkw von seinen Eltern in die Schule gebracht. Der Schüler war ungewollt zu einem wichtigen Zeugen in einem Ermittlungsverfahren der örtlichen Staatsschützer geworden. Die Täter stellen und ihnen ihre Taten nachweisen zu können, stand damit im Fokus der gewählten Handlungsoptionen. Diesem Ziel wurden alle anderen Bedürfnisse und Fragestellungen untergeordnet. Ein irritierender und beunruhigender Mechanismus, für den das Kollegium nun nach Handlungsalternativen sucht.

Die oben beschriebenen Entwicklungsschritte verweisen auf einen Mechanismus, der sich in vielen Schulen in der Auseinandersetzung mit Erscheinungsformen von Rassismus, Antisemitismus und anderen Formen gruppenbezogener Menschenfeindlichkeit beobachten lässt. Treten entsprechende Hinweise durch Verhaltensweisen, Aussagen und Handlungen in der Schulgemeinde auf, lösen diese sehr häufig Gefühle von Ratlosigkeit und Ohnmacht in den Schulleitungen und Kollegien aus. Auf die Betroffenheit und Beschämung darüber, dass es zu solchen – das positive Selbst-Bild erschütternden – Phänomenen gekommen ist, folgt nicht selten der Wunsch, die Sache so schnell wie möglich erledigen und die Situation beruhigen zu können. Fragen entstehen, die die Wahrnehmung(en) in Zweifel ziehen und diejenigen, die sie auf- und ernst nahmen, unter Druck setzen. Aus einer beunruhigenden Beobachtung, der

---

27 Aussagen anonymisiert und verfremdet, indem Erkenntnisse aus mehreren Beratungsfällen zusammengeführt wurden, die die Autorin im Rahmen ihrer Beratungspraxis (im Bereich „mobile Intervention gegen Rechtsextremismus im Team der Bildungsstätte Anne Frank) gewann.

Wahrnehmung einer problematischen Äußerung oder Verhaltensweise, wird ein „schwerer Vorwurf", den es erstmal unter Beweis zu stellen gilt. Nicht selten werden Überlegungen darüber angestellt, ob es sich bei Schüler/-in oder Lehrer/-in X überhaupt um eine/n „Nazi, Rassist/-in oder Antisemit/-in ..." handeln könnte. In dem Wunsch, die Tragweite der Störung und Belastung des gemeinsam geteilten öffentlichen Raums nicht sehen zu müssen, vollziehen (Schul-)Gemeinden nicht selten eine bemerkenswerte Umkehrung, durch die (oftmals ungewollt) die Täter geschützt und (potentiell) Betroffene nachhaltig geschwächt werden.

Die Hilflosigkeit der Schlüsselakteure im System Schule[28] führt nicht selten zu Wegschauen, Bagatellisieren oder Negieren der von engagierten Menschen eingebrachten Wahrnehmungen und/oder von Betroffenen geäußerten Erfahrungen.

Sehr häufig ist eine täterfixierte Herangehensweise zu beobachten, die die anderen Personen in ihren jeweiligen Rollen nicht wahrzunehmen vermag. Die Auseinandersetzung mit den Bedürfnissen und Handlungsoptionen für die von den Handlungen der Akteure (Täter) Betroffenen (Opfer) und Beteiligten (Zuschauer) ist jedoch insbesondere im pädagogischen Raum von zentraler Bedeutung. Es empfiehlt sich eine Perspektiverweiterung, die sich bewusst selbstreflexiv und kritisch mit der Verengung des Blicks auf die Konfrontation und Auseinandersetzung mit Täter und Tat befasst und die Aufmerksamkeit auf den unbedingt zu fokussierenden Opferschutz lenkt. Darüber hinaus gilt es unbedingt, die Verletzung des (Lern-)Raums zu benennen, diese unmittelbar zu stoppen und dafür Sorge zu tragen, dass die Würde aller Menschen im Raum garantiert und geachtet wird (vgl. Krieg 2013, 31 ff.).

Erfahrungsgemäß werden Betroffenen-Perspektiven in der Auseinandersetzung mit problematischen, menschenverachtenden Handlungen von den den Lernraum gestaltenden Lernbegleiter/-innen *wenig* bedacht. Der Hinweis darauf löst vielfach zunächst Erstaunen und auch Irritationen aus. Es geht jedoch nicht um eine moralische Bewertung der handelnden Akteure (insbesondere der Lernbegleitung), sondern um eine Perspektiverweiterung und -verlagerung, mit dem Ziel, die Interaktionsdynamik von Täter-Opfer-Zuschauer insgesamt zu durchbrechen.

---

28 Dies gilt selbstverständlich nicht nur für den Bereich Schule. Vergleichbare Phänomene sind in kommunalen Räumen, Institutionen, Vereinen und Verbänden zu beobachten.

Es ist von zentraler Bedeutung, wahrzunehmen, dass durch menschenverachtende Handlungen – dies können Äußerungen, Verhaltensweisen oder auch „Grenzmarkierungen", die durch entsprechende Codes und Symbole, die auf menschenverachtende Diskurse hinweisen, sein – immer (Lern-)Räume verletzt werden und Betroffenheit erzeugt wird. Es ist die Aufgabe der Lernbegleitung in einem pädagogischen Raum, diese Handlungen zu stoppen, potentiell Betroffene (Opfer) zu schützen und Beteiligte dahingehend zu stärken, dass zivilcouragierte Handlungsoptionen möglich werden.

Es hilft das Problem (d. h. die schwierige Handlung) von der Person (dem Akteur) zu trennen, um eine täterfixierte Herangehensweise aufgeben zu können. Lernbegleiter/-innen können sich bewusst machen, dass sie ein Verhalten in einer konkreten Situation bewerten. Sie treffen keine Aussage über den Charakter einer Person. Es ist dann in der konkreten Situation auch nicht relevant und daher auch nicht überlegenswert, ob es sich bei der Person X, die eine rassistische, antisemitische, islamfeindliche, antiziganistische, antihomosexuelle oder andere Formen gruppenbezogener Menschenfeindlichkeit betreffende Aussage gemacht hat, um einen „Nazi, Rassisten, Antisemiten etc." handelt. Die Lernbegleiter/-in weiß, dass die Aussage nicht in Ordnung ist, dass sie die Menschenrechte verletzt und eine rassistische, antiziganistische … Konstruktion bedient. Sie hilft allen im Lernraum anwesenden Personen, wenn sie die Verantwortung übernimmt und einen Bezugsrahmen (die Menschenrechte) einführt bzw. wieder an diesen erinnert. Die Lernbegleiter/-in sollte dies in Form von Ich-Botschaften einführen und damit ein Rollenmodell anbieten, das von allen aufgegriffen werden kann, wenn sie auf verletzende Aussagen/Verhaltensweisen hinweisen und diese stoppen möchten. *„Ich möchte euch bitten, solche Äußerungen/Verhaltensweisen zu unterlassen. Ich kann und möchte sie nicht akzeptieren, weil sie die Würde des Menschen verletzen* oder: *Ich kann nicht zulassen, dass in diesem Raum die Menschenrechte verletzt werden. Ich möchte euch alle darum bitten, euch entsprechend zu verhalten und zu versuchen, darauf zu achten, dass ihr mit eurem Verhalten andere nicht verletzt."* Diese Aussage sollte die Lernbegleiter/-in an alle richten. Sie wendet sich in der Begründung des „Stopps"/der Intervention explizit nicht an den Akteur. Dies erlaubt gerade dem Akteur, sein Verhalten zu überdenken und sich von der zuvor gemachten Aussage zu distanzieren. Diese Handlungsoption wird schwerlich möglich, wenn der Akteur über eine Du-Anklage gestoppt wurde. Du-Anklagen führen in der Regel zu Rechtfertigungsbemühungen oder auch zu Abwehr. Durch Du-Anklagen fühlen sich die angesprochenen Akteure auf ihr Verhalten und die dazu entsprechende Bewertung festgelegt. Es wird für sie schwer, ohne Gesichtsverlust aus der Situation auszusteigen und ihr Verhalten zu überdenken. Auch die Akteuren häufig gestellte Frage: *„Wie hast du das gemeint?"* beinhaltet eine Aufforderung, das Verhalten zu erklären, und erzeugt bei dem Akteur Druck und führt zu Rechtfertigungen, die häufig weitere Verletzungen von Personen und der Atmosphäre des Lernraums zur Folge haben. Die Situation für potentiell Betroffene verschlimmert sich durch diese Intervention, denn der/die Betroffene ist gezwungen, weitere Aussagen anhören zu müssen. Besonders prekär kann die Situation für potentiell Betroffene werden, wenn die das Verhalten stoppenden Lernbegleiter/-innen, den Akteuren einen Perspektivwechsel aufzwingen und diese auffordern: *„sich vorzustellen, wie sich das* (also ihre Aussage/Verhaltensweise) *für Betroffene anfühlt".* Auch diese Intervention erzeugt Druck beim Akteur und kann zu einer weiteren Eskalation führen. Um sich zu schützen, reagieren Beteiligte und Betroffene auf diese Interventionen von Lernbegleiter/-innen daher dann auch oft mit einer die Auseinandersetzung stoppenden Bemerkung und erklären, das Gesagte *„für nicht so schlimm. Ist doch nur Spaß, wir können damit umgehen, das ist bestimmt nicht so gemeint …".* Die Stimmen zivilcouragierter Beteiligter und potentiell Betroffener werden durch diese Intervention der Lernbegleitung geschwächt und sie werden ungewollt zu Komplizen eines die Menschenwürde verletzenden Umgangs miteinander gemacht.

Lernbegleitungen müssen ihre Interventionen immer dahingehend kritisch würdigen, dass sie sich vergegenwärtigen, dass sie in einem hierarchischen System zwischen lehrenden Erwachsenen und lernenden Kindern/Jugendlichen in eine Peergroup hineinwirken. Diese Peer-Gruppe hat sich im Setting Schule aber nicht selbstständig und freiwillig zusammengefunden, sondern ist in einer Zwangsgemeinschaft zusammengebracht worden. Trotzdem sind gerade im Umgang mit verletzenden Verhaltensweisen die Rituale und Regeln der Peergroup sehr wirkmächtig (vgl. Eckmann 2006, 224) und die Impulse (durch erwachsene Lernbegleiter/-innen) in den Lernraum immer auch auf der Folie der Bedeutung der Peergroup zu berücksichtigen. Sie müssen so sein, dass sie potentiell Betroffene schützen und dass sie geeignet sind, potentiell Betroffene und Beteiligte zu ermutigen, sich gegen menschenverachtende Handlungen (konstruktiv) zur Wehr setzen zu können. Gelingt dies nicht, kann die Atmosphäre im Lernraum nachhaltig verletzt werden und Gewöhnungseffekte an gruppenbezogene Menschenfeindlichkeit erzeugt werden.

Die Lernbegleiter/-in agiert als Rollenvorbild. Sie trägt die Verantwortung dafür, die Atmosphäre im Lernraum zu schützen und ein die Würde des Menschen, die Menschenrechte aller im Raum wahrendes Miteinander einzufordern. Bei allen gewählten Handlungsoptionen genießt die Wahrung der Integrität und Würde potentiell Betroffener höchste Priorität.

Abschließend sei daher noch auf eine Variante hingewiesen, die immer wieder als Handlungsoption von Lernbegleiter/-innen in die Diskussion gebracht werden und die im Ergebnis wenig zielführend und auch kontraproduktiv sein kann. Immer wieder entsteht die Idee, dass doch potentiell Betroffene von der Lernbegleitung ermuntert bzw. aufgefordert werden könnten, den Akteuren zu erklären, *„warum sie schlimm finden, was gesagt/getan wurde, und zu beschreiben, wie sie sich dabei fühlen"*. Potentiell Betroffene sind nicht dafür zuständig, ein die Menschenrechte wahrendes Miteinander im Klassenzimmer zu sichern. Dies ist die Aufgabe der Lernbegleitung und aller Teilnehmer/-innen im Lernraum. Es bedarf ihrer Einschätzung nicht, um feststellen zu können, dass grundlegende Aspekte des Zusammenlebens verletzt sind. Potentiell Betroffene haben das Recht darauf, die Situation für sich zu deuten und zu ihrer Situation und Wahrnehmung passende Handlungsoptionen zu wählen. Dies kann unter Umständen bedeuten, dass sie sich in ihrer Betroffenheit auf keinen Fall zeigen und äußern möchten. Nicht selten könnte eine entsprechende Äußerung dazu führen, dass die potentiell Betroffenen einer zusätzlichen Gefahr ausgeliefert und Bedrohungen (außerhalb des Klassenzimmers oder des Schulhofes) ausgesetzt sind. Auch aus diesem Grund ist es wichtig, dass die Interventionen der Lernbegleiter/-innen im Falle einer die Menschenwürde verletzenden Handlung sofort kurz und – in oben beschriebener Weise – präzise erfolgt.

Diese Intervention hat Wirkung auf alle im Raum anwesenden Personen: Sie stellt die die Menschenrechte achtenden Grundlagen für das Miteinander klar, sie macht deutlich, dass sie ein Verletzung nicht duldet und dass sie bereit ist, für potentiell Betroffene einzutreten. Sie bietet Rollenvorbild und unterbreitet Angebote: das Angebot an potentiell Betroffene, sich an jemanden wenden zu können, der bereit ist, menschenverachtende Handlungen als das wahrzunehmen, was sie sind, nämlich Verletzungen der Menschenwürde, von denen Einzelne konkret betroffen sein können. Das Angebot an zivilcouragierte Beteiligte, sich um ein stärkeres Engagement bemühen zu wollen. Potentiell Betroffene und zivilcouragierte Beteiligte erleben eine Lernbegleitung, die souverän und stärkend Dinge aufgreift und offen dafür ist, sich mit problematischen, die Menschenrechte verletzenden Geschehen auseinanderzusetzen. Mit ihr lässt sich das Gespräch suchen, wenn man von weiteren verletzenden Erfahrungen berichten oder Wahrnehmungen über andere Situationen mit entsprechend menschenverachtenden Hintergründen teilen möchte. Die Intervention der Lernbegleitung ist auch ein Angebot an den Akteur, seine Handlung überdenken und seine Gedanken darüber mit der Lernbegleitung reflektieren zu wollen.

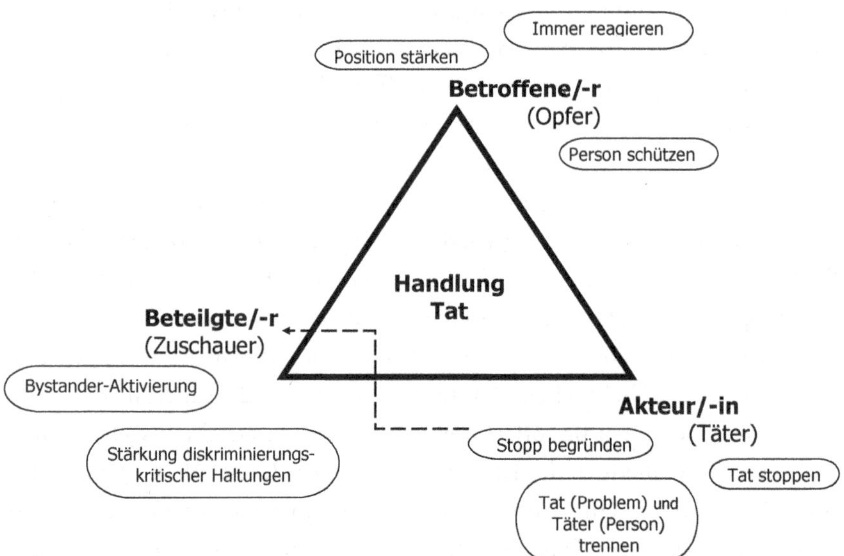

Prävention – Intervention – Nachsorge (PIN)

Interventionen im pädagogischen Raum sind nötig, sollten aber nicht alleine stehen. Sie müssen in ein Konfliktmanagement-Konzept eingebunden sein und Gelegenheitsräume für Nachsorge und Prävention bieten. Interventionen reagieren auf akut entstehende Situationen, in denen im Raum Schule in der Regel sehr viele verschiedene Personen mit sehr unterschiedlichen Hintergründen und Rollen in der Situation anwesend sind. Interventionen müssen diese Vielfalt der anwesenden Personen immer berücksichtigen. In der Nachsorge kann stärker auf die verschiedenen Personen in ihren Rollen eingegangen werden. Hier können in geschützten (Gesprächs-)Räumen ausführliche, klärende oder Bedarfe erhebende Gespräche geführt werden und Handlungsoptionen für das weitere, zukünftige Vorgehen entwickelt werden. Diese Angebote sind auch für alle Rollen – Akteur, Betroffene und Beteiligte – denkbar.

Präventive Angebote richten sich in der Regel an die gesamte Lerngruppe. Dabei macht es einen großen Unterschied, ob sich die Teilnehmenden selbst und freiwillig für die Wahrnehmung eines Angebots zum Umgang mit Diskriminierung, gewaltförmigen Geschehen etc. entscheiden konnten oder ob die Klasse, die immer eine Zwangsgemeinschaft ist, Adressat/-in des Lernarrangements ist. Zentral sind dabei zwei Aspekte wahrzunehmen: erstens, dass präventive Angebote, um wirklich präventiv zu wirken, eben nicht auf existente Probleme (beispielsweise das verstärkte Auftreten von neonazistischen, antisemitischen, antihomosexuellen oder anderen Formen gruppenbezogener Menschenfeindlichkeit betreffende Handlungen) reagieren können. In einer solchen Situation können durchaus Angebote mit Workshop-Charakter an die Gesamtklasse gerichtet werden. Sie sind aber im Sinne einer Problembearbeitung/Nachsorge zu konzipieren und dürfen nicht arglos der Spur eines präventiven Ansatzes folgen. Zweitens richten sich präventive Angebote an Lerngruppen in Schule immer an Gruppen, die die Gesellschaft in Deutschland spiegeln und an denen folglich Menschen mit sehr unterschiedlichen Erfahrungen, Hintergründen und Bezügen zu den Themen diskriminierungs-/rassismuskritischer Bildungsarbeit teilnehmen.

In diesen Lernarrangements können Situationen entstehen, in denen von den Adressat/-innen des Lernangebots Rassismen und andere Formen gruppenbezogener Menschenfeindlichkeit reproduziert werden.

Differenzierte Wahrnehmung – diskriminierungskritische Zugänge

Zur Entwicklung sowohl präventiver als auch problemorientierter Angebote kann es hilfreich sein, sich mit den unterschiedlichen Motivationen, die hinter den betreffenden Äußerungen oder Handlungen stehen, zu beschäftigen. Dabei lassen sich in Anlehnung an die Arbeiten von Schäuble und Scherr zu „Ausgangsbedingungen und Ansatzpunkten gesellschaftspolitischer Bildungsarbeit zur Auseinandersetzung mit Antisemitismus" verschiedene „Typologien" der Motivation unterscheiden (vgl. Ensinger 2013a, 9 ff.). Die unterschiedlichen Motivationen haben mit Fragen des Verstehens und der Möglichkeit der Zuordenbarkeit von Aussagen oder Handlungen in entsprechende Diskurse zu tun. Diese sind häufig nicht einfach zu leisten.

Rassistische Konstruktionen, manche Formen von Islamfeindlichkeit, Antihomosexualität und Antiziganismus sowie Bezüge zu rechtsextremistischen Diskursen erschließen sich nicht leicht. Insbesondere beim Thema Antisemitismus gehört es zu den „grundlegenden Annahmen …, dass Antisemitismus nicht immer leicht zu erkennen ist und z. B. eine antisemitische Äußerung sehr unterschiedliche Motivationen haben kann. … Hinter einem antisemitischen Argument steckt nicht zwingend eine antisemitische Absicht, da antisemitische Stereotype unbewusst übernommen werden können oder nicht als solche verstanden werden. Antisemitische Stereotype sind sehr langlebig und werden schon sehr lange tradiert. Zugleich ist eine antisemitische Absicht nicht immer hinter einer Äußerung zu erkennen, da Antisemitismus heute häufig in Form von Codes, Anspielungen und unterschwelligen Aussagen geäußert wird" (Ensinger 2013, 9). Diese spezifisch in der Auseinandersetzung mit Antisemitismus im pädagogischen Raum gewonnenen Erkenntnisse lassen sich in Ansätzen auf manche andere Formen gruppenbezogener Menschenfeindlichkeit übertragen. Es empfiehlt sich, eine differenzierte Wahrnehmung von Antisemitismus und anderen Formen gruppenbezogener Menschenfeindlichkeit vorzunehmen und die verschiedenen Motivationen, die hinter antisemitischen, rassistischen und anderen Formen gruppenbezogene Menschenfeindlichkeit bedienender Aussagen stehen können, zu unterscheiden. In Anlehnung an die von Schäuble und Scherr in ihrer Studie zur Auseinandersetzung mit Antisemitismus entwickelten Kategorien lassen sich folgende Motivationsmuster benennen: Ausdruck einer *gefestigten Ideologie* und eines *geschlossenen Weltbilds*; Form eines *Fragments*, bei dem nur einzelne Elemente der (antisemitischen) Ideologie herausgegriffen und zur Argumentation benutzt werden; das (oft auch unbewusste) Aufgreifen von *Stereotypen*, ohne dass dabei eine geschlossene Ideologie zugrunde liegt. *Jugendkulturelle Rhetorik* sowie *Provokationen* können weiterhin als Motivationen für entsprechende Handlungen im pädagogischen Raum sein (vgl. Ensinger 2013, 11).

Die Wahrnehmung der verschiedenen – doch sehr unterschiedlichen – Motivationen, die hinter diskriminierenden Aussagen stecken können, sind sehr wesentlich für die Entwicklung von Handlungsstrategien gegen Antisemitismus, Rassismus und andere Formen gruppenbezogener Menschenfeindlichkeit. Denn die „Beeinflussbarkeit antisemitischer Ansichten ist von den dahinter liegenden Motivationen und Begründungszusammenhängen abhängig" (Ensinger 2013, 12). Es macht einen großen Unterschied, ob jemand aus einer gefestigten ideologischen Position heraus argumentiert oder ob beispielsweise ein antisemitisches Stereotyp reproduziert wird, ohne dass dies demjenigen bewusst ist und ohne dass eine entsprechende Wirkung beabsichtigt ist. Gerade im Kontext von Antisemitismus lässt sich beobachten, dass auch Personen antisemitische Stereotype reproduzieren, die grundsätzlich beabsichtigen, sich anti-antisemitisch verhalten zu wollen. Schäuble/Scherr stellen beispielsweise in ihrer Studie fest, „dass die weit überwiegende Mehrzahl aller Jugendlichen sich von Antisemitismus distanziert, wenn er als solcher erkennbar wird" (Schäuble/Scherr 2006, 14).

Bei der Entwicklung eines diskriminierungskritischen Lernarrangements ist grundsätzlich von einem heterogenen Lernraum bezüglich der von den Adressat/-innen des Lernangebots eingebrachten Haltungen auszugehen. Dies ist auf allen Bearbeitungs-Ebenen (denen der Prävention, der Intervention und der Nachsorge/Problembearbeitung) zu berücksichtigen. Wir gehen grundsätzlich davon aus, dass potentiell (von Diskriminierung) Betroffene sowie Beteiligte mit einer (diskriminierungs)kritischen Haltung als auch solche mit einer indifferent unentschiedenen Position im Raum sein können. Die Haltung des Akteurs, von dem eine diskriminierende Handlung ausging, kann sehr unterschiedlich sein. Erfahrungsgemäß ist es eher selten, dass hinter entsprechenden Äußerungen gefestigte Ideologien und geschlossene Weltbilder stecken. Häufiger handelt es sich um das Aufgreifen einzelner Fragmente, das Verwenden jugendkultureller Codes und die Reproduktion von Diskursen, die den Jugendlichen beim Konsum von TV-Talkrunden, im Vereinsheim der Sportclubs und an gepflegten Abendbrottischen angeboten werden. Antisemitismus, Rassismus und andere Formen gruppenbezogener Menschenfeindlichkeit ist kein Jugendproblem und auch kein Problem der „Ränder", sondern vielmehr ein Problem der Mitte der Gesellschaft. Daraus ergibt sich eben sehr deutlich, warum insbesondere in pädagogischen Räumen mit Kindern und Jugendlichen unbedingt zwischen Problem und Person unterschieden und die Akteure nicht auf ihre Handlung festgelegt werden dürfen. „Wesentlich ist …, keine vereindeutigende Klassifikation der Jugendlichen in ‚Antisemiten' oder ‚Nicht-Antisemiten' zu vollziehen" (Ensinger 2013, 12).

Generell lassen sich zunehmende Gewöhnungseffekte an diskriminierenden Praktiken in gesellschaftlichen Diskursen feststellen (vgl. Heitmeyer 2012a, 323). Die rhetorische Rahmung „… man wird doch noch sagen dürfen, dass …" ist oft der als Empörung inszenierte Hinweis auf das Beibehalten oder das (Wieder-)Herstellen „gewohnter Normalität": sei es die Wiedererlangung nationalen Patriotismus im Laufe der Fußballweltmeisterschaft in Deutschland 2006, sei es die diskriminierende Sprache zur Markierung gesellschaftlicher Gruppen wie z. B. Sinti und Roma oder schwarze Deutsche, die im Normalitätsdiskurs fest verankert sind als kulinarische Bezeichnungen oder in lieb gewonnenen Märchen- und Kinderbüchern.

Diese nicht hinzunehmen, sondern dem aktiv etwas entgegensetzen zu wollen, kann und muss Aufgabe einer kritische Demokratie- und Menschenrechtsbildung sein. Die Heterogenität der verschiedenen potentiellen Haltungen und der Betroffenheit sollten handlungsleitend für die Entwicklung diskriminierungskritischer Lernangebote sein. Dabei lassen sich die Wahrnehmung von potentiellen Betroffenen-Perspektiven und entsprechender Opferschutz sowie die Stärkung der kritischen Stimmen und die Irritation der Unentschiedenen als zentrale Zielmarken für sowohl problemorientiert-intervenierende als auch präventive Angebote formulieren. In der Auseinandersetzung mit gefestigten Ideolog/-innen (wie sie beispielsweise geschulte Kader der rechtsextremistischen Szene(n) darstellen) erreichen pädagogische Angebote deutlich ihre Grenzen. Diese sind in einem heterogenen pädagogischen Setting nicht zu erreichen und die pädagogischen Bemühungen sollten sich nicht darauf fokussieren.

Zentral – und immer noch vielerorts in Schule längst nicht selbstverständlich – ist die deutliche konzeptionelle und verbindliche Ausrichtung auf einen konsequenten Opferschutz. Unabhängig von ihrer Absicht müssen diskriminierende Handlungen „immer gestoppt werden. Diskriminierungskritische Lernräume müssen jede Form der Diskriminierung problematisieren und die Betroffenen von Diskriminierung schützen. … Die Begründung dafür, dass Diskriminierung nicht erwünscht ist, darf nicht fehlen. Diese sollte mit Bezug auf Menschenrechte und Demokratie oder auf die im Lernraum schon erarbeiteten Einigungen zu Formen der Zusammenarbeit und gegenseitiger Anerkennung erfolgen" (Ensinger 2013, 14). Dies ist sowohl in der akuten Situation der Intervention als auch für die nachsorgenden Schritte relevant. Eine entsprechende strategische und auch inhaltliche Ausrichtung sollte auch handlungsleitend für die Entwicklung einer diskriminierungskritischen Leitbildentwicklung sein, die sich bewusst mit der Möglichkeit gewaltförmigen, diskriminierenden Geschehens in Schule auseinandersetzt und sich eindeutig für die Wahrnehmung für potentiell Betroffenen-Perspektiven und aktiven Opferschutz ausspricht.

Unterscheide gewaltbesetztes und konflikthaftes Geschehen

Bei den auf eine akute Intervention folgenden nachsorgenden Angeboten muss deutlich zwischen gewaltbesetzten und konflikthaften Situationen unterschieden werden. Die Haltung, mit denen Lernbegleiter/-innen auf die an dem jeweiligen Geschehen Beteiligten zugehen, kann und sollte dabei ähnlich – entsprechend konstruktiv, wertschätzend und nicht zuschreibend – sein. Die Methodik (Herangehensweise und Lösungswege) muss jedoch entsprechend den unterschiedlichen Dynamiken in den jeweiligen Situationen sehr unterschiedlich sein: In gewaltbesetzten Situationen ist ein deutliches Machtgefälle zwischen den beteiligten Akteur (Täter) und Betroffenen (Opfer) festzustellen. Die für die Gestaltung des Lernraums verantwortlichen Lernbegleiter/-innen sollten hier klare und zielgerichtete Angebote machen. Grenzen nicht zu akzeptierenden Verhaltens sind deutlich zu benennen, klare Angebote an Betroffene (Opfer) zu formulieren, in denen diese in einem geschützten, vertraulichen Rahmen die Gelegenheit erhalten müssen, ihre Situation zu schildern, Gefühle, Bedürfnisse und Bedürfnisbedrohungen wahrnehmen und ausdrücken zu können und Handlungsoptionen zu entwickeln. Schutz, Stärkung und Empowerment sind hierbei zentral. Gesprächsangebote mit dem/-r Akteur/-in (Täter/-in) achten darauf, deutlich zwischen Tat, Verhalten, ggf. problematischer Ansicht und Person zu trennen. Die Tat sollte unmissverständlich und deutlich als nicht akzeptabel bewertet und diese Bewertung dezidiert begründet werden. Gleichzeitig sollte (im pädagogischen Raum) unbedingt darauf geachtet werden, dass der Akteur als Mensch in seiner ganzen Vielfalt und nicht reduziert auf die Tat gesehen und geachtet wird.

Stellt sich heraus, dass die diskriminierende Handlung nicht in Übereinstimmung mit der Haltung und Absicht des/-r Akteurs/-in (Täter/-in) stand und entsteht hier der Wunsch, sich gegenüber dem Betroffenen (Opfer) entsprechend zu erklären, kann in einem zweiten Schritt über ein konfliktklärendes Gespräch zwischen den Beteiligten (die in der akuten Situation in den Rollen ‚Täter‘ und ‚Opfer‘ aufeinandertrafen) nachgedacht werden. Dies ist aber nur unter ganz bestimmten Voraussetzungen denkbar: Erstens, der/die in der Situation Betroffene (Opfer) stimmt dem Gesprächsangebot zu und entwickelt selbst auch den Wunsch, an diesem teilzunehmen. Zweitens muss eindeutig sein, dass kein Machtgefälle (mehr) besteht und die beiden als gleichberechtigte Gesprächspartner/-innen einander auf Augenhöhe begegnen können, um die konflikthafte Situation aufarbeiten und Vereinbarungen für das künftige Miteinander-Umgehen treffen zu können. Die dieses Gespräch moderierende Person muss dies in einer vermittelnden, ergebnisoffenen Haltung tun und die

Konfliktparteien dabei unterstützen, gemeinsam Lösungen zu entwickeln (vgl. Kapitel I). Im Anschluss an die Aufarbeitung der konkreten diskriminierenden Situation sollte die gesammte Lerngruppe die Gelegenheit erhalten, sich im Rahmen eines diskriminierungskritischen Lernangebots mit der Thematik auseinandersetzen und entsprechende Handlungsoptionen entwickeln zu können. Diese Angebote lassen sich auch unabhängig von akuten Anlässen entwickeln und sollten fester Bestanteil einer Demokratie- und Menschenrechtsbildung in Klassenzimmern der pluralen Gesellschaft sein (können). Daher im Folgenden einige Überlegungen zur Entwicklung einer diskriminierungskritischen Perspektive.

Entwicklung einer diskriminierungskritischen Perspektive

Grundvoraussetzung, um sich nachhaltig und aktiv mit dem Konzept der Universalität der Menschenrechte – bezogen auf Gewalt und Diskriminierung – auseinandersetzen und ein die Rechte aller wahrendes Konzept entwickeln zu können, ist eine entsprechend konsequente Wahrnehmung der gesellschaftlichen Rahmenbedingungen, in die Schule eingebettet ist. In diesem Zusammenhang ist es wichtig anzuerkennen, dass Schule sich in einem gesellschaftlichen Kontext bewegt, der durch Ausgrenzung und Ungleichbehandlung geprägt ist und dadurch Gewalt erzeugt. Das Postulat der Gewaltfreiheit lässt sich als Idee und Bewusstmachung der Kostbarkeit und gleichzeitig jederzeit möglichen Vulnerabilität des Menschen formulieren und es ist durchaus denkbar, dass eine (Schul-)Gemeinde daraus wesentliche Impulse für ein wertschätzendes, diskurssensibles und konstruktives Miteinander entwickeln kann. Gewaltfrei – in dem Sinne, dass niemand jemals einer gewaltförmigen, verletzenden Situation ausgesetzt und sich entsprechend beeinträchtigt fühlt – wird es jedoch sicher nicht sein können.

Die Schulgemeinde kann sich für eine diskriminierungskritische Haltung entscheiden und sich mit einem weiten – die vielfältigen Facetten von Gewalt berücksichtigenden – Verständnis der potentiellen Gefahr von Opferwerdung in konkreten Situationen im Kontext der Schule bewusst zu wenden. In diesem

Verständnis können alle Mitglieder der Schulgemeinde in eine der drei möglichen Rollen der Täter-Opfer-Zuschauer-Triade geraten. „Jede Person hat im Prinzip schon einmal jede dieser Rollen eingenommen, je nach Kontext und Situation. Es geht also nicht um Identitäten, sondern um erlebte Erfahrungen" (Eckmann 2006, 220). Es hilft allen Beteiligten zu wissen, dass es dabei um das subjektive Erleben von einzelnen Situationen geht, in denen Gefühle verletzt und Bedürfnisse bedroht sein können und die – entsprechend der Wahrnehmung und Wünsche der Betroffenen (Opfer) – verändert werden müssen.

Über diese konkreten Interaktionen zwischen Mitgliedern der Schulgemeinde hinaus bestehen wirkmächtige, aber oftmals unsichtbar scheinende Facetten struktureller Gewalt, die Einfluss auf alle Mitglieder der Schulgemeinde haben, wovon die Einzelnen jedoch aufgrund der von der Dominanzkultur gesellschaftlich zugewiesenen Rollen unterschiedlich betroffen sind. Mit diesen Formen struktureller Gewalt müssen sich Schulen auseinandersetzen, insbesondere dann, wenn sie Kinder und Jugendliche einladen möchten, sich couragiert und damit konstruktiv kritisch für die Durchsetzung der Idee der Universalität der Menschenrechte zu verhalten. „Eine Schule ohne Rassismus"[29] wird es – im Rahmen der aktuellen Verfasstheit der Gesellschaft in Deutschland – nicht geben können. Rassismus, die Etablierung rassistischer, diskriminierender Strukturen und Handlungspraktiken ist ein wesentlicher Bestandteil und somit Normalität moderner Gesellschaften. Rassismus kann und muss als „Strukturierungsgröße gesellschaftlicher Realität" betrachtet werden (vgl. Broden 2012, 10). Rassismus ist ein gesellschaftliches und kein individuelles Problem. Rassismus hat mit Macht und Ressourcenverteilung zu tun und ist nicht durch die Beschäftigung mit Vorurteilen, die man nur zu verstehen und zu überwinden bräuchte, zu bekämpfen.

„Da Rassismus historisch und kontextabhängig verschiedene Ausprägungen aufweist, erscheint es sinnvoll, von ‚Rassismen' zu sprechen. Diese beruhen jeweils auf dem Mechanismus, Gruppen in ein ‚Wir und die Anderen' einzuteilen, wobei jeweils eine Gruppe über die Macht verfügt, das jeweils ‚Andere'

---

29 An der seit 2000 unter dem Namen „Schule ohne Rassismus – Schule mit Courage" bundesweiten Kampagne sind mittlerweile mehr als 1000 Schule beteiligt und über Landes- und Bundeskoordinationsstellen vernetzt. Weitere Informationen unter: www.schule-ohne-rassismus.org.

zu definieren. Die explizite oder implizite Abwertung von Gruppen rechtfertigt und stabilisiert eine ungleiche Verteilung von Ressourcen und Rechten und dient der Privilegiensicherung. Zudem sind Rassismen mit anderen Kategorien und Differenzlinien (z. B. Geschlecht, soziale Klasse, sexuelle Orientierung etc.) verknüpft, die ebenfalls dazu dienen, Herrschaftsverhältnisse zu (re)produzieren" (Elverich/Kalpaka/Reindlmeier 2006, 13/14).

„Eine Schule mit Courage", so der Untertitel des bundesweit wirkenden Programms, lässt sich schon eher denken und entwickeln, nämlich dann, wenn Lernarrangements, Partizipations-, Aushandlungs- und Konfliktklärungsräume so gestaltet sind, dass sie Gelegenheiten zu Selbstreflexion und kritischen Auseinandersetzung mit tradierten Ritualen und Strukturen schaffen und die Entwicklung widerständiger Handlungsoptionen nicht ausschließen. Eine verantwortungsbewusste und die Adressat/-innen des Lernangebots empathisch begegnende Lernbegleitung muss Wege finden, in denen sich die Funktionsweisen der binären und damit ausgrenzenden Praxen von Rassismen entdecken und ihr Wirken in eigene Handlungspraxen wahrnehmen lassen. Diese persönlichen Verstrickungen in die existenten Rassismen sind Teil einer gesellschaftlichen Praxis, deren Logik nicht immer leicht zu durchdringen ist. Es kann daher passieren, dass Menschen durch ihr Verhalten, mit Worten oder durch ihr (Nichts-)Tun, Rassismen (re)produzieren. Hierzu können sie sich verhalten lernen. Dazu bedarf es Lernräume, in denen die Funktionsweisen verstehbar werden und die garantieren, dass nicht Einzelne in die Rolle der „Fehlgeleiteten" gedrängt werden, die eine allwissende bzw. es auf jeden Fall besser wissende Lernbegleitung durch Aufklärung auf den rechten, nichtrassistischen Weg bringt.

Wiebke Scharathow weist in diesem Zusammenhang darauf hin, dass „insbesondere in der pädagogischen Arbeit die Gefahr (besteht), Rassismen als vornehmlich auf der individuellen Ebene existierend wahrzunehmen und zu thematisieren: Rassismus als ‚falsche Einstellung', für die Menschen individuell verantwortlich gemacht werden und die nun mit Hilfe der Pädagogik ‚behandelt', von den falschen Gedanken ‚geheilt' werden sollen. In diesem Bild treten – überspitzt formuliert – Teilnehmende an pädagogischen Maßnahmen als ‚Patienten' und ‚Patientinnen', als das Problem auf und die Pädagogen und

Pädagoginnen als die vermeintliche Lösung für dieses individuell zu verortende Rassismusproblem" (Scharathow 2009, 15).

Eine diskriminierungs- und rassismuskritische Bildungsarbeit setzt dem eine entsprechend selbstreflexive Haltung der Lernbegleiter/-innen entgegen, die den Lernraum dahingehend öffnet, sich selbst als Lernende und in einem diskriminierenden System verstrickt Agierende zu begreifen und diese Erkenntnis auch offen den Adressat/-innen des Lernangebots zu kommunizieren. Dabei kann es gewinnbringend sein, „sich mit den drei Ebenen von Rassismus auseinanderzusetzen, die, indem sie eng ineinandergreifen, seine Wirkmächtigkeit erst ermöglichen: mit subjektiven Denk- und Handlungsweisen, mit gesellschaftlich-strukturellen Bedingungen und mit sozialen Bedeutungen. ... In der Schule können sich subjektive rassistische Denk- und Handlungsweisen z. B. in der Interaktion zwischen Lehrkräften und Eltern, zwischen den Pädagogen und Pädagoginnen und den Schülern und Schülerinnen oder in der Beteiligungspraxis der Lehrkräfte zeigen. Die gesellschaftlich-strukturelle Ebene manifestiert sich in der Institution Schule, beispielsweise in ihrem ‚monolingualen Habitus' (Gogolin 1994) oder einer überproportional hohen Überweisungsquote von Kindern und Jugendlichen mit Migrationshintergrund auf Sonderschulen. Öffentlich werden rassistisch aufgeladene soziale Bedeutungen in politischen und medialen Diskursen konstruiert und zum Ausdruck gebracht" (Quel 2009, 229).

Schule kann zivilcouragiert – weil gesellschaftskritisch – mit Rassismus umgehen. Dazu gehört zunächst, dass die Existenz von Rassismen nicht negiert, sondern bewusst als den Alltagspraxen und gesellschaftlichen Strukturen innewohnend wahrgenommen wird. Zentral ist dabei ein Verständnis über Funktion und Wirkung der „Dichotomisierung der Gesellschaft in das Eigene und das Fremde" zu entwickeln. Rassismus zeigt sich durch „die Konstruktion und Definition des Eigenen und des Fremden" sowie die mit dieser Unterscheidung einhergehende Herabwürdigung des Anderen und die Definition einer angeblichen Überlegenheit des Eigenen" (Broden 2012,10). Entscheidende Grundlage dieser Ideologie sind die konstruierten Homogenitäts- und Normalitätsvorstellungen. Broden spricht in diesem Zusammenhang von „„Normalitätstyrannei', denn mit dem Hinweis darauf, was angeblich normal sei, wird das jeweils Andere disqualifiziert, herabgewürdigt, ohne die Willkürlichkeit der Definition von normal und anormal zu bedenken" (Broden 2012, 9). Dabei „bleibt die Imagination von Homogenität und Normalität eine der scharfen Waffen zur Diskreditierung des jeweils nicht Genehmen und zur Stabilisierung der die Normalitätsansprüche vertretenden Eliten" (Broden 2012, 9). Auf der Folie einer konstruierten und „zu bewahrenden Homogenität der deutschen Gesellschaft" lässt sich die Dichotomisierung in „Dazugehörige" und „Nicht-Dazugehörige" erschaffen und begründen.

Dadurch wird Rassismus zu einer gesellschaftlichen Realität, mit der alle Mitglieder der (Schul-)Gemeinde Erfahrungen machen. Von Rassismus sind alle betroffen. „Wir alle machen unsere Erfahrungen in diesem System, entwickeln psychosoziale Dispositionen, abhängig von unserer Position im System rassistischer Unterscheidungen. Wir sind also – biographisch gesehen – natio-ethno-kulturell legitim und fraglos Zugehörige oder weniger legitim, prekär Zugehörige. Und diese Zugehörigkeitserfahrungen in einer rassistisch strukturierten Gesellschaft haben nicht allein etwas mit Teilhabemöglichkeiten zu tun, sondern sind Erfahrungen, die sich in den Körper einschreiben. Es sind Erfahrungen, die die Grenzen zum Leib gewissermaßen überschreiten und dadurch zum Habitus werden" (Mecheril zitiert nach Broden, 10). Es erscheint bedeutsam zu sein, dass die Art der Erfahrungen stark damit zusammenhängt, aus welcher der konstruierten und zugeschriebenen Rolle Menschen Erfahrungen in diesem System machen. Während sich diejenigen, die zufälligerweise der Normalitätskonstruktion der Eliten (noch) entsprechen, häufig schwer damit tun, die Realität des Rassismus wahrzunehmen und anzuerkennen, kann es für die durch Diskurse und strukturelle (gesetzliche) Praxis zu Anderen und damit zu nicht Zugehörig-Gemachten zu einem bestimmenden Faktor der Lebenserfahrung und -gestaltung werden. „Die Auswirkungen rassistischer Normalität auf das Individuum ... ist gewalttätig, denn sie diskreditiert den Menschen ..." Während die Betroffenen, insbesondere in den subtil wirkenden Formen des kulturalistisch argumentierenden Rassismus, eine permanenten Marginalisierung und Zurückweisung ihrer Person erleben und sich damit irgendwie arrangieren müssen, erleben die davon nicht Betroffenen zunächst einmal ebenso subtil eine Aufwertung und sie lernen, dass Dichotomisierung, Entwertung und Marginalisierung von Menschen zulässig und akzeptierte gesellschaftliche Praxis ist. „Die rassistische Ordnung wirkt nicht allein als ‚äußerliche' Verteilung von Ressourcen, sondern ist auch in dem Sinne produktiv, dass sie auf ‚superiore' und ‚inferiore' – Selbstverständnisse einwirkt. ‚People of color' erkennen hierbei den Einfluss der eigenen symbolischen Position im ethnisch und rassistisch strukturierten Raum auf Selbstverständnis und Identität sehr deutlich, während „white people" die Bedeutung ihrer Position mit Blick auf ethnische Zugehörigkeit eher für gering erachten" (Mecheril 2011, 246).

Die Wirkmächtigkeit der rassistischen Ordnung kann sehr subtil sein und sich ein Verstehen der Funktionsweise nicht unbedingt leicht ergeben. „Rassismus ist ein ‚Erklärungssystem'. Das ideologische ‚System' der Sinndeutungen und Rechtfertigungen ist in der Lage, die Welt und die Erfahrungen, die Einzelne in ihr machen, zu erklären. … Eine Funktion des Rassismus ist somit die Sicherung von Selbstwissen" (ebenda, 244/245). Nicht nur Jugendliche brauchen Unterstützung, die Zuschreibungsmechanismen zu begreifen und entsprechende Handlungsalternativen entwickeln zu können. Dazu bedarf es Lernangebote, die die Dekodierung der binären Denklogik ermöglichen.

Die zunächst vielleicht erschreckend wirkende Erkenntnis, in einer durch Rassismus strukturierten Gesellschaft zu leben, kann auch kreative, widerständige Kräfte erzeugen. Dazu ist es wichtig, den in der Gesellschaft in Deutschland lebenden (jungen) Menschen die Möglichkeit zu geben, verstehen zu können, was passiert. Rassismen zum Lerngegenstand in Schule zu machen, ist eine zentrale Forderung verschiedener Vereine, Verbände und Selbstorganisationen, die sich im Rahmen eines Projekts zur Perspektiverweiterung und Optimierung der Beratungsarbeit im Kontext von Rechtsextremismus (in Hessen) äußerten.[30] Die Verstehensangebote können dabei auch insbesondere für die von Rassismen Betroffenen gewinnbringend dahingehend sein, dass ein Ver-

---

30 In einem von der Autorin im Rahmen ihrer Beratungstätigkeit im Team der Bildungsstätte Anne Frank gemeinsam mit Tami Rickert (geb. Ensinger) angestoßenen und über zwei Jahre begleiteten Projekt sollten die Perspektiven des Beratungsnetzwerks zur mobilen Beratung gegen Rechtsextremismus in Hessen erweitert werden. Dabei wurden elf zivilgesellschaftliche Akteure wie z. B. der Landesverband der Sinti und Roma, die Initiative Schwarze Menschen in Deutschland und Ju-

stehen der Funktions- und Wirkweisen eine Distanzierungshilfe darstellen können. Terkessidis kam bei seiner qualitativen Studie zum Erleben von Alltagsrassismus zu dem Ergebnis, dass den von Minorisierung Betroffenen häufig explizites Wissen darüber fehlte (vgl. Terkessidis 2004, 214). Es kann selbstverständlich auch eine wichtige Handlungsoption für Betroffene von strukturellen und alltäglichen Diskriminierungsgeschehen sein, sich damit bewusst nicht explizit auseinanderzusetzen. Lernangebote zur Auseinandersetzung mit den Funktionsweisen bieten sich daher nur an, wenn sie von den Lernadressat/-innen (in dem hier beschriebenen Kontext) auch als Unterstützung und Empowerment aufgenommen werden können. Die Entscheidung darüber müssen die Betroffenen selbst treffen können. Dann kann ein entsprechendes Lernarrangement dazu beitragen, dass potentiell Betroffene Funktionsweisen nachvollziehen und sich entsprechend positionieren können. Dies wiederum kann zur Entwicklung einer aktiven, die zugewiesenen Rollen überwindenden Haltung beitragen. Dabei können die durch das rassistische System Privilegierten unterstützend wirken, wenn sie die Mechanismen durchschauen und zu ihnen eine kritische Haltung entwickeln.

Solidarität, Empowerment und Powersharing

Mecheril schlägt in diesem Zusammenhang ein Konzept rassismuskritischer politischer Bildung vor, die „Solidarität als Anspruch" formuliert und die Adressat/-innen von Lernarrangements dabei unterstützt, „nicht dermaßen auf Rassismen angewiesen sein" zu müssen. „Rassismuskritik' heißt: zum Thema machen, in welcher Weise unter welchen Bedingungen und mit welchen Konsequenzen Selbstverständnisse und Handlungsweisen von (rassistisch auf- oder abgewerteten) Individuen, Gruppen und Institutionen durch Rassismen vermittelt werden. Rassismuskritik als Haltung und als eine Praxis sucht nach Veränderungsperspektiven, nach Möglichkeiten, solchen Formen der Fremdbestimmung und des ‚Gelenkt-Werdens' Alternativen entgegenzustellen" (Mecheril 2011, 246). Dies bedarf in einem ersten Schritt Angebote der Analyse

---

gendliche ohne Grenzen um ihre Wahrnehmung und Empfehlungen gebeten. Vgl. Landeskoordinierungsstelle des ‚BeratungsNetzwerk hessen' (LKS) 2013.

und Wissensvermittlung und in einem zweiten Schritt Gelegenheitsräume, in denen sich Ideen und Handlungsoptionen entwickeln lassen. Nach den Vorstellungen von Mecheril ließe sich dieses Angebot einer kritischen politischen Bildung mit dem Anspruch der Solidarität verknüpfen. „Solidarität ist eine Form von Verbundenheit zu Menschen, die möglich wird, weil man sich in bestimmter Hinsicht ‚als gleich versteht‘, ohne dass dadurch alle Differenz aufgehoben wird" (Mecheril 2011, 249).

Lernangebote, die im Sinne eines präventiven Angebots zur Entwicklung einer diskriminierungs-/rassismuskritischen Auseinandersetzung einladen möchten, müssen die Bedingungen in Schule, deren Eingebundenheit in diskriminierende Strukturen berücksichtigen und vor allem sorgsam mit dem Wissen um die Zusammensetzung der Lerngruppe umgehen. Themenstellung und Methodik müssen den unterschiedlichen Erfahrungshintergründen der Adressat/-innen des Lernarrangements gerecht werden und sich die Frage stellen, wem sie mit welchen Lernbegleiter/-innen welche Themen anbieten kann.

Rahmung und Themenstellung markieren dabei entscheidende Gelingensbedingungen.

Es empfiehlt sich, Menschen einzuladen, um sich für ein demokratisches Zusammenleben, das konsequent partizipativ und inklusiv gedacht ist, zu engagieren und sich dabei aktiv auf Menschenrechte zu beziehen. Entsprechend programmatisch können und sollten die Trainingsangebote lauten und die Teilnehmenden einladen, sich in einem mehrstufigen Verfahren mit den Realitäten der Gesellschaft in Deutschland auseinandersetzen und sich dabei mit eigenen Vorstellungen, Verstrickungen und Betroffenheiten verknüpfen und darüber hinausgehende Handlungsoptionen entwickeln zu können.

„Wenn keiner für mich seinen Pass verloren hätte, säße ich heute nicht hier. Ich säße wahrscheinlich nirgendwo", berichtet K., Schulsozialarbeiter in einer hessischen Stadt, der vor vielen Jahren als Kurde den Irak verließ, um seinen Standort in einem Dilemma-Dialog (Methoden-Beschreibung und Dilemma-Geschichte siehe im Methodenteil S. 157) zu erläutern. Seine Wahl des Ja-Raums, mit der er deutlich machte, dass er – wenn er Frau Sommer wäre – seine Krankenkassekarte

ruhig zur Verfügung stellen würde, damit der von ihm sehr geschätzte Hausarzt eine an einer Lungenentzündung erkrankte, illegalisiert in Deutschland lebende Frau aus Rumänien behandeln könne, war sehr eindeutig. Die zwölf in der schulischen und außerschulischen Bildungsarbeit tätigen Teilnehmenden des Work-shops[31] verteilen sich fast gleichmäßig im Ja- und Nein-Raum. Bei einigen Teilnehmenden löst die Dilemma-Geschichte, mit der die Verletzung der Gleichheitsrechte problematisiert und die Frage aufgeworfen wurde, ob Menschen bereit sein können gegen Gesetze zu verstoßen, um solidarisch mit anderen Menschen zu sein, heftige Reaktionen aus: Das sei „unverschämt" von dem Arzt. Er könne doch, „wenn er unbedingt helfen wolle, die Frau unentgeldlich behandeln". „Wozu braucht er da die Karte von Frau Sommer? Der setzt sie damit moralisch unter Druck. Das ist völlig daneben, dass er eine Patientin dazu verleiten will, etwas Illegales zu tun." Andere sorgten sich, durch die Weitergabe der Karte selbst das Recht auf eine gute Versorgung zu verlieren. „Was passiert, wenn ich als Frau Sommer auffliege, wenn es rauskommt, dass ich meine Karte weitergegeben habe. Fliege ich dann aus der Kasse raus? Ich würde der Frau wirklich gerne helfen. Aber die Karte hergeben, ich weiß nicht. Ich würde lieber was spenden ..."

Sich mit den eigenen Privilegien auseinanderzusetzen und das Angebot einer widerständigen, die gesellschaftlichen Bedingungen der Ungleichbehandlung in Frage stellende Handlungsalternative im Proberaum des Dilemma-Dialogs gedanklich einmal durchzuspielen, sorgt(e) nicht nur in dieser Lerngruppe für Irritationen.

Die Dilemma-Geschichte berührt, eröffnet Zugänge zu z. T. verdrängten (und/ oder bisher nicht gewussten) Gegebenheiten der Lebensumstände in der pluralen Gesellschaft in Deutschland. Die Methodik des Dilemma-Dialogs erlaubt – durch seine klaren, die klassischen Rituale des Debattierens und Überzeugen-Wollens unterbindenden Regeln – Perspektiverweiterungen und ermöglichen ein Nachdenken. Die verschiedenen in Frau Sommer aktiven Stimmen werden artikuliert, Gefühle, Bedürfnisse und Bedürfnisbedrohungen können wahrgenommen, geäußert und daher in ihrer Vielfalt aktiv gehört werden. Räume öffnen sich, um sich mit eigenen Erfahrungen und Narrativen zu verknüpfen und die der anderen Teilnehmenden kennen zu lernen. Das Narrativ von K. führte dazu, dass manche,

---

31 Ein mehrtägiges Fortbildungsangebot der Autorin zur Umsetzung des von ihr für die schulische und außerschulische Bildung entwickelte „Demokratietraining in der Einwanderungsgesellschaft".

die den Dilemma-Dialog im Nein-Raum begonnen hatten, in den Ja-Raum wechselten und nun dafür plädierten, dass Frau Sommer ihre Krankenkassenkarte „verleihen" könnte, damit der Arzt die Patientin behandeln und die nötigen Röntgen-Aufnahmen machen könnte. Sie hätte „über alle diese Dinge noch nie so intensiv nachgedacht. Ehrlich gesagt, habe ich mich nie wirklich damit beschäftigt. Man nimmt das irgendwie nur so zur Kenntnis, dass Menschen halt illegal hier sind. Aber was das bedeutet, das habe ich mir nicht wirklich bewusst gemacht." Fragen entstehen, die die (rechtliche) Situation von illegalisiert in Deutschland lebenden Menschen betreffen. Es hilft den Teilnehmenden des Workshops, dass sie sich vor der Einheit zur „Perspektiveerweiterung mit Dilemma-Dialogen" mit der Universalität der Menschenrechte verknüpft und darin ihren eigenen Bezugspunkt gefunden hatten. Dadurch ist ein Bewertungsrahmen entstanden, der hilft die aufgekommenen Fragestellungen einordnen zu können. Auf das anfangs bei manchen gegebenenfalls entstandene Gefühl der persönlich empfundenen Beschämung kann eine Auseinandersetzung mit und eine Kritik an den gesellschaftlichen Rahmenbedingungen folgen.

Dilemma-Geschichte und anschließender Dilemma-Dialog erzeugen bei den Teilnehmenden eine hohe innere Beteiligung und bei manchen beginnt ein Prozess der „inneren Neuorganisation". Damit ist ein zentraler Aspekt des von Monique Eckmann als „Konfliktpädagogik" beschriebenen Konzepts berührt. Dabei gilt es, „Lernsituationen so zu gestalten, dass das Erlebte einen Konflikt aufwirft, der zum Dilemma wird. Dissonanzen sollen an die Oberfläche kommen, um dadurch das Bewusstsein von inneren Konflikten zu fördern" (Eckmann 2006, 211). Nutzt man Dilemma-Dialoge, um dadurch die Perspektive der von Menschenrechtsverletzungen oder diskriminierenden Geschehen Betroffenen sichtbar und die sie betreffenden inneren Konflikte erlebbar zu machen, bietet sich den Teilnehmenden ein Lernraum, in dem ohne Schuldzuweisung und Moralisierung neue Erkenntnisse erworben werden können. Hilfreich kann in diesem Zusammenhang eine Analyse der im konkreten Fall betroffenen Menschenrechte sein. Die hier gewonnenen Erkenntnisse können das Verständnis für die Veränderungsnotwendigkeit problematischer Bedingungen sein.

Heterogener Lernraum – Gestalten von Dilemma-Dialogen und weitere Schritte

Innere Beteiligung bei den Teilnehmenden zu erzeugen ist ein zentrales Anliegen bei der Entwicklung subjektorientierter Lernarrangements. Innere Neuorganisation(en) im Sinne einer Perspektivenerweiterung und Entwicklung einer kritischen (widerständigen) Haltung[32] zu ermöglichen kann als Zielsetzung einer diskriminierungs- und rassismuskritischen Bildungsarbeit betrachtet werden. In heterogenen Lerngruppen muss dabei immer berücksichtigt werden, dass sich die Teilnehmenden je nach Erfahrungshintergründen unterschiedlich mit den aufgeworfenen Fragestellungen verknüpfen werden. Besondere Sorgfalt müssen die Lernbegleiter/-innen darauf legen, in der Auswahl und Gestaltung der Fallgeschichten in den Dilemma-Dialogen darauf zu achten, dass die Adressat/-innen des Lernangebots keine Schwächung erleben. Die Beachtung der Bedürfnisse potentiell Betroffener ist von zentraler Bedeutung und sollte ausschlaggebend für die inhaltliche und methodische Gestaltung des Lernangebots sein. Dies bedeutet konkret, die Anlage der Fallgeschichten müssen ein Empowerment für minorisierte Perspektiven ermöglichen können. Des Weiteren berücksichtigt eine verantwortungsbewusste Lernbegleitung, dass die Fallgeschichten Erinnerungen an ggf. auch traumatisierendes Geschehen auslösen können. Die Geschichten sollten entsprechend behutsam formuliert und aus einer parteilichen, die gesellschaftlichen Bedingungen kritisch reflektierenden Haltung beschrieben sein, damit sie „Neu-Organisationen" erzeugen können. Dies kann „Empowerment" und „Powersharing" bedeuten. Die Verwendung der beiden Begriffe ist als Versuch zu verstehen, die (Er-)Kenntnisse des „critical whiteness"-Konzepts in die Überlegungen zur Entwicklung einer diskriminierungs- und rassismuskritischen Demokratie- und Menschenrechtsbildung in Schule aufzunehmen. In diesem Kontext kann „Empowerment" folgendermaßen verstanden werden: „Das Wesentliche ist, dass ,power' hier nicht Dominanz bedeutet, sondern Kraft, Stärke und Macht, über das eigene Leben zu

---

32   „Die Entwicklung von Widerstandsstrategien sollte unbedingt mehr Raum in Bildungsangeboten einnehmen. Empowerment bedeutet ja, sich gegen Diskriminierung zu wehren und hierüber mehr Zugang zu Ressourcen zu erlangen" (Rosenstreich 2006, 215).

bestimmen. Damit ist die Möglichkeit gemeint, an Entscheidungsprozessen teilhaben sowie über den Zugang zu materiellen und sozialen Ressourcen (z. B. Wohnraum, Einkommen, öffentliche Anerkennung, Bildung) verfügen zu können und damit das (Macht-)Potenzial, das diese enthalten, zu erlangen. Empowerment ist also immer mit der Veränderung gesellschaftlicher Machtverhältnisse im Sinne sozialer Gerechtigkeit verquickt" (Rosenstreich 2006, 196). Zum Verständnis des ‚Powersharings': „Viele Menschen gehören dominanten Gruppen an und haben als Individuen in vielerlei Hinsicht eine recht machtvolle Positionierung: In dieser dominanten Position verfügen sie bereits über Ressourcen und können häufig sogar über den Zugang zu diesen bestimmen. So gesehen brauchen sie kein Empowerment. Ihre Rolle in diesem Prozess wäre vielmehr, einen Beitrag zum Empowerment der ihnen untergeordneten Gruppen zu leisten. ... Hier erscheint mir der Begriff des ‚Powersharing' hilfreich" (Rosenstreich 2006, 198). Darunter versteht Rosenstreich „Machtverteilung' im Sinne von die ‚Macht-zusammen-mit-anderen-teilen' anstatt ‚Macht-über-andere-ausüben'" (ebenda 199). Powersharing hat – nach Rosenstreich – „zwei Voraussetzungen: zum einen aktives Zuhören seitens der beteiligten Mehrheitsangehörigen, um die selbstdefinierten Perspektiven und Interessen minorisierter Menschen zu erfahren. Powersharing bedeutet nicht, sich selbst zu beauftragen, für andere ‚mitzusprechen'. Es geht weder um Vertretung noch um Toleranz, sondern um Machtzuwachs. Darüber hinaus stellt die Bewusstmachung der eigenen Privilegien und Ressourcen eine weitere Voraussetzung dar, da diese nur so gezielt eingesetzt und geteilt werden können" (ebenda 199/200).

Solidarisierung

Eröffnen Dilemma-Dialoge Reflexionsräume zur Wahrnehmung und Perspektiverweiterung bei spezifischen Themenstellungen des (Zusammen-)Lebens in der pluralen Gesellschaft in Deutschland, so lädt die Methodik des Courage-Spiels dazu ein, sich mit Diskriminierung, Ungleichbehandlung und gewaltförmigen Geschehen auseinanderzusetzen. Bei dieser Methode liegt der Fokus stärker auf der Entwicklung von Handlungsoptionen. Entsprechend suchen (im Sinne der Triade aus Betroffener(Opfer), Zuschauer (Beteiligter) und Akteur

(Täter)) Beteiligte, die Helfer sein möchten, nach Ideen für den Umgang mit schwierigen, die Menschenrechte verletzenden Situationen. Auch diese Methode rückt die Perspektive potentiell Betroffener (Opfer) zentral in den Mittelpunkt der Überlegungen. Ziel ist dabei, bei der Entwicklung der Handlungsoptionen immer mitzubedenken, welche Auswirkungen die Handlungsidee der Beteiligten (Helfer) auf die potentiell Betroffenen (Opfer) hat. In heterogenen Lerngruppen können Lerngelegenheiten entstehen, in denen für alle Teilnehmenden gewinnbringende Erkenntnisse im Sinne von „Empowerment" und „Powersharing" entstehen. Chance und gleichermaßen Herausforderung bestehen dann darin, dass die Expertise der Teilnehmenden, die sich aus der Erfahrung eines minorisierten Status mit den angebotenen Fallgeschichten verknüpfen, gestärkt wird und sie zu einer Bewusstseinserweiterung für die Teilnehmenden wird, die aus einem privilegierten Status heraus auf die Realität der Gesellschaft in Deutschland schauen. Eine wertschätzende Lernbegleitung achtet hier zum einen darauf, dass das gesellschaftlich strukturell gegebene Machtungleichgewicht im Lernraum nicht (re)produziert wird und dass gleichzeitig den von den gesellschaftlich zugeschriebenen Rahmenbedingungen dominanten Teilnehmenden zugestanden wird, dass sie diese Dominanzverhältnisse kritisch sehen und sie diese überwinden wollen. Dazu müssen bestimmte miteinander verwobene Sachverhalte und Dynamiken aufgedeckt werden.

Bestimmte aktuelle Fragen der Menschenrechtsverletzungen, der Ausgrenzung, Diskriminierung und kultureller Gewalt sind nur historisch zu begreifen (Schäuble 2005, 213, Bevor Vergangenheit vergeht). Die Tragweite aktueller Konflikte der Auseinandersetzung um aktiven Menschenrechtsschutz lassen sich nur verstehen, wenn man sie in einem größeren und dabei auch historischen Kontext betrachtet. Dabei geht es insbesondere darum, den Blick für vielfach nicht wahrgenommene Geschichte zu erweitern und dabei sensibel für z. T. chronisches und noch immer nicht aufgearbeitetes Verletzungsgeschehen zu werden. Das insbesondere zur Auseinandersetzung mit den verschiedenen Facetten der NS-Verbrechen entwickelte Konzept der Multiperspektivität kann für die gegenwartsbezogene Menschenrechtsbildung interessante Impulse setzen. Entsprechend dem von Saul Friedländer entwickelten „Unternehmen" der

„integrierten Geschichte" (Friedländer 2007, 7 ff.) ist eine konsequente Hinwendung zur Opferperspektive als Deutungshilfe von Geschehen natürlich auch für die gegenwartsbezogene Menschenrechtsbildung entscheidend. Aktuelles wie historisches Geschehen sind immer (auch) unter der Frage zu betrachten, „Was bedeutet dies für die Betroffenen?" und „Welche Handlungsstrategien ergreifen sie?" Mit dem konsequenten Einsatz dieser beiden Leitfragen lassen sich viele Herausforderungen im Kontext historisch-politischer Bildung annehmen, ohne Gefahr zu laufen, selbst durch moralisierende Ansprachen zu Verletzungen des Lernraums beizutragen oder als Lernbegleitung in einen paternalistischen, bewertenden Gestus zu verfallen. Dadurch kann ein zentrales Moment der diskriminierungs- und rassismuskritischen Haltung deutlich werden: Alle im (Lern-)Raum sind Forscher/-innen und suchen gemeinsam nach einem Umgang mit der großen Herausforderung, sich konstruktiv und gleichermaßen kritisch mit den die Gesellschaft strukturierenden Rassismen auseinanderzusetzen.

Gewalt(freiheit) und Opfersschutz an der Schule – zur Leitbildentwicklung

„Ich frage mich, ob sich bei uns eigentlich alle Kinder und deren Familien richtig angenommen fühlen. Das Beispiel des Fußballstars hat mich doch sehr nachdenklich gestimmt, wie wir hier mit verschiedenen Identitäten umgehen", beschreibt eine Lehrkraft einer Förderschule ihre Gedanken in der Reflexionsrunde zum Gewaltbarometer, der Einstiegsübung ins Themenfeld „Gewalt(freiheit) und Opferschutz im Setting Schule" (Kaletsch 2011a, 67).

Über das Gewaltbarometer (Übungsbeschreibung ➜ S. 185-188, Methodenteil), in dem verschiedene Situationen[33] vorgestellt und von den Teilnehmenden

---

33 Die Beispiele variieren und können beispielsweise mit dem Statement: „Ein Vater reißt sein Kind vor einem Auto von der Straße und tut ihm dabei weh" beginnen, über „ein Rollstuhlfahrer verpasst seine U-Bahn, weil der Fahrstuhl kaputt ist" bis hin zu „Menschen, die bestimmte Regionen meiden, weil sie fürchten, Opfer rechtsextremer Gewalt zu werden" und der Aussage „Ein berühmter Fußballspieler möchte nicht, dass bekannt wird, dass er Sinto ist" gehen. Auf das letztgenannte Statement bezieht sich die Aussage der eingangs erwähnten Lehrkraft der Förderschule.

individuell nach dem Grad der von ihnen empfundenen Gewaltförmigkeit bewertet werden, können u. a. die verschiedenen Spielarten von Gewalt thematisiert und sie dafür sensibilisiert werden, dass die Wahrnehmung und Bewertung von gewaltförmigen Situationen sehr viel mit den Erfahrungen der die Situation bewertenden Personen, ihren Erfahrungen und dem dazu assoziierten Kontext zu tun haben. Darüber hinaus kann deutlich werden, wie entscheidend es ist, aus wessen Perspektive – der des unbeteiligten Dritten (Zuschauers/Beteiligten), des Akteurs (Täters) oder des von dem gewaltförmigen Geschehen betroffenen Opfers – die Situation gedacht und entsprechend bewertet wird. Die Methode kann für die eingangs erwähnte „Täterfixierung" sensibilisieren und verdeutlichen, warum es zur Entwicklung zivilcouragierten Handelns und darüber hinausgehend zur Entwicklung eines – die Menschenrechte aktiv wahrnehmenden – Operschutzes notwendig ist, konsequent aus der Perspektive potentiell Betroffener zu denken und entsprechende Handlungsoptionen zu entwickeln, die den Bedürfnissen und Wünschen der Betroffenen gerecht werden bzw. deren Sichtweise wahr- und ernst nehmen.

Gewalt hat immer etwas mit dem Erleben von Macht und Ohnmacht, mit Ein- und Ausschluss zu tun. Wer sie erlebt, kann ermessen, wie belastend sie wirkt. Daher plädieren wir für einen weiten Gewaltbegriff, der Raum für eine Sensibilität gegenüber den verschiedenen Spielarten von Gewalt lässt und den von ihr Betroffenen Deutungshoheit gewährt. Wenn wir von einem weiten Gewaltbegriff sprechen, geht es insbesondere darum, latente, auf den ersten Blick schwer fassbare Formen struktureller Gewalt, die die Würde des Menschen verletzen und dessen Selbstbestimmtheit und Handlungsspielraum einschränken, zu thematisieren. Dabei lässt sich das von Wilhelm Heitmeyer und seinem Bielefelder Konfliktforscherteam entwickelte Modell zur gruppenbezogenen Menschenfeindlichkeit (GMF)[34] gut als Folie nutzen, um auf einer individuellen Ebene selbstreflexive Prozesse einzuleiten und für einen weiten Gewaltbegriff zu sensibilisieren.

Im Verlauf der im Jahr 2001 begonnenen, über zehn Jahre laufenden Studie zu den „Deutschen Zuständen" – so der programmatische Titel der jährlich

---

34 Vgl. Heitmeyer, Wilhelm (Hrsg.), Deutsche Zustände, Folge 1-10, zuletzt Folge 10, Berlin 2012.

erscheinenden Bände – gelang es dem Bielefelder Forscher/-innen-Team zunehmend auf die Problematik der Akzeptanz und Wirkmächtigkeit der Rassismen in der Mitte der Gesellschaft aufmerksam zu machen. Es war Heitmeyer von Anfang an ein Anliegen, den Blick auf Ausgrenzungsmechanismen in der Gesellschaft zu weiten, nachhaltig über Einstellungsmuster zu forschen und die reflexhafte, auf einzelne spektakuläre Ereignisse und (rechtsextreme) Gruppen reduzierte Wahrnehmung zu verändern. „Das bedeutete allerdings auch, die ‚beruhigende‘ Unterscheidung zwischen den brutalen Rechtsextremisten einerseits sowie der angeblich humanen Bevölkerung anderseits aufzulösen und somit den oberflächlichen Konsens im Land bewusst zu irritieren und zu stören" (Heitmeyer 2012a, 232). Ausgehend von der Grundannahme, „dass die *Gleichwertigkeit* aller Menschen und die Sicherung ihrer physischen und psychischen *Unversehrtheit* zu den zentralen Werten einer modernen und humanen Gesellschaft gehören" (Heitmeyer 2012b, 15), wurden über ein Jahrzehnt lang Einstellungsmuster erforscht und darüber festgestellt, wie und in welcher Form Elemente der Ideologie der Ungleichwertigkeit in Haltungen der Mitte der Gesellschaft einsickern. Hierzu wurden sogenannte Syndrome der GMF (wie z. B. „Rassismus", „Fremdenfeindlichkeit", „Antisemitismus" und „Sexismus") entwickelt und im Zuge der Forschungen auch präzisiert und erweitert (es wurde z. B. „Abwertung von Behinderten und Obdachlosen sowie „Homophobie" sowie die Items „Islamfeindlichkeit" und die „Abwertung von Sinti und Roma" nach und nach erst in die Befragungen aufgenommen). Dabei konnten Gewöhnungseffekte an ausgrenzende und die Gleichheit des Menschen in Frage stellende Haltungen festgestellt werden. Zentrales Anliegen war es den Prozess „der gefährlichen Normalisierung menschenfeindlicher Einstellungen" nachzuzeichnen und durch die kontinuierliche Berichterstattung darüber diesem „entgegenzuwirken" (Heitmeyer 2012a, 324). Die Forscher hatten mit Widerständen gerechnet. Eine hohe Publizität und Beharrlichkeit sorgte dafür, dass die Konzeptidee zunehmend in wissenschaftlichen, aber auch medialen Diskursen wahrgenommen wurde und die Erkenntnis über die Akzeptanz der Ideologie der Ungleichwertigkeit in weiten Teilen der Gesellschaft nicht mehr so leicht wegzureden ist. Insbesondere die die Ergebnisse der Befragungen begleitenden spezifischen (Forschungs-)Beiträge machten Jahr für Jahr das Wechselspiel zwischen Medien- und Elitendiskursen und Einstellungsmustern deutlich und zeichneten nach, was dies konkret für das Zusammenleben in einzelnen Regionen oder das Miteinander in Institutionen, auf Volksfesten und in Fußballstadien bedeuten kann.

Die Heitmeyer-Studien beschreiben „deutsche Zustände". Diese Beschreibungen sind wichtig, da sie Türen öffnen können, die Problematik der „Verstrickungen" in diskriminierende, rassistische Diskurse aufgreifen zu können und eine Auseinandersetzung mit erwachsenen Schlüsselakteur/-innen in von der Dominanzkultur geprägten (pädagogischen) Einrichtungen anzuregen. Für eine Analyse und pädagogische Zugänge, wie hier intendiert, greifen sie allerdings zu kurz.

Denn die Forschungen zu gruppenbezogener Menschenfeindlichkeit verzichten auf eine Verknüpfung mit der strukturellen Dimension von Rassismus und Diskriminierung und reduzieren die Wahrnehmung auf individuelle Einstellungsmuster, deren Entstehen vor allem mit den die Menschen verunsichernden gesellschaftlichen Entwicklungen der Globalisierung erklärt werden. Heitmeyer geht davon aus, seine Studien in einem Jahrzehnt der „Entsicherung" gemacht zu haben: „Jede Zeit trägt Kennzeichnungen. Es können Zeiten mit positiven Konnotationen sein, aber auch mit negativen. Hier wird die These vertreten, dass das zurückliegende Jahrzehnt von Entsicherung und Richtungslosigkeit im Sinne einer fehlenden sozialen Vision markiert ist, in dem auch die schwachen sozialen Gruppen sowie solche mit spezifischen Lebensstilen eine Ideologie der Ungleichwertigkeit sowie psychische und physische Verletzungen erfahren haben" (Heitmeyer 2012b, 19).

Diese Verkürzung der Problembeschreibung muss unbedingt im Blick behalten werden, wenn über ein nachhaltiges, diskriminierungs- und rassismuskritisches Konzept in Schule (und anderswo) nachgedacht wird. Das Projekt zu GMF nimmt die Problematik einer gesetzlich/rechtlich legitimierten Ungleichbehandlung von in der pluralen Gesellschaft in Deutschland lebenden Menschen wahr und reduziert dadurch die Auseinandersetzung auf Einstellungsmuster und Vorurteile, die bearbeitet werden sollten. Damit bleiben allerdings die die dominanten Eliten stützenden Strukturen unangetastet. Eine kritische Demokratie- und Menschenrechtsbildung möchte hier einen Schritt weiter gehen. Darüber hinaus ist die Geschichtslosigkeit des GMF-Projekts bemerkenswert. Heitmeyer konstruiert eine selige Zeit, in der ein solidarisches, die Gleichheit des Menschen achtendes Bürgertum als Garant einer demokratischen Gesellschaft existiert haben muss, bevor ein „entsichertes Bürgertum" eine „rohe Bürgerlichkeit" entwickelte (Heitmeyer 2012a, 34/35). „Zivilisierte, tolerante, differenzierte Einstellungen, die in höheren Einskommensgruppen einmal anzutreffen waren, scheinen sich in unzivilisierte, intolerante – ja: verrohte zu verwandeln" (Heitmeyer 2012a, 35). Diese Wahrnehmung wird der Problematik der Wirkmächtigkeit der die Gesellschaft in Deutschland prägenden Rassismen nicht gerecht. Es empfiehlt sich – gerade, wenn man sich auf den Weg machen möchte, Rassismen reproduzierende Einstellungsmuster zu erkennen und zu überwinden – die Traditionen dieser Welt- und Selbstbilder aufzugreifen und entsprechend bewusst damit umzugehen, in einer (Welt-) Gesellschaft zu leben, die insbesondere in Deutschland eine postnationalsozialistische und darüber hinaus eine postkoloniale ist.

Dies wahrzunehmen ist insbesondere wichtig, da die Anlage der Studie und die Art, wie sie dann auch in den pädagogischen Praxen aufgenommen wird, grundsätzlich Gefahr läuft, Homogenitätserwartungen und binäre Logiken zu (re)produzieren. Denn im Rahmen der Studie werden Gruppen erst konstruiert und diese Konstruktion auch nicht kritisch gebrochen.

Diese Konstruktionen werden dann wiederum für die Entwicklung von Konzepten, die zivilcouragiertes Handeln stärken möchten, aufgegriffen, ohne dass die dabei gemachten Unterschiede, der Prozess des Andern kritisch begleitet würde.

„Das Konzept der *Gruppenbezogenen Menschenfeindlichkeit* (GMF) ist in verschiedener Hinsicht brillant. … Statt eines einzigen Einstellungsmusters untersucht die Studie eine ganze Reihe von Vorurteilen mitsamt ihren unterschiedlichen Facetten – und das auch noch im Zusammenhang. Dies erlaubt einen differenzierten Blick auf unterschiedliche Formen der Abwertung von Menschen, die *allein aufgrund ihrer Gruppenzugehörigkeit* (Hervorhebung durch Autorin Kaletsch) als minderwertig betrachtet werden" (Kahane 2012, 298). Eine rassismuskritische Demokratie- und Menschenrechtsbildung muss diese Problematik aufgreifen und in den Lernarrangements konsequent darauf achten, dass sich den Lernadressat/-innen Gelegenheitsräume eröffnen, um den Prozess des *„Anderns"*, der Zuschreibungsmechanismen nachvollziehbar und die Entwicklung einer kritischen Distanz dazu möglich werden zu lassen (vgl. den oben beschriebenen Ansatz von Mecheril).

Der GMF-Ansatz bietet Chancen und Schwierigkeiten für die (pädagogische) Praxis. Es lassen sich damit Lernräume „eröffnen", in denen „Selbstreflexion ohne blockierende Schuldzuweisungen" (Kahane 2012, 304) möglich werden. „Der Praxisansatz der Gruppenbezogenen Menschenfeindlichkeit rückt ein humanistisches Menschenbild in den Vordergrund. Mit ihm verbindet sich die Frage, wie wir leben wollen: Mit Feindbildern und Gegnerschaften? Oder als Gleichwertige?" (Kahane 2012, 305). In dieser Grundannahme steckt eine Chance zur Eröffnung von Lernräumen. Diese müssen aber mit einem kritischen und die Universalität der Menschenrechte – im Verständnis der Weltbürgerrechte – aktiv bewerbenden Ansatz verknüpft werden. Als Sensibilisierung und Öffnung für Wahrnehmungsverengungen lassen sich Bezüge zu den GMF-Studien in Fortbildungen mit Multiplikator/-innen herstellen. In diesem Kontext kann es durchaus gewinnbringend sein mit einer subjektorientierten Methode (wie z. B. dem Gewaltbarometer → S. 185 ff., Methodenteil) den Blick zu weiten und Reflexionen über die verschiedenen (im Gruppendiskurs vielleicht verdrängten) Aspekte/Syndrome anzuregen.

Es ergeben sich in diesem Zusammenhang konzeptionelle Unterschiede in der Arbeit mit Schüler/-innen und Lehrer/-innen, die unbedingt beachtet werden sollten: Es kann durchaus angemessen sein, eine Lehrer/-innengruppe, die sich mit der Thematik von „Gewalt(freiheit) und Betroffenenperspektiven/Opfersschutz an der Schule" auseinandersetzen möchte, in einer einzelnen Methode (einem Gewalt-, Diskriminierungs- oder Rassismusbarometer) für die Vielzahl und Verwobenheit der verschiedenen gruppenbezogenen menschenfeindlichen Konstruktionen zu sensibilisieren. Sind Schüler/-innen die Adressat/-innen eines Lernangebots, sollten die entsprechenden „Syndrome" der Gruppenbezogenen Menschenfeindlichkeit (GMF) sehr behutsam und dann sehr bewusst und zielgerichtet und nur einzelne Aspekte davon aufgegriffen, die dazugehörigen Hintergründe erläutert und die fremdzuschreibende Konstruktion unbedingt dekonstruiert werden. Hier ist weniger mehr, denn wenn eine entsprechende Dekonstruktion fehlt, besteht die Gefahr, dass die jungen Teilnehmer/-innen des Lernarrangements erst im Verlauf des Bildungsangebots Gruppenkonstruktionen und (abwertende) Zuschreibungsmechanismen kennen lernen, ohne hierzu noch eine kritische Haltung entwickeln zu können. Für die verschiedenen Spielarten von Gewalt (psychisch, physisch, strukturell, kulturell, symbolisch) und die Relevanz der Betroffenenperspektive bei der Deutung gewaltbesetzter Situationen lässt sich in diesem Zusammenhang auch über ein Gewaltbarometer sensibilisieren, das sehr bewusst allgemeine – nicht GMF reproduzierende – Situationen beschreibt (Hinweise für Situationen für das Gewaltbarometer → S. 185 ff., Methodenteil).

Bevor an einem Aspekt oder an einer zum Grundverständnis der Rassismen produzierenden binären Logik gearbeitet werden kann, sollte mit Schüler/-innen immer zunächst ein Bezugs- und Bewertungsrahmen entwickelt und die Lernadressat/-innen eingeladen werden, sich selbst mir ihren Vorstellungen und Erwartungen an das Konzept der Menschenrechte zu verknüpfen (siehe Methodenbeschreibung zu: „Menschenfreundliches Gemeinwesen" (siehe im Methodenteil S. 165), was ja der Frage nachgeht „Wie wollen wir leben?", allerdings ohne die oben im Zitat von Kahane gleich geöffnete binäre Logik). Danach kann beispielsweise in einem Dilemma-Dialog oder im Courage-Spiel eine Problematik aufgegriffen und entsprechend nach widerständigen/solidarischen, die gesellschaftlichen Rahmenbedingungen kritisch reflektierenden Handlungsoptionen gesucht werden.

„Die Komplexität, die durch den GMF-Ansatz in die Praxis kommt, ist seine größte Chance und seine größte Gefahr. Einerseits ermöglicht sie einen erweiterten Blick auf Diskriminierungen, andererseits kann sie aber auch entpolitisierend wirken" (Kahane 2012, 307). Deshalb macht Kahane zu Recht darauf aufmerksam, dass der Ansatz „andere Konzepte allerdings nicht ersetzen, sondern diese um eine individuelle Perspektive ergänzen (kann)" (ebenda, 301).

Abschließend und gebündelt einige Empfehlungen zur Entwicklung eines Konfliktmanagement-Konzepts an Schule, das sich der Herausforderung der Vision von Gewalt(freiheit) und Notwendigkeit von Opferschutz stellt und dabei diskriminierungs- und rassismuskritische Ansätze zu würdigen sucht:

- Kontinuierliche Arbeit an der Entwicklung von Leitfragen, die dabei helfen, einen inklusiven, partizipativen Blick zu entwickeln und zu überprüfen, ob Kommunikations- und Entscheidungswege für alle transparent und beteiligungsoffen sind (siehe z. B. Leitfragen zu Kinderfreundliche Schule im Methodenteil → S. 162-164)

- Stetige Verständigung der Schulgemeinde darüber, wie das Miteinander gestaltet werden soll. Dabei werden kontinuierlich Gelegenheitsräume zur Selbstverständigung und Selbstverortung im Konzept der Weltbürgerrechte geschaffen und ein Bezug auf Demokratie und Menschenrechte als gemeinsame Grundlage (in regelmäßigen Abständen) bekräftigt.

- Auf dieser Grundlage (Demokratie und Menschenrechte) Festlegen eines Antidiskriminierungs-Artikels, der diskurssensibel alle Rassismen aufgreift, aber darauf achtet: a) die Spezifik der einzelnen Mechanismen nicht auszublenden und b) Menschen nicht auf Gruppenzugehörigkeiten festzulegen.

- Bewusster Umgang mit der Erkenntnis, dass Rassismen nichts über die konstruierten Gruppen aussagen, sondern nur etwas über die Menschen, die diese Rassismen konstruieren.

- Heterogenität als Norm. Das heißt: einerseits selbstverständliche Präsenz aller Erfahrungshintergründe, Bezüge und Narrative in allen „Fächern", andererseits im Bewusstsein der unterschiedlichen Erfahrungen mit Rassismen die Öffnung geschützter Räume zum Austausch über Wahrnehmung, Erleben und Entwicklung von Handlungsoptionen (Empowerment).

- Bereithalten von Interventionsstrategien, die konsequent betroffenenorientiert sind und klar den Opferschutz priorisieren.

- Deutliche und klare Unterscheidung zwischen konflikthaften und gewaltförmigen Geschehen sowie sensibler Umgang mit der Problematik der Ethnisierung von Konflikten mit einem klaren Plädoyer dafür, Menschen darin zu stärken, wahrzunehmen, dass „Menschen Konflikte miteinander haben, aber nicht Kulturen".

- Kontinuierliche Beschäftigung mit den verschiedenen Spielarten von Rassismen und dabei Wahrnehmung der Gemeinsamkeiten und Unterschiede.

Orientierungshilfen für diskriminierungskritische Angebote in schulischen und außerschulischen Kontexten

Eine Auseinandersetzung mit den verschiedenen Rassismen und mit den Wirkweisen von Gruppenbezogener Menschenfeindlichkeit (GMF) in schulischer und/oder außerschulischer Bildung anzubieten, erscheint wichtig, sinnvoll und wünschenswert. Dabei ergeben sich allerdings einige Herausforderungen. Im Folgenden sollen daher Orientierungshilfen angeboten werden, die die aus der Beratungs- und Trainingspraxis bekannten Stolpersteine aufgreifen und Leser/-innen bei der Entwicklung entsprechender Lernangebote unterstützen möchten. Grundlegend ergeben sich zwei „Fallstricke": Den einen möchte ich den ungebrochenen Glauben an die Bedeutung von Aufklärung nennen. Der andere hat mit einem fehlenden Bewusstsein für die Unterschiede der verschiedenen Ideologien der Ausgrenzung zu tun.

Bei der Entwicklung von Lernarrangements, die Jugendliche dabei unterstützen möchten, eine kritische Haltung zu Rassismus und Diskriminierung entwickeln zu können, empfiehlt es sich, sehr sorgsam mit der Auswahl von Beispielen, die die menschenverachtende Ideologie verdeutlichen sollen, umzugehen. Angebote, die sehr an Informationsgewinn und Details orientiert sind – häufig der Motivation der Aufklärung entsprungen –, bergen die Gefahr, gegenteilige, nicht beabsichtigte Wirkungen zu erzielen. Es kann passieren, dass die entsprechenden problematischen Aspekte der Ideologie der Lerngruppe erst durch das Bildungsangebot „gelehrt" werden und nicht darauf geachtet wird, dass jedes Element der vermittelten (beispielsweise der antisemitischen) Stereotype auch entsprechend dekonstruiert werden kann. Insbesondere in der *Auseinandersetzung mit Neonazismus/Rechtsextremismus* ergibt sich schnell die Problematik der reizvollen Faszination für einen Gegenstand, gegen den die Bildungsanbieter doch eigentlich aufklärerisch tätig werden möchten. Statt eine kritische Auseinandersetzung mit Neonazismus zu fördern, laufen entsprechende Bildungsangebote Gefahr, unbeabsichtigt zu einem lustvollen Spaziergang durch die „Erlebniswelt Rechtsextremismus" einzuladen. Wir empfehlen daher immer ein Vorgehen in drei Schritten, in dem erstens ein Bezugs- und Bewertungsrahmen geschaffen wird, in dem sich die Adressat/-innen des Lernangebots erstmal selbst mit ihren Vorstellungen eines (menschenfreundlichen) Zusammenlebens verknüpfen können und durch einen die Perspektiven, Narrative und Fragen der Teilnehmenden aufgreifenden Impuls zu den Menschenrechten gestärkt werden. Demokratie und Menschenrechte sind dann auch der Bezugsrahmen, wenn in einem zweiten Schritt, der Reflexions- und Analysephase, eine Auseinandersetzung mit der Ideologie und Strategie der extremen Rechten erfolgt. Darauf muss unbedingt ein dritter Schritt folgen, in dem es um die Entwicklung von (zivilcouragierten) Handlungsoptionen geht (vgl. Kaletsch 2010, 19).

Diese Aufbaulogik empfiehlt sich bei allen Fortbildungen in dem hier diskutierten Zusammenhang. Damit in der Reflexions- und Analysephase ein Angebot entwickelt werden kann, das den Ideen rassismuskritischer Ansätze entspricht und die Überlegungen einer kritischen Demokratiepädagogik aufgreift, ist es wichtig, sich mit den hinter den verschiedenen Ideologien der Ungleichwertigkeit liegenden Selbst- und Weltbildern zu beschäftigen. Als zentral hat sich dabei erwiesen, „die Nachwirkungen kolonialer und nationalsozialistischer Selbst- und Weltbilder in der Gegenwart" (Messerschmidt 2011, 253) wahrzunehmen. Messerschmidt spricht in diesem Kontext von der Notwendigkeit, „eine doppelte Perspektive" einzunehmen, mit der die Auswirkungen kolonialer und nationalsozialistischer Welt- und Selbstbilder in den Blick genommen und unterschieden werden. Bei der Entwicklung von diskriminierungskritischen Lernarrangements zur *Auseinandersetzung mit Rassismus* sollten Unterschiede und Gemeinsamkeiten eines biologistisch und kulturalistisch argumentierenden Rassismus wahrgenommen werden.

In der Auseinandersetzung mit dem NS und in Anerkennung der verübten rassistischen Massenmorde werden biologistisch argumentierende Rassismen in Diskursen der sogenannten Mitte der Gesellschaft vermieden. Biologistische Argumentationsmuster gelten als der „Geschichte (zu)gehörig oder (werden) den Rechtsextremisten zugeordnet. Zugleich aber zeigt die symbolische und reale Gewalt beispielsweise gegenüber schwarzen Deutschen, dass der biologistische Rassismus nicht an Wirkmächtigkeit verloren hat – *er funktioniert, ohne artikuliert zu werden*" (Broden 2012, 9). Daneben und oft alternierend damit verknüpft ist, tief in die gesellschaftspolitischen Diskurse eingelassen, ein oft „salonfähiger" kulturalistisch argumentierender Rassismus wirksam. Vergleichbar den Funktionsweisen des biologistischen Rassismus basiert der kulturalistisch argumentierende Rassismus auf von Eliten konstruierten Normen, ist hoch anschlussfähig zu common-sense (Alltags-)Theorien über „unterschiedliche Mentalitäten" und dient der Legitimation von Privilegien auf der einen und Ausgrenzung auf der anderen Seite. Machterhalt und Machtstabilisierung sind daher zentrale Aspekte der Funktion des kulturalistisch argumentierenden Rassismus. „Mit der Behauptung kultureller Unvereinbarkeit zwischen Bevölkerungsgruppen wird es möglich Rassismus unsichtbar werden zu lassen" (Messerschmidt 2011, 255).

Als problematisch in diesem Zusammenhang erweist sich, dass eine Auseinandersetzung mit der kolonialen Geschichte Deutschlands wenig bis gar nicht erfolgt. „Obwohl die Epoche der deutschen Kolonien kürzer war als die der französischen, portugiesischen, niederländischen, englischen oder spanischen, so war sie doch kaum weniger folgenreich für die Welt- und Menschenbilder der Deutschen. Die weitreichenden Wirkungen des kolonialen Herrschaftsprojekts bleiben ausgeblendet" (Messerschmidt 2011, 253). Die in diesem Kontext entworfenen Bilder und Zuschreibungsmechanismen bleiben dadurch vielfach im Unterbewussten, sind schwer zugänglich, prägen aber Blickrichtungen und Deutungen und sind dadurch im Alltag der rassistisch strukturierten Gesellschaft sehr wirkmächtig. Gemeinsam sind kulturalistisch und biologistisch argumentierenden Rassismen die Überhöhung des Selbst durch die Abwertung des als Anderen konstruierten. Ungleichverteilung und Ungleichbehandlung, die nichts anderes als gravierende Verstöße gegen das Gleichheitsprinzip der Menschenrechte sind, werden begründet mit der konstruierten Minderwertigkeit des Anderen. Dazu werden beispielsweise „zivilisatorische Defizite" konstruiert, auf die sich eine Vielzahl abwertender Stereotype projizieren lassen.

Mit dem Rassismus korrespondiert der Antisemitismus. Allerdings sind bei der Entwicklung von Lernangeboten, die sich mit *Antisemitismus* beschäftigen, unbedingt die Unterschiede zwischen Antisemitismus und Rassismus wahrzunehmen. „Alltäglich bedeutet Rassismus die Einschränkung von Rechten und Zugängen zu Ressourcen sowie Erfahrungen der Entwürdigung. Demgegenüber kommt es beim Antisemitismus zu einer ‚Umkehrung des Machtparadigmas‘ (Eckmann …), indem ein übermächtiges Feindbild geschaffen wird" (Messerschmidt 2011, 256). Im Unterschied zum Rassismus, in dem das Selbst eine Aufwertung durch die Konstruktion der Minderwertigkeit erfährt, ist die fantasierte Unterlegenheit das zentrale Moment antisemitischer Konstruktionen.

„Antisemitismus bietet Gelegenheit, sich selbst als Opfer zu sehen und sich vorzustellen, beherrscht und ausgebeutet zu werden … Dieser Vorgang der Projektion funktioniert spiegelbildlich zum kolonialen Diskurs, in dem sich das europäische Selbst als überlegen stilisiert. Die Europäer betrachten sich im kolonialen Selbstbild nicht als Opfer, sondern als Sieger und verachten die Kolonisierten. Im Antisemitismus stilisiert sich dieses Selbst als ehrlich und uneigennützig, es geht produktiver Arbeit nach und verdient mühsam seinen Reichtum. Es glaubt von sich, nicht durch Ausbeutung von Anderen reich geworden zu sein, sondern alles sich selbst zu verdanken. Dieses Selbst ist mit sich im Reinen, weil es eine Projektionsfläche für alles Unreine gefunden hat. Die Ausbeutung des Anderen gilt ihm als moralisch verwerflich und wird den Juden zugeschrieben, die weniger das Verachtete, sondern das Bedrohliche repräsentieren. Der moderne europäische Antisemitismus kann somit auch als Abwehr der eigenen kolonialen Ausbeutungsgeschichte aufgefasst werden. Anstatt sich mit der gesellschaftlichen Bedeutung des Kolonialismus zu befassen, kann man mit antisemitischen Weltbildern bestehende Ungleichheiten und fortgesetzte Ungerechtigkeiten so erklären, dass eigenes *Involviertsein* nicht reflektiert werden muss" (Messerschmidt 2011, 257).

Antisemitismus funktioniert u. a. auch als ein Modell der Welterklärung, in dem komplexe, weltwirtschaftliche Zusammenhänge reduziert und empfundene Ohnmacht auf eine konstruierte Macht projiziert werden kann. Um sich damit auseinandersetzen zu können, greifen Lernarrangements, die sich um eine kritische Auseinandersetzung mit Diskriminierungsgeschehen bemühen, oft nicht.

Es erweist sich häufig als „besonders schwierig, antisemitische Diskriminierungserfahrungen in pädagogischen Prozessen angemessen zu reflektieren" (Messerschmidt 2011, 258). Antisemitismuskritische Bildungsarbeit ist daher herausgefordert, Wege zu finden, die es erlauben, die „Hinterbühne" der verschwörungsideologischen Konstruktionen des Antisemitismus zu beleuchten. Dabei kann es hilfreich sein, zunächst auf eine explizite Thematisierung des Antisemitismus zu verzichten. In einem ersten Schritt reflektieren die Lernadressat/-innen über sie zentral betreffende gesellschaftspolitisch relevante Themen, wie z. B. Fragen der Verteilungsgerechtigkeit in einer globalisierten Welt und/oder das Wahr- und Ernstnehmen von Diskriminierungs-/Rassismuserfahrungen und entwickeln entsprechende Handlungsoptionen. In einem zweiten Schritt, wenn die Teilnehmenden des Lernangebots selbst ein Interesse an der Entwicklung einer antisemitismuskritischen Haltung entwickelt haben, können behutsam einzelne antisemitische Konstruktionen bearbeitet werden.[35]

„Wichtig ist dabei, dass es um ein Analysieren, Decodieren und Kontextualisieren von antisemitischen Beispielen geht und nicht um deren (skalierende) Bewertung. Es darf dabei eben nicht um die Frage gehen: „ist dies antisemitisch für mich ...?" Eine Einladung zur individuellen Bewertung ist hier völlig unangebracht, da sie das strukturell bestehende Problem personalisiert und dadurch gerade ein entspanntes Erkennen-Können verstellt. Sie ist weiterhin unangemessen, weil Antisemitismus in Form von Anspielungen, Auslassungen, Codes häufig verdeckt auftritt und eben nicht leicht zu erkennen ist. Methoden, die um subjektive Einschätzungen und Bewertungen bitten, stehen in der Gefahr, die Teilnehmenden aufzufordern, sich weiter in antisemitische Diskurse zu verstricken und dabei antisemitische Argumentationen zu reproduzieren statt zu dekodieren!" (Kaletsch/Ensinger 2013, 24/25).

Das Vermeiden von beschämenden oder zuschreibenden Situationen für die Teilnehmenden sollte handlungsleitend für die Lernbegleitung in rassismus- und antisemitismuskritischer Bildungsarbeit sein. Die Gestaltung von bewer-

---

35 Siehe in diesem Zusammenhang eine Vielzahl von Anregungen in der von der Bildungsstätte Anne Frank 2013 herausgegebenen Broschüre: Weltbild Antisemitismus. Didaktische und methodische Empfehlungen für die pädagogische Arbeit in der Migrationsgesellschaft. Zu beziehen über: www.bs-anne-frank.de.

tungsfreien Lernräumen, in denen die Moderator/-innen des Bildungsangebots sich selbst als Involvierte und Lernende begreifen, kann Räume öffnen, in denen eine Analyse der die Gesellschaft prägenden Rassismen möglich und im Bewusstsein der Unabgeschlossenheit der nationalsozialistischen Geschichte Welt- und Selbstbilder kritisch reflektiert werden können. In diesem Kontext erscheint es zentral, die im NS geprägte, aber immer noch sehr wirkmächtige „Homogenitätsvorstellung" wahr- und die daraus resultierenden, die davon Betroffenen massiv verletzenden, Wirkungen ernst zu nehmen. „Zu den Nachwirkungen sowohl kolonialer wie nationalsozialistischer Welt- und Selbstbilder gehört die Vorstellung, die deutsche Gesellschaft sei in sich homogen und Deutschsein werde durch Abstammungsverhältnisse konstituiert. Im Zuge dieser nationalen Gemeinschaftsvorstellungen können weder Schwarze noch Juden Deutsche sein. Sie werden zu ‚Anderen' gegenüber einer unbenannten ‚weißen' Identität, wobei ‚weiß' für vielfältige Merkmale steht, die eine privilegierte und selbstverständliche gesellschaftliche und kulturelle Zugehörigkeit garantieren" (Messerschmidt 2011, 259). Die den Neo-Nationalsozialismus bestimmende Ideologie einer homogenen Volksgemeinschaft, aus der eine aggressive Ablehnung der Idee eines pluralen, weltumspannenden Gemeinwesens resultiert, ist tief verankert in den Vorstellungswelten der Vertreter/-innen der Dominanzkultur und prägt daher eine Vielzahl der in der sogenannten Mitte der Gesellschaft geführten Diskurse.

Eine entsprechend rassismuskritische Bildungsarbeit muss sich daher auch mit den Phänomen von Selbstverständlichkeiten, der Sicht- und Unsichtbarkeit von Lebensentwürfen, Erfahrungen und Narrativen beschäftigen. Eine Perspektivenerweiterung, die insbesondere eine kritische Auseinandersetzung mit den Narrativen und Zuschreibungs- bzw. Verdrängungsmustern in (Unterrichts-)Materialen einleitet, scheint nicht nur im Kontext der historisch-politischen Bildung empfehlenswert. Eine selbstbestimmte, Persönlichkeitsrechte wahrende und der Vielheit und Einzigartigkeit jedes Menschen gerecht werdende Darstellung von Biografien und Geschichte(n) ist ein Anliegen, das von Selbstinitiativen von seit Generationen marginalisierter und konstruierter Gruppen zunehmend thematisiert wird. „… auf den Ebenen der Repräsentationspolitiken (fungiert) die Benennung als ein wesentlicher Faktor der Auf- und Abwertung von Menschen und Gruppen. Der Sichtbarkeit des ‚Zigeuners‘ im Mainstream steht die Unsichtbarkeit des Rom/Romni entgegen … Noch nie bin ich jemandem begegnet, die oder der nicht wusste, was die ‚Zigeuner‘ seien. Hingegen wurde ich häufig nach der Bedeutung von Roma gefragt. Eine Stadt in Italien? Die Bevölkerung aus Rumänien? Ein Fußballverein? … Es wäre ein heilsamer Weg, Roma als Gruppe vom rassistischen Konstrukt des ‚Zigeuners‘ zu trennen und diesem eine entmystifizierte und entrassifizierte Geschichts- und Subjektbetrachtung entgegenzusetzen" (Randjelović 2007, 272). Selbstbestimmte Sichtbarwerdung ist auch das Thema der von der Initiative Schwarze Menschen in Deutschland (ISD) entwickelten Ausstellung Homestory Deutschland. „Homestory Deutschland‘ ist ein kollektives Selbstporträt. Es greift afrikanische, afrikanisch-amerikanische und schwarze deutsche Erinnerungstraditionen auf" und will „Blick-Verhältnisse radikal umkehren" (ISD, Begleitkatalog). „Die stereotype rassistische Wahrnehmung von Menschen afrikanischer Herkunft ist – auch wenn sich viele dessen nicht bewusst sind – nachhaltig von Blickverhältnissen definiert, die in kolonialen Traditionen wurzeln. Vor diesem Hintergrund eröffnen die von den porträtierten Personen artikulierten Positionen, Erkenntnisse und Selbstsichten einen Repräsentationsraum, in dem sich Blick-Verhältnisse radikal umkehren" (ebenda).

Diese Erkenntniswege Kindern und Jugendlichen der pluralen Gesellschaft in Deutschland zugänglich zu machen, erscheint in jedem Fall erstrebenswert. Bildungsangebote in Schule sollten dabei sehr bewusst die Zusammensetzungen der Lerngruppen – die im Falle von Klassen immer auch Zwangsgemeinschaften bilden – in den Blick nehmen und genau überlegen, welcher thematische Schwerpunkt in welcher Gruppenzusammensetzung sinnvoll und welche die geeignete thematische Rahmung ist.

Methodenteil

Methodische Hinweise zum Themenschwerpunkt ‚Dialog und Aushandlungsprozesse'

Übung „Dilemma-Dialog"

Übung

Themen der Übung: eine Entscheidung treffen und diese in ihren vielfältigen Dimensionen ergründen, Kennenlernen widerstreitender Gefühle, Empfindungen und Werte, Sensibilisierung für vielfältige – vielleicht bis dahin fremde – Lebenswirklichkeiten, Empathieentwicklung, Perspektiverweiterung und gegebenenfalls Perspektivwechsel

Material- und Zeitbedarf: Stuhlkreis in einem großen Raum, Kreppband zum Kleben der Mittellinie, Ja- und Nein-Schilder. Mit anschließender Reflexion und Auswertung werden zwischen 45 und 60 Minuten benötigt.

Übungsablauf: Zu Beginn der Arbeit mit den Dilemma-Dialogen liest der/die Moderator/-in eine Dilemma-Geschichte vor und bittet die Teilnehmenden, sich in die Perspektive der Hauptperson (des Fallgebers, der um einen Rat bittet) hineinzuversetzen. Die Gruppe sitzt im Stuhlkreis. Der Raum ist bereits durch das Aufkleben einer Mittellinie in zwei gleich große Hälften geteilt. Die Dilemma-Geschichte endet immer mit einer Entweder-Oder-Entscheidung. Daher bittet der/die Moderator/-in am Ende der Geschichte für die Hauptperson in der Geschichte (= den oder die Fallgeber/-in) eine Entscheidung zu treffen und dies durch Aufsuchen des entsprechenden Ja- oder Nein-Raumes, den der/die Moderator/-in am Ende der Lesung durch das Legen von Schildern in dem jeweiligen Raum definiert, deutlich zu machen. Dabei können die Teilnehmenden den Grad ihrer Entschiedenheit durch die Wahl ihres Standortes verdeutlichen: je weiter sie von der Mittellinie weg sind, umso klarer sind sie in ihrer Entscheidung. Die Teilnehmenden dürfen auch die Räume wechseln oder ihren Standort in einem Raum nur prozentual verschieben. Sie haben demnach einige Handlungsspielräume. Der/die Moderator/-in bittet sie nur, eine Entscheidung zu treffen und zumindest in einem Raum zu beginnen. Das Stehen auf der Mittellinie ist demnach nicht zulässig.

Der/die Moderator/-in erläutert im Weiteren das Vorgehen in der folgenden Dialogphase, die vor allem dem Ziel dient, die verschiedenen Beweggründe, Empfindungen, Bedürfnisse und Wünsche der Hauptperson der Geschichte (= Fallgeber/in) zu erkunden und die unterschiedlichen Wahrnehmungen und Deutungen der Teilnehmenden kennen zu lernen.

Alle sind herzlich eingeladen, die Wahl ihres Standorts zu erläutern und zu begründen, warum sie stehen, wo sie stehen. Diese Statements sollten die Teilnehmenden immer mit der Formulierung: „Ich stehe hier, weil ..." beginnen. Die Teilnehmenden können ihren Standort verbal begründen und deutlich machen, was ihnen zu dem Dilemma durch den Kopf geht, sie müssen es freilich nicht. Die Teilnehmenden können auch mehrfach zu Wort kommen. Wichtig ist dabei, dass der/die Moderator/-in darauf achtet, dass der geführte Dialog der Wahrnehmung der vielfältig anzunehmenden Gefühle und Bedürfnisse der in der Geschichte konstruierten (fiktiven) Hauptperson dient. Ziel der Dialog-Phase im Dilemma-Dialog ist es nicht, die Teilnehmenden dazu anzuregen, an ihren Positionen zu feilen und durch Argumentationsführung die Anderen von ihrem Standpunkt zu überzeugen. Vielmehr geht es darum, dass die Teilnehmenden sich selbst von der Möglichkeit ganz anderer Wahrnehmungen und Deutungen „überzeugen" können und entsprechend eine allparteiliche Haltung entwickeln, die sie die jeweils andere Sichtweise nachvollziehen und verstehen lässt.

Aus diesem Grund ist es wichtig, in der Moderation darauf zu achten, dass ein Verfestigen von Positionen verhindert und stattdessen die Vielfalt diverser Bedürfnisse erfahrbar wird.

Die Gruppe leiht gewissermaßen in der Dialogphase der Übung der inneren Debatte des Dilemmas ihre Stimme(n). Dabei kann jeder/jede Teilnehmende neue Aspekte kennen lernen, Empathie entwickeln und jeder/jede für sich die eigene Perspektive erweitern.

Am Ende der Dialogphase fragt der/die Moderator/-in nochmals in die Runde, ob jemand sich noch etwas bewegen, seinen Standort verändern möchte. Dabei ist es hilfreich den Teilnehmenden etwas Zeit zu lassen. Wer mag, kann dann zu seiner Veränderung noch etwas loswerden. Dann bittet der/die Moderator/-in die Teilnehmenden, sich wieder in den Stuhlkreis zu setzen. Er/Sie nimmt die Ja- und Nein-Schilder aus den Räumen und fragt die Teilnehmenden, ob es möglich ist, dieses Dilemma zu verlassen und sich auf eine weitere Fallgeschichte einzulassen. Erfahrungsgemäß ist es sehr praktikabel, an zwei bis drei Dilemma-Geschichten zu arbeiten, ehe man in eine allgemeine Auswertung der Übungsphase einsteigt.

Dialog und Aushandlungsprozesse

Dilemma Porträtzeichnen

„Wieso muss das ausgerechnet mir passieren?", denkt Frau Reuter, seit zwei Jahren Kunst- und Englischlehrerin an einer Frankfurter Gesamtschule, an der sie sich gerade eine anerkannte Stellung bei den Schüler/-innen und im Kollegium erarbeitet hat: Sie hatte sich viel Mühe gegeben, um mit dem Kunstkurs der achten Klasse den im Curriculum festgelegten Schwerpunkt „Porträtzeichnen" zu behandeln. Ausstellungsbesuche und Bildbesprechungen sollten eine Brücke zum praktischen Arbeiten bilden. Als es dann endlich soweit war, traut sie ihren Ohren nicht. Mustafa, ein ansonsten ruhiger und disziplinierter Schüler ist zu ihr gekommen und sagte: „Das kann ich nicht mitmachen. Meine Religion erlaubt es nicht, dass ich Porträts male." Während Frau Reuter darüber nachdenkt, wie sie reagieren könnte, schließen sich zwei weitere Schüler, Boualem und Cengiz, der religiös begründeten Verweigerung an. Um Zeit zu gewinnen, gibt Frau Reuter den drei Schülern zunächst eine andere Aufgabe. Sie macht aber gleichzeitig deutlich, dass das Thema damit nicht abgeschlossen ist. Mit Mustafa, von dessen Reaktion sie einigermaßen überrascht ist, möchte sie ein ernsthaftes Gespräch führen. Sie ist betroffen von dieser barschen Ablehnung, hat sie doch viel Energie für die Unterrichtseinheit aufgewendet. Konnte Mustafa sein Unbehagen nicht früher äußern? Jetzt hat sie auch noch mit dem „Nachahmereffekt" der beiden anderen Schüler zu schaffen. Das wird sich schon einrenken, denkt sie, wenn sie erst mit Mustafa gesprochen hat. Ihr Konzept lässt sie sich jedenfalls nicht „zerstören". Frau Reuter findet auch die Aufgabenstellung richtig und wichtig für die Entwicklung der Schüler/-innenpersönlichkeiten. Was aber, wenn Mustafa ernsthaft einen Konflikt mit seiner inneren Überzeugung hat? Soll sie einfach darüber hinwegsehen oder darauf eingehen?

Mit welcher Grundeinstellung geht Frau Reuter in das bevorstehende Gespräch?

- Darauf bestehen und Mustafa dazu bewegen, die Aufgabe gemäß des Curriculums zu erledigen und das Porträt zu zeichnen.
- Auf die Wünsche und Bedürfnisse Mustafas eingehen und eine Ausnahmeregelung zulassen.

Dilemma Loyalitätskonflikt/Vertrauen

Herr Yildiz, der Vater von Meral, weiß nicht, wie er sich verhalten soll. Frau Brunner, die Klassenlehrerin von Meral, hat ihn zu einem Gespräch gebeten – und das findet Herr Yildiz irgendwie auch ziemlich gut. Einerseits zumindest. Denn es zeigt ihm, dass Frau Brunner doch auch Interesse an Meral und ihrer Zukunft hat. Andererseits bringt ihn das Gesprächsangebot in einen Loyalitätskonflikt mit seiner Tochter und auch mit seiner Frau, die beide wenig Vertrauen in die Möglichkeiten der Veränderung der Atmosphäre in der Schule haben.

Am liebsten würde Herr Yildiz ganz offen mit Frau Brunner reden. Er weiß aber, dass es seiner Tochter Meral, die gerade ihren 15. Geburtstag gefeiert hat, gar nicht gefiele, wenn er offen darüber reden würde, wie Meral sich gerade in der Schule fühlt. Dazu ist sie zu verletzt.

Früher – d.h. bis vor einem Jahr – ist Meral sehr gerne in die Schule gegangen. Sie fühlte sich akzeptiert, im Unterricht kam sie gut mit, Aufgaben und Arbeiten fielen ihr überwiegend leicht und sie gehörte zu den guten Schüler/innen der Realschulklasse. Herr Yildiz war daher sehr überrascht, als er beim Halbjahreszeugnis sah, dass Meral sich in vielen Fächern stark verschlechtert hatte. Nur in Mathe und NaWi – Merals Leidenschaften – blieb sie unverändert gut. Aber in Deutsch, PoWi und Ethik, Fächern, in denen auch die mündliche Leistung sehr wichtig ist, ist Meral deutlich abgesackt. Herr Yildiz wundert das, denn Meral hat sich gerade in den letzten Monaten mit sehr vielen ethischen Fragen beschäftigt und bei der Mädchengruppe im Moscheeverein auch begonnen, Verantwortung zu übernehmen und sich in sozialen Projekten zu engagieren.

Ja, ein bisschen verblüfft war Herr Yildiz schon, als Meral am Ende der Sommerferien verkündete, dass sie sich dazu entschieden habe, von nun an ein Kopftuch zu tragen. Und ganz ehrlich gesagt, fiel es ihm auch nicht ganz leicht, neutral zu bleiben und deutlich zu machen, dass er Merals Entscheidung selbstverständlich akzeptiert und ihr da – in dieser persönlichen Sache – auf keinen Fall reinreden möchte. Schließlich ist es ihm wichtig, seine Kinder in ihrem Heranwachsen gut zu begleiten und dazu beizutragen, dass sie eigenständige, freie und gleichzeitig solidarische Menschen werden. Herr Yildiz bezeichnet sich selbst als eher säkular, weltlich orientierten Menschen und ist seit vielen Jahren in gewerkschaftlichen Kontexten aktiv. Seine Frau ist stärker an religiösen Fragen interessiert. Der Glaube gibt ihr Halt und Orientierungspunkte. Mit ihrer Mutter lernte Meral die Moschee kennen. Frau Yildiz freut sich, dass Meral sich in der Moschee wohlfühlt und im Mädchenkreis Verantwortung übernimmt. Merals Entscheidung, ein Kopftuch zu tragen, begleitet Frau Yildiz, die selbst im Alltag kein Kopftuch trägt, mit gemischten Gefühlen. Sie hatte von Anfang an Sorge, dass Meral Anfeindungen ausgesetzt sein würde und diese ihre sensible Tochter verletzten würden.

Darüber hatte sich Herr Yildiz gar keine Gedanken gemacht – oder vielleicht auch nur beschlossen, sich darüber keine Gedanken machen zu wollen.

Dass es allerdings so heftig werden und so andauernd nicht bei einzelnen dummen Bemerkungen in der Anfangszeit bleiben würde, hat beide (Herr und Frau Yildiz) schon überrascht. Besonders beunruhigend findet Herr Yildiz, dass sich auch Lehrkräfte mit undifferenzierten und herabwürdigenden Äußerungen an dem Ausgrenzungsgeschehen beteiligen. Herr Yildiz wünscht sich sehr, dass er das stoppen könnte, dass Meral sich wieder wohl und akzeptiert fühlt und wieder gerne in die Schule geht. Er möchte, dass seiner Tochter alle Wege offen stehen, dass sie die Schule mit einem guten Abschluss beendet, einen Beruf ergreift, der ihr Spaß macht oder vielleicht sogar studiert. Dies alles schien bis vor kurzem noch so einfach möglich zu sein.

Herr Yildiz möchte das, was da jetzt passiert, nicht akzeptieren. Meral ist sehr verzweifelt und sehr verletzt. Sie habe für sich mit der Schule abgeschlossen. Das mache für sie keinen Sinn mehr, sich da zu engagieren, hatte sie ihrem Vater gesagt. Meral ist sehr verletzt und auch irritiert darüber, dass Menschen, die sie sehr geschätzt hat und mit denen sie in einem sehr guten Kontakt war, so merkwürdig und abweisend reagierten. Auf Sprüche von Jungs, mit denen sie keinen so guten Draht hat, war sie irgendwie vorbereitet, aber dass z. B. die Mutter ihrer besten Freundin Anna so reagieren und sie zur Rede stellen und sie über Emanzipation und Unterdrückung der Frau etc. belehren würde, damit hatte sie nicht gerechnet. Sie sei „sehr enttäuscht" von ihr, hatte sie gesagt. Auch im Sport gab es Probleme, weil der Sportlehrer bekümmert tat, so ein „großes Handball-Talent an die Mullahs zu verlieren" und sie bat, mit „dem Tuch doch lieber auf der Bank sitzen zu bleiben – schließlich müsse er sie vor einer Selbstgefährdung schützen". Dafür erntete er natürlich viel Gelächter und niemand fand sich, der dem Lehrer widersprach. Es habe ihr schon leid getan, hatte Merals Freundin Anna nach der Stunde zu ihr gesagt. Irgendwie hatte sie sich da mehr erwartet ...

Für Meral ist im Moment vor allem eines klar: Wenn sie etwas aus dieser Sache gelernt habe, dann das, dass man einfach gar keinem vertrauen darf. Herr Yildiz versteht diese Empfindung. Aber er möchte trotzdem etwas tun und das so nicht hinnehmen. Er kann allerdings Frau Brunner überhaupt nicht einschätzen. Schrecklich wäre es, wenn er es ansprechen und auf Abwehr stoßen würde. Dann würde sich für Meral die Situation weiter verschlechtern und sie würde sich sicher auch sehr verletzt und von ihrem Vater hintergangen fühlen. Aber man kann es nicht wissen, vielleicht ist Frau Brunner auch eine ganz patente und engagierte Frau, die sich einbringt und die Sache in die Hand nehmen könnte. Herr Yildiz weiß einfach nicht, wie er in das Gespräch mit Frau Brunner reingehen soll, und da er ein sehr spontaner Mensch ist, denkt er, es wäre klug, wenn er sich vorher über seine Haltung bewusst und eine Entscheidung für sich treffen würde.

Was soll er tun? Soll er versuchen, Frau Brunner für die schwierige Situation von Meral zu sensibilisieren und sich darum bemühen, dass die Ausgrenzung aufhört? Oder soll er die Bedenken und das Votum seiner Tochter achten und zu den Hintergründen von Merals Unwohlsein schweigen?

Anregung zur Erweiterung und Überführung dieses Dilemmadialogs zu einer Gesprächswerkstatt und als Vorlage, um mediative Konfliktgespräche zu üben:

Bis zu dieser Stelle dient die Geschichte, die sich vorwiegend auf Herr Yildiz' innere Konflikte bezieht, dazu, in der geschilderten Weise einen Dilemmadialog durchzuführen. Dieser bezieht sich v. a. auf den Loyalitätskonflikt zwischen Vater und Tochter. Je nachdem, wie weit die Lerngruppe bereits in die Dilemmasituation eingestiegen ist, könnte ein nächster vertiefender Schritt zur Sensibilisierung sein, dass sich die Teilnehmenden in einer Art Gesprächswerkstatt in die Perspektive von Meral und ihrem Vater hineinversetzen, als Vorbereitung für ein *Gespräch* zwischen *Vater und Tochter*. Ein weiterer Schritt könnte sein, dass für ein anstehendes *Eltern-Lehrer-Gespräch*, die Teilnehmenden einen Perspektivwechsel vornehmen und sich in den Vater und die Lehrerin hineinversetzen. Dafür ist es angebracht, noch ein wenig mehr Informationen zu Frau Brunner zu haben, die hier folgen.

Zu Frau Brunner:

Frau Brunner ist Mitte vierzig und gerne Lehrerin. Sie hat die Klasse im letzten Schuljahr (zur Halbzeit) übernommen, da die vorherige Klassenlehrerin in Mutterschutz und anschließenden Erziehungsurlaub ging. Sie unterrichtet Mathe und Sport. Sport allerdings nicht in der Klasse. Frau Brunner ist begeistert über Merals Interesse und Verständnis für Mathematik. Sie macht sich allerdings einige Gedanken, da sie das Gefühl hat, dass Meral sich seit einiger Zeit nicht so recht wohl fühlt. Auch hat sie bemerkt, dass sich die Leistungen von Meral in einigen Fächern deutlich verschlechtert haben. Als sie Meral darauf ansprach, reagierte die Schülerin sehr verschlossen und zurückhaltend. Frau Brunner nimmt eine deutliche Verhaltensänderung bei Meral wahr, seitdem diese ein Kopftuch trägt. Frau Brunner gibt ganz offen zu, dass sie keine Ahnung hat, was es konkret bedeutet, ein Kopftuch zu tragen. Sie ist sich aber sicher, dass es nicht immer gleich mit Zwang und Unterdrückung zu tun haben muss – wie manche Kollegen und Kolleginnen im Lehrerzimmer „fachsimpeln" – und dass sich manche Frauen auch bewusst selbst dafür entscheiden, weil es Teil und Ausdruck ihrer Religiosität ist. Frau Brunner ist erst seit ihrem Umzug vor drei Jahren an dieser kooperativen Gesamtschule. An ihrer vorherigen Schule gab es einen etwas selbstverständlicheren Umgang mit Heterogenität. Muslima, die Kopftuch trugen, waren auch da in einer Minderposition, aber sicher kein so großes Gesprächsthema.

Klar, es kann natürlich auch sein, dass Meral sich nicht mehr wohl fühlt in ihrer Haut, seit sie das Kopftuch trägt, vielleicht weil sie sich nicht aus freien Stücken dazu entschied, vielleicht aber hat das Mädchen ganz andere Probleme.

Hinführung zu einer Gesprächswerkstatt

Möchte man mit der Lerngruppe Mediation und das Führen konstruktiver Konfliktgespräche üben, könnte das nach der intensiven Beschäftigung mit den unterschiedlichen Perspektiven jetzt erfolgen. Durch die Perspektivwechselübung und das Sammeln von O-Tönen sind sowohl die „Mediator/-innen" als auch die „Konfliktparteien" auf ihre Rollen vorbereitet. Wichtig ist, dass beide

Seiten die Bereitschaft zu einem gemeinsamen Gespräch mitbringen. Folgende Ausgangslage ist dafür wichtig:

Herr Yildiz hat sich entschieden mit der Lehrerin ein Gespräch zu führen. Er hat die Erlaubnis seiner Tochter und weiß, worüber er sprechen darf. Frau Brunner ist auf jeden Fall froh, dass Herr Yildiz gleich so positiv und kooperativ auf den Gesprächsvorschlag eingegangen ist. Frau Brunner nimmt sich vor, ganz offen in das Gespräch reinzugehen und hofft, dass sie gemeinsam eine Lösung finden können, damit es Meral bald wieder besser geht.

Aushandlung/Gerechtigkeitsempfinden (Schüler/-innen-Ebene)

Fallbeispiel

Die Festkasse

Sevilay, Klassensprecherin der 8a, ist ein bisschen durcheinander. Sie weiß nicht, wie sie sich verhalten soll. Am Wochenende hat ihre Klasse beim Schulfest eine Menge Geld (über 250 Euro) eingenommen. Als Sevilay am Dienstag nach der Pause in den Klassenraum kommt, sieht sie, wie Jo sich einen Fünf-Euro-Schein aus der Schublade im Pult nimmt. Dort hat Frau Schramm, die Klassenlehrerin der 8a, die Einnahmen vom „Orient-Café" (so das Thema der 8a auf dem Schulfest) aufbewahrt. Heute Nachmittag will sie die Einnahmen zur Bank bringen. Klar weiß Sevilay, dass das nicht in Ordnung ist, Geld von der von der Klasse erwirtschafteten Kasse wegzunehmen. Sevilay weiß aber auch, dass die Familie von Jo seit einiger Zeit große – nicht nur finanzielle – Probleme hat. Außerdem mag Sevilay Jo und sie weiß, dass diese darunter leidet, dass sie keine richtigen Geschenke bei Partys mitbringen kann. „Es sind ja auch nur fünf Euro", denkt Sevilay und beschließt die Sache einfach zu übersehen. Findest du das richtig?

Sportförderung

Daniel weiß nicht, was er von alledem halten soll. Klar, irgendwie könnte er sich super, als der Held fühlen und sich einfach nur freuen, dass er zum Handball-Camp nach Spanien fahren darf. Ihm ist aber nicht ganz wohl bei der Sache. Denn genau betrachtet hat er einen Platz, der ihm nicht wirklich zusteht. Enrico ist der viel bessere Spieler, denkt Daniel. Eigentlich hätte Sportlehrer Schmidt Enrico besonders empfehlen müssen. Dann würde er mit Frank (klar, an Frank kann keiner vorbei, der war von Anfang an gesetzt, als knapp Zwei-Meter-Typ mit Spitzenreaktionen einfach der Torwart überhaupt) in den Osterferien nach Barcelona zum Jugend-Treff fahren. Gut, der Schmidt und Enrico, das sind wahrlich nicht die besten Freunde, aber bei der Frage der Sportler-Auswahl sollte es doch nur um Leistung gehen – und dabei ist der Enrico einfach vorne. Außerdem hätte Daniel es Enrico echt gegönnt, nach Spanien zu fliegen. Am besten wäre es natürlich, wenn sie beide hinkönnten. Aber es gibt eben nur zwei Plätze. Es ist sicher eine Riesen-Sache, zu dem internationalen Handball-Camp zu fahren. Wenn er jetzt nichts sagt, ist er einfach dabei, denkt Daniel. Er hat ja die Auswahl nicht getroffen. Aber es ist unfair. Und so was kann Daniel nicht gut leiden. Was soll er machen? Soll er sagen, was er denkt und sich für Enrico einsetzen?

Die In-Party

Melanie ist froh und traurig zugleich. Zum ersten Mal seit Klassenbestehen hat die coole Mike sie überhaupt wahrgenommen, mit ihr gesprochen und sie tatsächlich auch gleich zu ihrer Geburtstagsparty eingeladen. Die Partys bei Mike sind irgendwie Kult. Jeder möchte da gern hin. Allerdings hat Mike die Einladung an Melanie mit einem ganz ätzenden Satz verbunden: „Bring aber bloß nicht die Nacktschnecke Ella mit", raunzte sie. „Saublöd ist das", denkt Melanie. Melanie und Ella sind seid Jahren sehr gute Freundinnen und haben immer zusammengehalten. Dadurch haben sie auch so manche Attacke der von Mike gesteuerten Mädchen-Clique überstanden. Alleine auf die Party zu gehen hätte schon „irgendwie was von Verrat", meint Melanie. Andererseits ist es eine irre Chance, die bestimmt so schnell nicht wiederkommt. Was soll Melanie machen? Soll sie einfach auf Mikes Party gehen?

Partizipation und Menschenrechtsbezug

Fallbeispiel

Postdemokratie oder die Farbgestaltung des Schulhauses

Caro, SV-Lehrerin an einer großen kooperativen Gesamtschule, weiß nicht so recht, ob sie der Einschätzung ihres Kollegen folgen und darauf bauen soll, dass die Proteststimmung der SV bezüglich der neuen Schulgestaltung möglichst bald verfliegt. Über die Farbe lässt sich streiten. Caro findet auch nicht, dass der Farbton (ein ins Lila gehender Rot-Ton) in der Eingangshalle des Hauptgebäudes so entsetzlich ist, wie manche Schüler/-innen meinen. Aber darum geht es Caro auch nicht. Es geht ihr ums Prinzip. Die Schülerschaft hätte nämlich bei der Auswahl der Farbe und vieler anderer Dinge, die im Zuge der Renovierung der Schule passierten, beteiligt werden müssen. Wurde sie aber nicht, ebenso wenig wie das Kollegium und angeblich auch die Schulleitung. Das liege daran, dass die Schule nun in „privater Trägerschaft" sei. Da könne „man jetzt eh nichts mehr machen", findet Caros Kollege und ist der Meinung, dass es das Beste wäre, wenn der Schüler/-innen-Unmut im Sande verliefe. Caro findet das nicht richtig und würde die Schüler gerne über ihre Rechte aufklären. Sie ist sich aber unsicher, wie groß der Handlungsspielraum tatsächlich noch ist. Blöd wäre es schon, wenn die in der hessischen Gemeindeordnung seit 1998 verankerten Beteiligungsrechte von Kindern und Jugendlichen, die immer bei sie betreffenden Plan- und Bauvorhaben greifen, hier nichts nutzten und sich konkret nichts mehr verändern ließe. Aber selbst wenn es so wäre, wäre es trotzdem doch wichtig, die Jugendlichen auf die UN-KRK hinzuweisen und aufzuzeigen, dass durch Privatisierungsprozesse die Wahrung der Menschenrechte gefährdet sein kann. Also, was soll Caro tun? Soll sie der Linie ihres Kollegen folgen und hoffen, dass die Schüler/-innen das Interesse an dem Thema verlieren und ihr Unmut im Sande verläuft?

Fallbeispiel

Das Szene-Café

Sarah ist mit ihren Freundinnen (insgesamt fünf Mädchen) in die Stadt gegangen. Auf diesen Nachmittag hat sie sich schon lange gefreut. Und am Anfang ist auch alles ganz angenehm und toll. Nach einigen gelungenen Einkäufen beschließen Mike und Deborah, dass es Zeit wird, mal in einem Café einen kleinen Drink zu nehmen. Da wird es Sarah ganz flau zumute.

Gezielt steuern Mike und Deborah ein seltsames Billard-Café an. Das sieht von außen richtig düster aus. Lisa – Sarahs beste Freundin – ist total begeistert. Sie findet es richtig „cool" da reinzugehen. Weil auch ihre ältere Cousine schon mal da drin war. Sarah will da aber auf gar keinen Fall reingehen. Ihre Klamotten werden garantiert nach Rauch stinken, sie wird einen furchtbaren Ärger mit ihrer Mutter kriegen. Gleichzeitig will Sarah aber auch keine Spielverderberin sein. Insbesondere wegen Lisa, die sich echt total freut und begeistert an Sarahs Arm zerrt. „Ach, ich sage einfach, dass mir schlecht ist und geh nach Hause", denkt Sarah. Findest du, dass das eine gute Idee ist? Soll Sarah einfach sagen, ihr sei schlecht (obwohl das ja gar nicht stimmt), und nach Hause gehen?

Anregungen zur Analyse der Fallgeschichte: Mit der Schüler/-innengruppe kann zunächst auf der Ebene der **Entscheidungsfindung** nachgedacht werden. Hierzu eignen sich folgende Fragestellungen:
- Wer kann eigentlich entscheiden, was die Mädchen machen sollten?
- Wer kann entscheiden, ob Sarah gehen oder bleiben soll?
- Würde es etwas bringen, wenn die Mädchen darüber abstimmen würden, ob sie in das Café gehen sollen?
- Angenommen, drei sind dafür und zwei nicht. Müssen die zwei dann mit reingehen? Wäre das demokratisch?

Darüber hinaus sind hier verschiedene Ebenen der **Menschenrechte** angesprochen. Es kann interessant und gewinnbringend sein zu schauen, welche Rechte berührt sind:
Auf der Ebene der Schutzrechte:
- Sarah hat das Recht auf Selbstbestimmtheit.
- Keiner kann von ihr verlangen, dass sie mit ins Café geht.
- Wenn es ihr dort zu rauchig ist, kann es auch sein, dass ihre körperliche Unversehrtheit verletzt wird.
Auf der Ebene der Freiheitsrechte:
- Meinungsfreiheit: Es ist das Recht aller Mädchen in der Gruppe, eine Meinung zu entwickeln und ihre Meinung in einer Diskussion zu vertreten.
- Allerdings müssen sie Respekt für die Meinungen der anderen zeigen.
- Sarah muss auch wahrnehmen und akzeptieren können, dass den anderen das Café gefällt.
- Problematisch wird es, wenn eine den anderen ihre Meinung aufzwingen will.
- Total unzulässig ist es, wenn eine die andere persönlich angreift oder beleidigt. An dieser Stelle endet die Meinungsfreiheit.

Auf der Ebene der Gleichheitsrechte:

- Müssen alle in ein Café gehen?
- Muss ein Café so sein, dass alle reingehen könnten?
- Gibt es einen Unterschied, ob wir bei diesen Fragen über ein Café oder eine öffentliche Einrichtung nachdenken? (z.B. wenn es um ein Schwimmbad oder um eine Polizeistation gehen würde)?
- Wie muss ein Rathaus sein, damit es dem Gleichheitsrecht entspricht?
- Wann sind die Gleichheitsrechte in einer Schule verwirklicht?

Aktiver Menschenrechtsschutz im Kontext struktureller Diskriminierung

Dilemma Schulbesuch

Schulleiter Schmidt weiß nicht, wie er sich verhalten soll: am Rande eines Treffens des runden Tischs im Stadtteil wird er von einem Pfarrer der ev. Kirchengemeinde angesprochen. Der berichtet ihm von einer Familie, die aus Tschetschenien geflohen ist und die für ihre älteste Tochter eine Schule sucht, die bereit wäre, sie aufzunehmen. Die Familie hat aufgrund ihres Fluchtwegs keine Papiere, die dem 14-jährigen Mädchen einen offiziellen Zugang zu einer weiterführenden Schule ermöglichen würden. Schulleiter Schmidt könnte das Mädchen aufnehmen, müsste allerdings auf einen offiziellen Anmeldeweg verzichten. Was sollte er tun?

Dilemma Befreiung aus der Zelle

Polizeihauptkommissar Walter weiß nicht, wie er sich verhalten soll. Walter ist es wichtig, sich an Verfahrensregeln zu halten und diese entsprechend umzusetzen. Seit nunmehr drei Tagen bemüht sich Hauptkommissar Walter, den 23-jährigen Asylbewerber Del Piano ordnungsgemäß unterzubringen. Bisher ist ihm das aber nicht gelungen und die Unterbringung Del Pianos in einer Ausnüchterungszelle ist – nach Einschätzung Walters – unzulässig. Bisher hat sich keine Verwaltungsstelle seiner Hinweise und Bemühungen angenommen. Del Piano lebt bereits seit drei Jahren in Deutschland. Er hat den Aufenthaltsstatus der „Duldung". Da er seine Aufenthaltserlaubnis nicht finden konnte, ging er zur Ausländerbehörde, um neue Papiere zu beantragen. Diese alarmierte jedoch die Polizei, der abgelehnte Asylbewerber müsse abgeschoben werden. So landete Del Piano vor dem Haftrichter und schließlich zum „Abschiebegewahrsam" in der Ausnüchterungszelle der Polizei. Del Piano einen weiteren Tag in Polizeigewahrsam und in der dunklen Ausnüchterungszelle festzuhalten, nur weil im Strafvollzug kein Platz zu finden ist, hält Walter für nicht zumutbar. Er sieht die Menschenwürde, zu deren Wahrung er sich als Beamter verpflichtet hat, verletzt. Er erwägt daher, Del Piano aus der Zelle zu holen und ihn zu einem befreundeten Lehrer zu bringen. Sollte er das tun, auch wenn ihm dabei ein Disziplinarverfahren wegen „Gefangenenbefreiung" drohen kann?

Hintergrundinfos: Der Fall hat sich tatsächlich so abgespielt: Im Juni 1993 entließ Polizeihauptkommissar Roland Schlosser den aus Angola stammenden Alves Da Costa aus der Ausnüchterungszelle der Polizei in Landau. Eine Woche nach Schlossers ungewöhnlicher Tat hob ein Gericht den unrechtmäßigen Haftbefehl gegen Da Costa auf. Er bekam eine „Duldung", er hätte in Deutschland bleiben können. Für seine Tat wurde Schlosser mehrfach ausgezeichnet, aber auch vom Gericht verurteilt. 2003 erschien hierzu ein Buch des Bremer Juristen Herbert Schäfer, unter dem Titel „Die Bürde mit der Würde".

Identität und Menschenrechte

Dilemma Nebenjob

Francisco arbeitet schon seit zwei Jahren nebenbei in einem Szeneladen für Outdoor-Equipment. Auch beim Kellnern in den Sommerferien hat sich kein Mensch an seinem abgefahrenen Outfit gestört. Francisco ist ein ziemlich kreativer Mensch. Er kann richtig gut zeichnen. Gemeinsam mit seiner Schwester entwirft er Schmuck, den er auch gerne selber trägt. Besonders wichtig ist Francisco allerdings, etwas mit Menschen zu tun zu haben. Er möchte Sonder- und Heilpädagoge werden. Seit Anfang dieses Schuljahres kann er einmal wöchentlich in einem Club-Angebot der Lebenshilfe mit Kinder mit geistiger Behinderung arbeiten. Die Arbeit gefällt ihm gut. Die Kinder sind lustig, die hauptamtlichen Betreuer sehr nett. Allerdings möchten die jetzt, dass Francisco sein Aussehen verändert. Sie sind der Meinung, sein Gesichtspiercing und der Irokesenkamm würden die Kinder zu stark irritieren. Und tatsächlich brechen manche Jungs in schallendes Gelächter aus, wenn sie Francisco sehen und sind dann nur schwer wieder zu beruhigen. Zwei kleine Mädchen laufen vor ihm weg, da sie sich scheinbar vor seinem Aussehen fürchten.

Was soll Francisco tun? Ohne Piercing fühlt er sich verdammt nackt. Ohne die Iro-Frisur wäre er wohl nicht mehr er selbst, oder? Anderseits wäre die Arbeit im Club ein super Einstieg in seine Berufsvorstellung. Was meint Ihr: soll er sein Outfitt ändern und etwas moderater werden?

Dilemma Haare

Basti ist Mitte zwanzig, Polizeibeamter mit Leib und Seele und ein wirklich guter Gitarrist. Seit Schulzeiten spielt er in Bands und seit einigen Jahren in einer richtig guten, die auch bei Festen und Festivals auftritt. Die Rocksongs der späten Siebziger prägen den Stil der Band und das bestimmt auch deren äußeres Erscheinungsbild. Bis auf den Schlagzeuger haben alle lange Haare. Bisher hatte Basti mit seinem dicken, mittelbraunen, leicht gewellten Haar, auf dessen Pflege er sehr viel Zeit und Mühe verwendet, bei der Polizei kein Problem. Bei Einsätzen (z. B. Großdemos oder Fan-Begleitung bei großen Fußballspielen), hat Basti sich einen Zopf geflochten und so problemlos einen Helm tragen können. Jetzt aber muss Basti eine schwere Entscheidung treffen: Vor einigen Monaten hat er sich bei der Polizei um die Ausbildung für ein Sondereinsatzkommando beworben, bei dem es darum geht, Menschen aus komplizierten Situationen zu retten – und das zu Wasser, in der Luft und auf der Erde, da dann aber bevorzugt z. B. aus engen U-Bahnschächten, Fahrstühlen in Hochhäusern etc. Basti ist total begeistert, dass er für den Sonderlehrgang ausgewählt wurde. Er hatte sich nur wenig Chancen ausgerechnet, dabei sein zu können, denn seine Ergebnisse beim Sporttest waren nur mittelmäßig. Aber er kann – er könnte dabei sein.

Allerdings müsste er sich die Haare schneiden lassen, wegen der Sicherheitsbestimmungen im Sondereinsatzkommando. Basti versteht das auch. Das ist wirklich zum Schutz der Beamten gedacht. Allerdings, seine Haare – er trägt sie lang, seit er 16 Jahre alt ist, seine Freundin ist sehr begeistert davon, dass er so schöne gepflegte lange Haare hat. An die Kommentare seiner Musikkumpels möchte er grad gar nicht denken. Natürlich würden sie ihn nicht aus der Band ausschließen, aber Stilbruch wäre es irgendwie schon. Basti kann sich nicht entscheiden, was er tun soll, soll er sich von seinen langen Haaren trennen?

Gewaltfreiheit und diskriminierungskritische Perspektive

Beim Arzt

Frau Sommer geht seit vielen Jahren in die Praxis von „Kalb & Kopp". Die Gemeinschaftspraxis der beiden Mediziner steht für ein menschenfreundliches, engagiertes Konzept. Die Mitte-Vierzigjährigen machen noch Hausbesuche. Selbstverständlich waren Kalb und Kopp bereit, beim Methadonprojekt mitzumachen und Heroinkranken zu helfen. Jedes zweite Jahr geht einer der beiden Ärzte für einige Wochen mit einem „Ärzte ohne Grenzen"-Projekt ins Ausland.

Die Patienten von Kalb und Kopp wissen dieses Engagement zu schätzen. So auch Frau Sommer. Trotzdem weiß sie nicht, wie sie auf die Frage reagieren soll, die Dr. Kalb ihr kürzlich stellte:

Kalb möchte einer Frau aus Rumänien helfen, die seit mehreren Monaten „ohne Papiere" in Deutschland lebt. Sie hat hohes Fieber und Kalb vermutet, dass sie eine Lungenentzündung hat. Klar ist, dass sie eine richtige Untersuchung und eine gute Behandlung bräuchte. Daher sucht Kalb – der die Kampagne „Kein Mensch ist illegal" unterstützt – eine Patientin, die ihre Krankenversicherungskarte zur Verfügung stellt, damit Kalb die Rumänin untersuchen kann.

Was soll Frau Sommer machen? Soll sie ihre Krankenversicherungskarte hergeben, damit Dr. Kalb die Frau aus Rumänien behandeln kann?

Freizeit

Terence ist erst vor ein Paar Monaten nach Hannover gezogen. Am Anfang war es hart, wirklich schwierig, Kontakte zu knüpfen. Aber jetzt, seit er der Idee seines Kollegen gefolgt ist und mit ihm zum Badmintontreff geht, geht's ihm schon viel besser. Ein paarmal war er jetzt schon mit ihm und seinen Freunden beim Sport. Jetzt wartet Terence schon die ganze Woche auf das Gesamt-Event: zwei Stunden Badminton, dann Sauna, dann ein gemeinsamer Imbiss in einem netten kleinen Lokal.

Alles lief so prima. Bis zum letzten Mal in der Sauna. Auf einmal fing der Kollege von Terence in der Sauna an, antihomosexuelle Witze zu reißen. So richtig blöde, verletzende Witze, die er einfach nicht leiden kann. Die anderen in der Sauna sitzenden Sportfreunde schienen sich allerdings köstlich zu amüsieren. Was soll Terence machen? Soll er was sagen, zeigen, dass er so eine Haltung nicht akzeptieren kann?

Angst-Raum

Enrico weiß nicht, was er machen soll. Sehr gerne würde er heute Abend auch mal ins Gemeindehaus zum großen Winterball des TuS gehen. Aber er weiß nicht, ob er sich den „Stress mit den Faschos geben soll". Der 15-jährige Enrico trägt gerne bunte, auffällige Klamotten und ist damit eindeutig als nicht-rechter Jugendlicher erkennbar. Seit zwei Jahren engagiert er sich in seiner Schule in einer AG gegen Rassismus und Courage und versucht, vor allem jüngere Schüler über Rechtsextremismus und Diskriminierung aufzuklären. Er hat schon mehrfach erlebt, dass Mitglieder der rechten Clique, die bevorzugt nachmittags und abends vorm Einkaufszentrum abhängen, ihn und seine Freunde „blöd anquatschen" und sie bedrohen. Es ist schon unangenehm, wenn man an ihnen vorbei muss und sie einen anzischeln: „Eh, linke Zecke, wir machen dich tot". Meist bleibt es bei der verbalen Anmache. Auf Festen und Konzerten ist es schlimmer, da sind die Neonazis in ganz besonderer Stimmung und suchen Leute, an denen sie ihre Aggressionen ablassen können. Es kommt eigentlich immer zu Schlägereien. Felix, den Bruder seines besten Freundes, hat es schon einmal schlimm erwischt. Er musste sogar ins Krankenhaus. Seither sind Enrico und seine Freunde sehr vorsichtig geworden und meiden Volksfeste im Ort. Aber zum Winterball des TuS würde Enrico einfach gerne gehen. Da sind viele Leute, die er auch noch von früher (aus seiner aktiven Handballerzeit) kennt. Und außerdem sieht er es auch nicht ein, den Neonazis komplett das Feld zu überlassen. Deswegen weiß er nicht, wie er sich entscheiden soll. Was meint Ihr: soll Enrico heute einfach mal zum Winterball gehen?

Outing (Antiziganismus)

Emran weiß nicht, wie er sich verhalten soll. Soll er – so wie immer – bei seinen Führungen durch die Ausstellung „Zigeunerbilder – zur Dekonstruktion antiziganistischer Stereotype" einfließen lassen, das G.M. (ein berühmter Fußballspieler der deutschen Nationalmannschaft) ein Sinto ist? Oder soll er heute – da in der Gruppe einige Journalisten größerer Zeitungen dabei sind – dies lieber weglassen?

Emran, der als Kind mit seinen Eltern bereits 1989 aus dem Kosovo floh und in Deutschland insgesamt elf verschiedene Flüchtlingslager kennen lernte, ärgert sich schon darüber, dass einige prominente und in der deutschen Mehrheitsgesellschaft sehr angesehene Leute immer noch verschweigen, zur Gruppe der Sinti und Roma zu gehören. Emran, der vor einigen Jahren gemeinsam mit Freunden den Kulturverein „Roma Center" in einer mittelgroßen Unistadt gründete, ist der Meinung, dass dieses Outing sehr hilfreich wäre, um Vorurteile abbauen und für die Menschenrechtsverletzungen und das Diskriminierungsgeschehen gegenüber Sinti und Roma sensibilisieren zu können.

Emran macht sich seit vielen Jahren stark für ein gemeinsames Engagement von Sinti und Roma. Auch wenn er Verständnis für die Haltung der alteingesessenen Sinti hat, die sich vor weiterer Stigmatisierung durch die Mehrheitsgesellschaft fürchten, bedauert er die Abgrenzung der Sinti vor den vor 20 Jahren eingewanderten Roma sehr und kritisiert dieses Vorgehen auch offensiv.

Sehr selbstverständlich weist er daher auch bei diversen Gelegenheiten auf das Versteckspiel des Fußballstars G.M. hin. Er freut sich dann immer über die verblüfften Gesichter seiner über das Leben der Sinti nicht sehr kundigen Zuhörer. Aber heute hat er irgendwie Skrupel.

Klar wünscht er sich sehr, dass es mal zu einem Outing von G.M. käme, gleichzeitig wäre ihm nicht wohl dabei, wenn er durch eine Randbemerkung diesen Prozess auslösen würde

Also, was soll Emran tun? Soll er sich den Satz über G.M bei dieser Ausstellungsbegleitung lieber verkneifen?

Islamfeindlichkeit oder Eine Tagung anlässlich des 10. Jahrestages zum 11. September

Murat weiß nicht, wie er sich entscheiden soll. Soll er der Einladung einer evangelischen Akademie folgen und sich an dem (eine zweitägige Tagung abschließenden) Podium zur Frage: „Der 11. September und die Folgen" beteiligen oder der Veranstaltung doch lieber fernbleiben?

Murat hat den Großteil seiner Schulzeit in Deutschland verbracht, in Mannheim Abitur gemacht, in Heidelberg, Damaskus und Oxford Sprachen und

Religionswissenschaften studiert. Er ist seit einigen Jahren als freier Islamwissenschaftler tätig. Er berät türkische Gemeinden bei ihrer Jugendarbeit, sorgt für regelmäßige Veröffentlichungen in diversen Fachzeitschriften und ist seit jüngster Zeit vor allem sehr erfolgreich mit der Organisation und Begleitung sogenannter interreligiöser Dialoge beschäftigt. Er kennt die verschiedenen Entwicklungslinien und die Vielfalt der türkischen Communities im Rhein-Main- und Neckar-Raum recht gut und würde sich wirklich sehr darüber freuen, wenn er häufiger als Referent zu den entsprechenden Tagungen über die „Muslime in Deutschland" oder „Die Integrationshemmnisse der Religion" etc. eingeladen würde.

Als Zuhörender ist er dort häufig und hat dabei feststellen müssen, dass hier zumeist stark in die Mehrheitsgesellschaft eingebundene Wissenschaftler sehr wortreich über „die" Muslime reden, sich dabei meist gegenseitig zitieren und ein Bild kreieren, das sich nur selten mit der Wahrnehmung Murats deckt. So gesehen ist es natürlich eine große Chance, an der Tagung teilzunehmen, sich im Kreis der wissenschaftlichen Diskutanten und auch dem sicher kompetenten u./o. einflussreichen Publikum zu zeigen. Auch dann, wenn der Titel „Der Islam – eine Religion des Terrors?" der anlässlich des zehnten Jahrestages des 11. September organisierten Tagung schon sehr provozierend ist.

Eine Chance ist es in jedem Fall. Aber ist es das wert? Lohnt es sich, sich mit Vertretern des Landesverfassungsschutzes, einem für seine islamophoben Statements bekannten Bildungspolitiker und einem sehr wendigen, weil aktuelle Themen schnell aufgreifenden, Politikwissenschaftler über den 11. September zu unterhalten? Murat fürchtet, wieder einmal in die Rolle gedrängt zu werden, die Terroranschläge erklären und sich dafür entschuldigen zu müssen. Das ist ihm schon häufiger passiert. Darauf hat er wirklich keine Lust. Andererseits, wenn er da jetzt nicht hingeht, fehlt vielleicht eine wichtige Stimme.

Murat ist wirklich hin und her gerissen: Was soll er tun?

Methodische Hinweise zum Themenschwerpunkt ‚Partizipation und Menschenrechte'

Einstiegsfragen zur Selbstverortung

In Fortbildungssettings für Multiplikator/-innen empfehlen sich Einstiegsfragen, die die Teilnehmenden zunächst für sich selbst beantworten und dann in einem Partner/-innengespräch etwas reflektieren können. Dazu eignen sich z. B. folgende Fragestellungen:

- Was bedeutet Demokratie für mich?
- Welche Relevanz haben die Kinderrechte in meinem (Berufs-)Alltag?
- Erinnern Sie sich daran, als sie selbst ein Kind/ein Jugendlicher/eine Jugendliche waren: Welche Bedeutung hatten die Kinderrechte damals für Sie? Waren die Kinderrechte Ihnen bekannt/bewusst? Haben Sie von Ihren Kinderrecht(en) Gebrauch gemacht?

In einem nächsten Schritt kann ein Kurz-Impuls zu den Kinderrechten und dann anschließend die Auseinandersetzung mit **schulentwicklerischen Fragen** (siehe unten: Auf dem Weg zur Kinderrechte-Schule) folgen. Die oben angeführten Fragen eignen sich auch sehr zum Einstieg in das Thema „**Klassenrat und Kinderrechte**" (vgl. Kaletsch 2013, 7). Die (auch durch einen entsprechenden Impuls gestützten) Erkenntnisse können dann in einem anschließenden Courage-Spiel (siehe im Methodenteil zu Courage unter dem Stichwort: „Klassenrat und Kinderrechte") vertieft werden.

Bei **Elterninformationsabenden** bietet sich ein ähnliches Vorgehen an: allein oder gleich zu zweit in den Gedankenaustausch kommen, dann anschließend Sammlung im Plenum und Kurz-Impuls zu den Kinderrechten. Folgende Fragen könnten dabei gewinnbringend sein:

„Wenn Sie an ihre Schulzeit zurückdenken:
- Welche Rechte, welche Aufgaben hatten Sie?
- Gab es Situationen, in denen Sie sich eher ungerecht behandelt fühlten?
- Gab es Situationen, in denen Sie bewusst ein Kinderrecht in Anspruch genommen haben oder sich gewünscht hätten, ein Kinderrecht in Anspruch nehmen zu können?
- Welche Rechte und Aufgaben haben Ihre Kinder?"

(Die Fragen lehnen sich an das von Makista entwickelte Papier „Elterninfo Kinderrechte".)

Auf dem Weg zu einer „Kinderrechte-Schule"

Auf der Folie eines Impulses zu UN-KRK (Haus der Kinderrechte) können Schul-Entwicklungsgruppen wiederum Arbeitsgruppen bilden und sich thematisch mit folgenden Fragen befassen, die helfen können, bereits vorhandene Aspekte (die Ressourcen) in Bezug auf die Entwicklung einer demokratischen Schulkultur und die Relevanz der Kinderrechte festzustellen und weitere Entwicklungs- und Handlungsfelder auszudeuten. Im Anschluss an eine kurze Einführung, die die Relevanz des menschenrechtlichen Aspekts herausarbeitet und auf den Schulalltag herunterbricht, sind Leitfragen entwickelt, an denen sich die Kleingruppen orientieren können:

AG Gleichheit. Hier zeigt sich die Universalität der Menschenrechte: „Alle Menschen sind frei und gleich an Würde geboren" (AEMR) oder anders ausgedrückt: „Jeder Mensch hat das Recht, Rechte zu haben." Für Institutionen werden hier zentrale Fragen von Inklusion und Antidiskriminierung berührt. Die folgenden Fragen können helfen, sich einen entsprechenden Überblick zu verschaffen:
- Wie gehen wir als Schule/Schulgemeinde mit Heterogenität um?
- Wo werden Kinder benachteiligt?
- Welche Handlungsoptionen zur Optimierung und/oder Durchsetzung der Gleichheitsrechte ergeben sich?
- Was könnte ein erster Schritt zur Weiterentwicklung/Optimierung sein?

AG Schutz. „Die Würde des Menschen ist unantastbar" (Art 1 GG). Neben der körperlichen und seelischen Unversehrtheit geht es hierbei u. a. auch um die Wahrung der Privatautonomie. Gelegenheitsräume zur konstruktiven Konfliktbearbeitung und Opferschutz spielen dabei eine zentrale Bedeutung zur Entwicklung einer sicheren und Kinder stärkenden Lern- und Lebensumgebung. Angebote des sozialen Lernens, der Streitschlichtung, Antidiskriminierung, Anti-Mobbing und Opferschutz sind hierbei zentral. Zur Bestandsaufnahme und Wahrnehmung von Entwicklungsfeldern können folgende Fragen hilfreich sein:

- Was machen wir schon?
- Was läuft gut und ist fest etabliert?
- Wo fehlt etwas oder läuft nicht rund?
- Wo ergeben sich Anschlüsse zu den Kernbereichen der Kinderrechte?
- Wo ergeben sich Entwicklungsfelder? Was könnte ein erster Schritt sein?

AG Förderung. Die UN-KRK richtet ihre Aufmerksamkeit auf das individuelle Recht auf Förderung und Entwicklung. Der Perspektivwechsel hin zu einer subjektorientierten Bildung, die sich an Kompetenzen, Lern-Prozessen und damit zentral an einzelnen Schülerinnen und Schülern orientiert, kann dabei maßgebend sein. Im Mittelpunkt steht das Recht auf eine bewusste Wahrnehmung und individuelle Förderung des/der Einzelnen. Die folgenden Fragen können hierzu wichtige Impulse zur Bestandsaufnahme und Wahrnehmung von Entwicklungsfeldern geben:

- Wie wird unsere Schule diesem Anspruch gerecht?
- Werden die Ausgangsvoraussetzungen und Möglichkeiten der Kinder in den Blick genommen und entsprechend wahr- und ernst genommen?
- Werden Kinder mit Beeinträchtigungen entsprechend gefördert?
- Wo sehen wir Entwicklungsfelder und Optimierungsbedarf, um dem Anspruch der Rechte auf Förderung und Entwicklung gerecht zu werden?
- Welche Handlungsoptionen ergeben sich?
- Was könnte ein erster Schritt sein?

AG Partizipation. Die Rechte der Kinder auf Beteiligung und Mitbestimmung sind zentral in der UN-KRK gestärkt. Fragen, die sich daraus für Schulen ergeben, können sein:

- Welche Gelegenheitsräume zur Verantwortungsübernahme für Schüler/-innen ergeben sich an unserer Schule?
- Sind die Interessen und Bedürfnisse von Schüler/innen spürbar? Wo zeigen sie sich? Wie werden sie sichtbar? Und wie werden sie aufgenommen und genutzt?
- Wo bieten sich Lern- und Handlungsfelder zur Beteiligung und Mitbestimmung für Schüler/-innen an unserer Schule?
- Wo sehen wir Handlungs- und Entwicklungsfelder?
- Was könnten erste Schritte zur Optimierung sein?

Einstiege in das Themenfeld Kinderrechte/ Menschenrechte, die innere Beteiligung erzeugen und die Lernadressaten und -adressatinnen dazu einladen, sich selbst mit den Menschenrechten zu verknüpfen:

Ausgehend von der Erkenntnis, dass alle Menschen bereits Wissen, Vorstellungen und Erfahrungen über/mit Menschenrechten haben, laden wir die Teilnehmenden immer dazu ein, sich selbst mit ihren Ideen, Bedürfnissen, Narrativen und Visionen einzubringen. Wir folgen dabei der von Hormel und Scherr gelegten Spur der „voraussetzungsarmen" Menschenrechtsbildung. Im „Handbuch Demokratietraining in der Einwanderungsgesellschaft" (Kaletsch 2007a) finden sich ausführliche Methodenbeschreibungen zu Dilemma-Planspielen (siehe u. a.: „Die menschenfreundliche Stadt", „Auf dem Weg zu einem idealen Gemeinwesen" und „Die menschenfreundliche Schule"), die Kinder und Jugendliche einladen, sich selbst mit der Idee der Menschenrechte zu verknüpfen und Entscheidungsfindungsprozesse zu reflektieren.

Im Kontext des hier vorliegenden Ansatzes zum „Demokratie lernen in der pluralen Gesellschaft" sollen daher die Herangehensweise(n) anhand der Methode der Entwicklung eines „menschenfreundlichen Gemeinwesens" nur skizziert werden.

Ausgangspunkt der Auseinandersetzung mit der Entwicklung eines „menschenfreundlichen Gemeinwesens" ist die zentrale Frage: „Wie wollen wir leben?"

Diese ist durchaus auch visionär gedacht und soll die Teilnehmenden einladen, sich selbst mit ihren Vorstellungen, Wünschen und Bedürfnissen zu verknüpfen, darüber in den Austausch mit anderen Teilnehmenden zu treten, eigene Vorstellungen zu modifizieren und weiterzuentwickeln. Die dabei gewonnenen Erkenntnisse dienen dann der Überprüfung der Realitäten in der pluralen (Welt-)Gesellschaft und/oder der pluralen Gesellschaft in Deutschland.

Übung: „Auf dem Weg zu einem menschenfreundlichen Gemeinwesen"

Übung

Die Teilnehmenden waren aufgefordert, folgenden Fragen nachzugehen: *„Was brauche ich, um mich wohl zu fühlen und gut (mit Anderen) leben zu können? Welche Chancen, Möglichkeiten, Sicherheiten und Werte sind mir wichtig?"* Die Fragestellungen sollen die Teilnehmenden nur anregen. Manchmal reicht die erste, eher offene Frage nach den Bedürfnissen aus, um die Überlegungen starten zu können. Für manchen Teilnehmenden wäre dies zu offen und zu weit, daher sind die Stichworte: Chancen, Möglichkeiten, Sicherheiten und Werte als Anregungen gedacht, von denen man sich inspirieren lassen und auf die man Antworten finden kann, aber nicht finden muss. Auch die Größe des Gemeinwesens kann sehr unterschiedlich sein. Wichtig erscheint uns in unserem Kontext jedoch der Hinweis darauf, dass dies durchaus auch „weltumspannend" gedacht und das Denken in „nationalstaatlichen Grenzen" bewusst überschritten werden kann/soll.

Die Teilnehmenden werden gebeten, zunächst in Einzelarbeit maximal neun Aspekte für das „menschenfreundliche Gemeinwesen" zu benennen. Diese werden von ihnen auf einem Kärtchen notiert. Die Kärtchen bleiben bei ihnen, nur sie müssen sie lesen können. Diese Aspekte können sehr unterschiedlich, beispielsweise sehr konkret und haptisch, wie „Nahrung, die vielleicht in einer bestimmten Weise hergestellt sein sollte" und sehr abstrakt, wie zum Beispiel „Freiheit" oder „Liebe" sein. Man darf neun Aspekte benennen, es dürfen auch weniger als neun sein. Nur wer mehr Aspekte hat, muss eine Entscheidung treffen. Denn in die zweite Runde – den Austausch und die Einigung mit einem anderen Teilnehmenden – dürfen jeweils nur neun Aspekte mitgenommen werden.

In Runde zwei sind verschiedene Varianten möglich: Wenn gleichermaßen eine Sensibilisierung für Entscheidungsfindungsprozesse und eine Verknüpfung mit Menschenrechten intendiert wird, sollte in Phase 2 (vielleicht auch in einer Phase 3: die Partner/-innen aus Phase zwei gehen mit einem weiteren Partner/-innen-Team zusammen und einigen sich erneut auf neun gemeinsame Punkte) auf jeden Fall eine Einigung auf neun gemeinsame Punkte erfolgen. Der Auftrag lautet: *„Bitte geht zu zweit zusammen und einigt euch auf neun gemeinsame Aspekte. Dabei darf etwas Neues entstehen. Das heißt Aspekte, die zuvor auf keinem Kärtchen standen, die aber durch den Austausch entdeckt werden, dürfen selbstverständlich auf dem ‚neuen Dokument' notiert werden."* Mit diesem Dokument würden im Fall eines dreischrittigen Vorgehens die Teams auch in die nächste Runde der Entscheidungsfindung gehen. Diese/r Entscheidungsfindungsprozess(e) sollte(n) dann auch entsprechend reflektiert werden. Hierzu empfehlen sich folgende Leitfragen: Wie seid ihr mit dem Auftrag zurechtgekommen? War es leicht/schwer, sich zu einigen? Wie seid ihr vorgegangen? Hat euch etwas überrascht? Ist etwas Neues entstanden? Was ist mit euren Punkten passiert? Musstet ihr auf etwas verzichten? Könnt ihr das gemeinsame Papier (das „neue Dokument") gut mittragen? Liegt der Fokus auf der Sensibilisierung von Entscheidungsfindungsprozessen, dann einigen sich in Phase 3 die Teams wiederum auf neun gemeinsame Punkte und legen gemeinsam fest, wer die Gruppe in der anschließenden letzten Entscheidungsphase im Fishbowl vertritt. In Phase vier einigt sich die Gruppe mit Hilfe der Fishbowl-Methode auf neun gemeinsame Punkte, die von der Gruppe als wesentlich erachtet werden, um ein menschenfreundliches Gemeinwesen entwickeln zu können. Zum Abschluss kann der/die Moderator/-in die Teilnehmenden um eine offene (oder auch geheime) Abstimmung bitten, in der alle gefragt werden, ob sie sich vorstellen könnten dort (in das menschenfreundliche Gemeinwesen) einzuziehen.

Brücke zu und Fokus auf Menschenrechte:

Fokus Entscheidungsfindung: Wenn die Gesamtgruppe über den Fishbowl zu einer gemeinsamen Entscheidung gekommen ist, bietet es sich an, die Teilnehmenden im Anschluss in Kleingruppen nach wichtigen Regeln/Grundsätzen zu fragen, die in dem menschenfreundlichen Gemeinwesen gelten sollten. Dies sollte ohne Begrenzung sein und die Teilnehmenden sollten Zeit haben, alle (menschenrechtlichen) Aspekte, die ihnen zentral und wichtig erscheinen, benennen zu dürfen. Der Impuls zu Philosophie und momentanem Entwicklungsstand des universellen Menschenrechtskonzepts sollte dann darauf folgen und sich entsprechend auf die von den Teilnehmenden eingebrachten Punkte beziehen (vgl. Kaletsch 2007a, 193 ff.).

Fokus Verknüpfung mit Menschenrechtskonzept(en):

Wenn die individuelle Verknüpfung mit den Menschenrechten im Zentrum der Herangehensweise steht, bietet es sich an, die Teilnehmenden in Phase 2 im Anschluss an ihre Einigung auf neun gemeinsame Punkte darum zu bitten, zwei Aspekte auszuwählen, die sie für so wichtig erachten, dass sie hier und heute Gehör finden sollen. Das bedeutet nicht, dass die anderen Aspekte nicht auch wichtig wären. Es geht nur darum, jetzt im Moment, diejenigen Aspekte auszuwählen, die unbedingt ins Plenum getragen werden sollten. Dies sind vielleicht Aspekte, für die man sich engagieren und/oder auch streiten und kämpfen würde. Dies können, müssen aber nicht zwei gemeinsame Punkte sein. Diese Aspekte werden jeweils mit einem Edding gut lesbar auf einem Kärtchen notiert. Diese Kärtchen sollen dann in der Plenumsrunde vorgestellt und in die Mitte gelegt werden. Der anschließende Impuls zu Kinder- und Menschenrechten kann die Aspekte aufgreifen und sie auch den einzelnen Rechtsgebieten: Schutzrechten (Recht auf Schutz), Freiheitsrechten (Recht auf Beteiligung und Mitbestimmung), Gleichheitsrechten (Recht auf Förderung und Entwicklung) zugeordnet werden.

Anknüpfungspunkte und Weiterarbeit:

Liegt der **Schwerpunkt auf Partizipation und Menschenrechten (allgemein)**, sollten nun anhand von Dilemma-Dialogen und Courage-Spielen einzelne Aspekte vertieft werden und den Teilnehmenden sollten ausreichend – ansprechende – Infomaterialien zu den Menschenrechten zu Verfügung gestellt werden.

Liegt der **Schwerpunkt** auf der Auseinandersetzung mit **diskriminierenden, rassistischen Geschehen**, sollte eine Meta-Plan-Wand mit Plakaten zu Menschenrechten und den von den Teilnehmenden erarbeiteten Aspekten den Menschenrechtsgruppen zugeordnet gut sichtbar im Raum stehen, so dass sich die Teilnehmenden im Verlauf der nächsten Fortbildungsschritte immer wieder darauf beziehen können. Auch kann es hilfreich sein, die Teilnehmenden aufzufordern „Patenschaften" für einzelne (von ihnen als besonders relevant und wichtig empfundene) Aspekte zu übernehmen und zu schauen, was im Verlauf der nächsten Arbeitsschritte: Auseinandersetzung und Analyse der Funktionsweisen von beispielsweise Rassismen, Strategie und Ideologie der extremen Rechten u. Ä. geschieht.

Szenisches Arbeiten mit und zu Menschenrechts-Themen

Viele menschen-/kinderrechtliche Aspekte lassen sich sehr gut spielerisch darstellen. Die Arbeit an kleinen szenischen/spielerischen Sequenzen kann man gut zur Vertiefung, selbstverständlich auch zum Einstieg in das Thema nutzen. Es bietet sich immer an, die szenische Darstellung als Rätselspiel zu gestalten. Dabei werden die Zuschauenden gebeten zu raten, um welchen menschenrechtlichen Aspekt es geht. Nutzt man die szenische Darstellung zur Vertiefung, kann man die Teilnehmenden auffordern, selbst kleine Szenen zu entwickeln. Diese können positiv konnotiert und ein „Jubel-Bild" der Menschenrechte darstellen oder auch auf einen kritischen Aspekt, auf die Problematik der Verletzung der Menschenrechte hinweisen.

In manchen Lernsettings (insbesondere bei Teilnehmenden mit geistiger Behinderung) bietet es sich an, mit einer szenischen Darstellung einzusteigen: Ein Moderator/-innen-Team spielt Szenen vor, in denen Rechte verletzt werden. Die Teilnehmenden sollen beobachten und dann zunächst mitteilen: was stimmt hier nicht/was geht hier schief? Das Moderationenteam bittet die Teilnehmenden dann um Anregungen, was anders/besser gemacht werden könnte. Diese zweite Variante wird dann ebenfalls gespielt. Dabei können sich, wenn die Teilnehmenden es wünschen, diese auch selbst beteiligen.

Die Szenen:

1. Recht auf Schutz (Privatheit/Intimssphäre): Jemand liest im Tagebuch oder einem Brief von einer anderen Person. Die geschädigte Person kommt hinzu und schaut erschrocken.
2. Recht auf Förderung und Entwicklung (Recht auf Freizeit und Erholung): Eine Person ist voll gestresst und beschäftigt: sie hat wahnsinnig viele Hausaufgaben, kommt aber noch nicht dazu, denn im Moment ist sie mit dem Putzen der Wohnung beschäftigt. Von Freizeit keine Spur. Das Telefon klingelt: am Apparat ist eine andere Person, der es sehr gut geht, sie spielt schon mit einem Fußball rum. Sie ist sehr aufgeregt und voller Freude und fragt: „Kommst du auch gleich in den Park zu unserem Fußballspiel?" Die andere Person sagt: „Nein, das geht auf gar keinen Fall. Ich habe zu viele Hausaufgaben." und fängt wieder an zu arbeiten.
3. Recht auf Beteiligung und Mitbestimmung: der Klassenlehrer (!) bestimmt den Klassensprecher. Er sagt: „So, liebe Klasse, nun ist es ja wieder Zeit für einen neuen Klassensprecher. Ich habe mir gedacht, dass machst du jetzt mal, Philip. Du bist so ein angenehmer Mensch und deshalb bestimme ich dich jetzt zum neuen Klassensprecher." Der angesprochene Philip schaut verdutzt und es wird deutlich, dass ihm nicht wohl ist bei der Sache.

Im Anschluss an die drei Szenen kann es einen kurzen Impuls zu Menschenrechten/Kinderrechten geben. Auf dieser Grundlage kann vertiefend dann noch folgende Szene gespielt und bearbeitet werden:

Die Szene: **„Ruhezone auf dem Schulhof"**: Jemand sitzt und schaut sich in aller Ruhe ein Buch an. Plötzlich kommt eine Gruppe auf den Schulhof gestürmt. Die Menschen der Gruppe sind sehr laut. Sie hören Musik, manche machen einfach so Lärm, ein Person spielt mit einem Ball. Sie lässt den Ball immer wieder in der Nähe der lesenden Person auftippen. Die Person fühlt sich gestört und äußert dies auch. Die anderen beachten es nicht. Ihr Argument: „Was willst du – das war der Wunsch der Mehrheit: 70 % der Schüler haben für eine aktive Pause gestimmt. Da hast du Pech gehabt."

Fragen für die Analyse der Szene:
Was ist hier los? Was geht hier schief? Was müsste anders sein? Was hat es mit unserem Thema zu tun? Was hat es mit den Kinderrechten zu tun?

Zum Hintergrund: hier wird die Unteilbarkeit der Menschenrechte deutlich und warum Demokratie und Menschenrechte eben unbedingt zusammen gehören.

Methodische Hinweise zum Themenschwerpunkt ‚Identität und Menschenrechte'

Im Folgenden finden sich Hinweise auf Methoden, die (insbesondere in Fortbildungsangeboten für Multiplikator/-innen) geeignet sind, eine Auseinandersetzung mit den in dem Kapitel ‚Identität und Menschenrechte' angestoßenen Themen- und Fragestellungen anzuregen. Dies sind im Einzelnen:

* Übung „Straßenstars" oder auch „Vermutungen aussprechen"
* Übung „Identitätszwiebel"
* Vorlage für eine Gesprächswerkstatt (Konfliktklärungsgespräch) zum Thema „Sprachförderung"
* Übung „Wie im richtigen Leben"

Übung „Straßenstars" oder auch „Vermutungen aussprechen"

Übung

Themen der Übung:

* Selbst- und Fremdwahrnehmung
* Aktives Zuhören
* Empathie und Perspektivwechsel-Schulung

Material- und Zeitbedarf: Glöckchen, Gong oder Ähnliches, mit dem der/die Moderator/-in, auf sich aufmerksam macht und einen Auftrag in die Gruppe geben kann. Ansonsten ist kein weiteres Material nötig. Gut wäre ein Raum mit etwas Bewegungsfreiheit und Rückzugsmöglichkeiten, damit die Teilnehmenden einander gut zuhören können. Durchführung und anschließende Auswertung benötigen ca. 30-45 Minuten.

Übungsablauf: Der/die Moderator/-in bittet die Gruppe Partner/-innenteams zu bilden. Dabei sollten zwei Teilnehmende zusammengehen, die sich nicht gut kennen. Der/die Moderator/-in erläutert zunächst das Vorgehen: Bitte sucht euch einen Partner/eine Partnerin nach dem Kriterium größtmöglicher Fremdheit. Ihr habt im Folgenden die Aufgabe, an drei Themenstellungen jeweils zunächst Vorannahmen über den anderen zu äußern, die derjenige, über den diese Dinge vermutet wurden, dann anschließend bestätigen oder richtigstellen kann. Es geht also zunächst darum, Vermutungen, Assoziationen zu formulieren, Dinge zu benennen, von denen man sich vorstellen kann, dass der andere sie gerne mag, in einer bestimmten Weise tut etc. Dies sind nur Vermutungen, Thesen. Man kann falsch oder richtig liegen. Das ist kein Problem. Der/die Geprächspartner/-in und damit zunächst nur zuhörende (und am besten auch sich nichts anmerken lassende) Person kann ja anschließend ihre Perspektive einbringen. Es beginnt mit der Fragestellung nach (beliebten) Frühstücksritualen: assoziiert, was denkt ihr: Wie frühstückt die Person, mit der ihr für diese Übung zusammengegangen seid? Ist sie ein Frühstückstyp? Wie sehen die Frühstückgewohnheiten im Alltag, wie die an besonderen (freien) Tagen aus?

Die Übung beginnt. Der/die Moderator/-in lässt 2-3 Minuten Zeit für die Assoziationen, löst dann ein Stopp-Signal aus, sagt an, dass nun die zuhörende Person kurz eine Rückmeldung zu den Assoziationen geben kann, nach ca. 2-3 Minuten löst sie erneut einen Stopp aus und bittet nun um einen Rollenwechsel: die zunächst zuhörende Person assoziiert nun über die Frühstücksgewohnheiten ihres/ihrer Gesprächspartner/-in. Nach 2-3 Minuten löst sie erneut einen Stopp aus. Damit beginnt die zweite Runde der Auflösung. Dann erfolgt ein Themenwechsel. Das zweite Thema lautet: „Der perfekte Urlaub". Das dritte Thema „Das tust du für dein Team/deine Schule, deine Klasse". Hierbei ist es wichtig, dass der/die Moderator/-in deutlich macht, es geht grundsätzlich um assoziierte Verhaltensweisen der Person in Teams, das kann auf das Schul-Team bezogen sein, kann aber auch allgemeiner, oder sich auch auf außerschulische, zivilgesellschaftliche Aktivitäten beziehen. Die Bearbeitung der Fragestellung zwei und drei erfolgt nach dem gleichen Muster wie zu eins beschrieben. Wichtig ist, dass die Partner/-innen für alle drei Fragen zusammenbleiben. Wie sie innerhalb der drei Fragen ihre Rollen: Also wer beginnt mit der Assoziation? Wer hört zuerst zu? definieren, bleibt den Paarungen selbst überlassen. Sie dürfen selbstverständlich den Rhythmus wechseln.

Methodenreflexion: Die Reflexion der Übung erfolgt in einem Dreischritt. Zunächst bittet der/die Moderator/-in um Rückmeldungen zum eigenen Erleben der Übung. Entsprechende Fragestellungen können sein: „Wie habt ihr die Übung erlebt? Wie seid ihr mit dem Auftrag zurechtgekommen? Was ist euch aufgefallen? Danach wird die Zielsetzung der Übung ermittelt. Häufig gibt es hierzu erste Anmerkungen, wenn die Teilnehmenden über ihr Erleben mit der Übung sprechen. Diese Spur kann der/die Moderator/-in aufgreifen und gezielt fragen: „Wozu ist die Übung gut?" „Was ist das Ziel der Übung?" Worum geht es in dieser Übung?"

Zentrale Aspekte der Zielsetzung: Es geht im Wesentlichen um eine Sensibilisierung für das Wechselspiel aus Selbst- und Fremdwahrnehmung. Die Teilnehmenden können etwas über Zuschreibungsmechanismen erfahren und wahrnehmen, wie sie sich dazu verhalten. Die Übung leitet Prozesse der Selbstreflexion ein. Zentrale Erkenntnisse können sein: es gibt eine Diskrepanz zwischen Selbst- und Fremdwahrnehmung; wir alle schreiben Menschen Dinge zu. Dabei können unsere Vorannahmen sehr wenig mit der Realität, dem Erleben und dem Narrativ des anderen zu tun haben. Entscheidend ist, dass Raum da ist, das eigene Narrativ entfalten zu können. Die Übung macht die Bedeutung der Selbstbestimmtheit, die Wahrung der Selbstdeutung bewusst.

Die Übung macht deutlich, wie wichtig es ist, zu kommunizieren, um die Diskrepanz zwischen Fremdzuschreibung und Selbstbestimmtheit entdecken zu können. Sie verdeutlicht, warum es wichtig ist, dialogische Verfahren kennen zu lernen und sich in ihnen sicher und wohl zu fühlen. Die Übung verdeutlicht, dass es wichtig ist, Dinge auszusprechen, um sich besser zu verstehen.

Übung „Identitätszwiebel"

Themen der Übung:

- Wahrnehmung von Pluralität und Mehrbezüglichkeit
- Selbst- und Fremdwahrnehmung
- Auseinandersetzung mit der eigenen Identität
- Auseinandersetzung mit Zuschreibungsmechanismen
- Auseinandersetzung mit Kultur(begriffen) und -konzepten
- Stärkung der Selbstautonomie

Material- und Zeitbedarf: Flipchart, Flipchartpapier, ggf. runde farbige Kärtchen für die Teilnehmenden, einen Raum mit Bewegungsfreiheit und Rückzugsmöglichkeiten für Partner/-innen-Gespräche. Für die Durchführung, Reflexion und den abschließenden Impuls bedarf es etwa 45-60 Minuten.

Übungsablauf: In einem ersten Schritt begeben sich Lernbegleitung und Lernadressat/-innen in eine gemeinsame Suchbewegung und versuchen sich der Frage anzunähern, was Identität ausmacht. Dazu bittet der/die Moderator/-in die Teilnehmenden um Benennung von „Merkmalen/Eigenschaften von Identität/Persönlichkeit". So lautet auch der Titel des Flipcharts, auf dem der/die Moderator/-in, die von den Teilnehmenden genannten Aspekte notiert. Die Sammlung kann auch mit einem kleinen Beispiel eingeleitet werden, das u. a. deutlich macht, dass das Erleben der eigenen Identität sehr vielfältig und sehr von Situation und Kontext abhängig sein kann. „Als Frau alleine in einer Gruppe von lauter Polizeibeamten, werde ich mir meiner zivilgesellschaftlichen Perspektive und Rolle sehr bewusst. Auch empfinde ich die Bedeutung der geschlechtlichen Identität stark." Das kann in einem anderen (auch beruflichen) Kontext ganz anders sein. So könnte jemand, der in einer dörflichen Struktur aufgewachsen ist und jetzt mit seinem im Dorf gebliebenen Vater über seine berufliche Identität sprechen möchte, auf Unverständnis stoßen, obwohl die Voraussetzung zu Anerkennung vorhanden ist. Bei der Sammlung der „Merkmale, die (m)eine Persönlichkeit ausmachen", greift der/die Moderator/-in die Begriffe der Teilnehmenden auf und nimmt bei Bedarf auch Ergänzungen vor. Dabei entsteht ein „Kanon" an persönlichkeitsprägenden Merkmalen, der in einer Liste festgehalten wird. Fehlen in der Sammlung wichtige Aspekte, die aufgrund der die Alltagsdiskurse bestimmenden Rassismen und Diskriminierungen häufig unsichtbar bleiben, dann sollte der/die Moderator/-in diese ganz selbstverständlich – die Gruppe dabei nicht belehrend – einführen. Aspekte, die oft benannt werden, sind: Geschlecht, Herkunft, Sprache, Familie, soziales Umfeld, Freunde, Bildung, Beruf, Religion, Hobbys oder Interessen, Alter. Aspekte, die manchmal fehlen können, sind: Staatsangehörigkeit, Hautfarbe und Status. Fehlende Aspekte deuten darauf hin, dass hier auch fehlende Empathie bzw. Kenntnis aus der Betroffenenperspektive vorherrscht.

Um Heteronormativitätsvorstellungen zu irritieren, können zu den Begriffen Geschlecht und Familie Ergänzungen gemacht werden, die die binäre Logik der Normalitätserwartungen durchbrechen. Bei dem Begriff der Bildung kann eine Wahrnehmung durch die Verwendung der Begriffe „formelle" und „informelle" Bildung erweitert werden. Perspektiverweiterungen können auch in Bezug auf (unveränderliche) äußerliche Merkmale hilfreich sein. Zum Beispiel dann, wenn es angebracht erscheint, ein Bewusstsein für die Problematik von „racial profiling" zu erzeugen. Auch kann eine Sensibilisierung im Hinblick auf die Perspektive behinderter Menschen gewinnbringend sein.

Wichtig bei der Moderation der Sammlung ist es, den Anspruch auf Vermittlung einer Spur, die ein inklusives und damit auch diskriminierungskritisches Denken möglich macht, und die Wertschätzung und Anerkennung der Teilnehmenden und ihre Vorstellungen gleichermaßen im Blick zu behalten. Daher empfiehlt es sich, als Moderator/-in die gegebenenfalls fehlenden Aspekte ganz behutsam in die Sammlung einfließen zu lassen und nicht am Ende der Sammlung diese durch einen kritischen Blick zu komplettieren.

Die Moderation der Sammlung sollte ganz fließend in den nächsten Arbeitsschritt einleiten. Beispielweise kann der/die Moderator/-in, wenn die gemeinsame Liste schon recht viele Aspekte umfasst, darauf hinweisen, dass sie schon gefüllt, aber sicher noch nicht abgeschlossen ist, und nochmals um weitere Aspekte bitten. Diese aufgreifend leitet die Moderation nun über und erläutert den nächsten Arbeitsschritt:

Die Teilnehmenden werden aufgefordert, „sich nun mit ihrer eigenen Identität zu beschäftigen und für den Moment mal festzuhalten, was sie ausmacht, was ihre drei wichtigsten Merkmale sind. Die Aufgabe besteht darin, drei Aspekte auszuwählen, die für Sie persönlich sehr wichtig sind." Dazu verteilt der/die Moderator/-in Kärtchen oder bittet die Teilnehmenden Papier zu verwenden, was für sie persönlich gut zu nutzen ist. Auf diesem Papier sollen die Teilnehmenden, wenn es ihnen möglich ist, die für sie wesentlichen drei Aspekte notieren. Dies kann in unterschiedlicher Weise geschehen. Der/die Moderator/-in stellt hierzu drei Varianten vor: das *Ranking*, in dem mit Zahlen von 1 bis 3 gearbeitet werden kann, ein *Tortenmodell,* in dem drei unterschiedlich große Tortenstücke entstehen können, oder das Modell der *Zwiebel* mit einem Kern im Inneren, einem Kreis, der den Kern umhüllt, und dann einem weiteren Kreis darum. Die Teilnehmenden entscheiden sich frei für eines der drei Modelle, sie orientieren sich an der gemeinsam entwickelten Liste zu: „Eigenschaften/Merkmalen, die Identität ausmachen", können sich aber auch ganz vor ihr lösen. Fehlt ein Aspekt, können sie diesen in ihre persönlichen Überlegungen selbstverständlich aufnehmen.

Bevor die Teilnehmenden mit diesem Arbeitsauftrag beginnen, ist es wichtig, dass der/die Moderator/-in darauf achtet, dass ein geschützter, die Selbstautonomie der Teilnehmenden stärkender Lernraum entsteht. In diesem Zusammenhang ist es sehr hilfreich, das Vorgehen sehr transparent zu machen und die nächsten drei Arbeitsschritte (von der Einzelarbeit über das Partner/-

innengespräch bis zur Reflexion im Plenum) genau zu beschreiben. Zu der Einzelarbeit: jede/r denkt für sich: was ich notiere, bleibt bei mir. Ich entscheide, mit wem ich zusammengehe, um mich auszutauschen und wie viel ich in dem Gespräch von mir preisgeben möchte. Schon im Partner/-innengespräch kann der Fokus auch nur auf allgemeinen Erkenntnissen liegen. Natürlich kann man sich auch – wenn man möchte – über einzelne Aspekte unterhalten. Der/die Moderator/-in kündigt schon jetzt an, dass es im Plenumsgespräch vor allem um das Gewinnen allgemeiner Erkenntnisse gehen wird. Sicher darf man dabei auch einzelne Aspekte einbringen. Darüber muss aber jeder wirklich ganz individuell und selbstbestimmt entscheiden können, weshalb es wichtig sein wird, im Partner/-innengespräch festzulegen, ob gemeinsame Erkenntnisse durch das Erläutern von Beispielen des jeweils anderen erwähnt werden dürfen. Die Teilnehmenden brauchen für den ersten Schritt: Einzelarbeit, in der Regel etwa 5 Minuten, für das Partner/-innen-Gespräch sollten zwischen 10-15 Minuten zur Verfügung stehen.

Die Reflexion im Plenum folgt der zunächst sehr offenen Frage nach dem Erleben: „Was haben Sie erlebt? Wie ist es Ihnen mit dem Arbeitsauftrag – seinen zwei Ebenen: Auseinandersetzung alleine und Austausch mit dem/der Partner/-in ergangen? Je nach Lerngruppen ergeben sich unterschiedlich intensive (Selbst-)Reflexionen. Falls die Frage nicht bereits durch die erste öffnende Einladung beantwortet wurde, kann der/die Moderator/-in mit der Frage: „Ist Ihnen etwas aufgefallen? Oder: „Was ist Ihnen im Verlauf der Übung aufgefallen?" eine Spur zur Meta-Ebene eröffnen und das gemeinsam gewonnene (Erfahrungs-)Wissen noch mal in einem kleinen (ggf. kärtchengestützten) Input sichern.

Es sollte dabei deutlich werden können, dass Identität etwas sehr Kostbares ist. (Jeder Mensch ist einzigartig. Und in seiner Einzigartigkeit hat er einen Anspruch auf die Wahrnehmung seiner Würde und seines Menschseins. Daraus resultieren Universalität und Gleichheitsgebot der Menschenrechte: Jeder Mensch hat das Recht, Rechte zu haben.) Identität ist etwas Fließendes. (Hier kann an das Diktum von Heraklit „man kann nicht zweimal in den selben Fluss steigen" erinnert werden). Identität ist immer etwas Konstruiertes. Situation und Kontext spielen dabei immer eine große Rolle. Identität entsteht im Wechsel von Selbst- und Fremdwahrnehmung. Dabei ist es wichtig, das Recht auf Selbstbestimmtheit wahrzunehmen und zu achten und sich der Problematik von Fremdzuschreibungen bewusst zu werden. In fast allen Lerngruppen wird die Reduktion auf drei Aspekte als eine (gewinnbringende, weil erkenntnissreiche) Zumutung erlebt. Sehr vielen Teilnehmenden wird deutlich, dass man Menschen nicht auf einzelne Merkmale reduzieren kann. Gleichzeitig sensibilisiert die Übung sie für Situationen, in denen sie genau diese Reduktion vornehmen, und welche Zuschreibungsmuster, die immer mit einer Verletzung von Persönlichkeitsrechten von den damit „Ge-anderten" einhergehen, dabei entstehen. Wenn die Moderation das Mandat der Lerngruppe dazu hat, sollte sie die Lerngelegenheit nutzen und die Teilnehmenden dabei unterstützen, diese Alltagspraxen wahrnehmen und kritisch reflektieren zu können.

Quelle: Die Idee zur Entwicklung der Methode ging vom Kennenlernen der Übung „Das-bin-ich-Zwiebel" aus (DGB-Bildungswerk 2005, 46) und wurde von Kaletsch/Rech entsprechend modifiziert.

Konfliktsituation „Sprachförderung"

In einer Kita ist es zu einem Konflikt zwischen einer Erzieherin und einer Mutter gekommen. Kita-Leiterin Frau Sommer bittet Sie externen/externe Mediator/-in, in dem Konflikt zu vermitteln.

Sommer zeigt sich zuversichtlich, dass der Konflikt zwischen den beiden „engagierten und weltoffenen Frauen" gut zu klären sei. Ihrer Meinung nach handelt es sich vor allem um ein Missverständnis. Die von unbeteiligten Dritten unglücklicherweise hineingebrachten Rassismusvorwürfe seien auf jeden Fall völlig überzogen und haltlos.

Ausgangspunkt der Auseinandersetzung war die Bemerkung einer Erzieherin (Frau Kirstin Bierhoff), die sie gegenüber dem fünfjährigen Emre machte und die dazu führte, dass Emre nach Hause kam und seiner Mutter (Frau Nahide Amandas) sagte, dass er zu Hause nur noch Deutsch sprechen wolle. „Türkisch" sei „keine gute Sprache".

Dies hatte Nahide Amandas verstimmt. Zunächst war sie ganz verblüfft und sehr irritiert gewesen. Das passt gar nicht zu ihrem Eindruck von der Kita und dem engagierten Team. Als sie jedoch bemerkte, dass Erzieherin Bierhoff eher ausweichend auf ihr Klärungsbedürfnis reagierte, kamen Frau Amandas Zweifel. Sie begann sich zu ärgern und ist nun froh, dass es das Gesprächsangebot gibt.

Methodische Anregung: Die Gruppe könnte sich zunächst in zwei Kleingruppen aufteilen und dann mit jeweils einer der beiden Perspektiven beschäftigen. Dazu können die im Beispielfall „Porträt-Zeichnen" vorgestellten Reflexionsfragen genutzt und O-Töne zur Gefühls-, Bedürfnis- und Wunschebene der beiden Konfliktbeteiligten gesammelt werden. In einem zweiten Schritt könnte

dann in kleinen Gesprächswerkstätten das Konfliktklärungsgespräch auspro-
biert werden. Dabei würde eine dritte Rolle, die des/der Mediator/-in, eingeführt.

Perspektive Mutter

Nahide Amandas arbeitet als Cutterin bei einem mittelgroßen Unternehmen,
das vor allem Dokumentationen, aber auch Werbefilme produziert. Sie ist wie
ihr Mann Pedro in Deutschland aufgewachsen. Es war beiden wichtig, dass
Emre alle drei Sprachen: Deutsch, Spanisch und Türkisch kennen lernt – und
das klappt auch ziemlich gut. Unternehmen die drei was zusammen sprechen
sie deutsch.

Frau Amandas mag die Kita, die ihr Sohn Emre seit zwei Jahren besucht.
Sie ist wirklich ein bisschen verwundert über diese ganze Sache. Es ist ihr
auch immer noch etwas unklar, was die Erzieherin von Emre eigentlich wollte. Verärgert und verletzt hat sie allerdings, dass Frau Bierhoff so abweisend
reagierte und ihr vorwarf, „zu empfindlich zu sein". Sie habe doch „nur eine
ganz normale Frage" gestellt. Außerdem sei sie an der Zukunft von Emre interessiert und es sei doch nun mal so, dass man später nur „gute Chancen
habe, wenn man die Sprache gut" könne. Frau Amandas hofft, dass sie in
dem Gespräch einiges klären und Frau Bierhoff auch über das Gespräch hinaus für die Problematik ihrer Haltung sensibilisieren kann. Schließlich lernen
dabei alle Kinder, dass es in den Augen der Erzieherin wohl „gute" und
„schlechte" Sprachen gibt, und diese Ungleichbehandlung kann und mag
Frau Amandas auf keinen Fall so stehen lassen.

Perspektive Erzieherin

Kirstin Bierhoff ist Anfang dreißig, seit neun Jahren Erzieherin und kurz vor ihrem Abschluss als Sozialarbeiterin, den sie in einem berufsbegleitenden Studium erwirbt. Sie mag die Arbeit in der Kita, aber sie freut sich auch darauf,
sich etwas zu verändern. Die ganze Sache mit Emre ist ihr sehr unangenehm
und irgendwie auch lästig. Sie hat gerade ganz andere Sorgen.

Sie hat das wirklich nicht so gemeint, wie es jetzt – nicht von Emres Mutter –, aber vor allem von einer ihrer Kolleginnen ausgelegt wird. Was das Ganze mit Rassismus zu tun haben soll, ist ihr auf jeden Fall nicht einsichtig. Sie hat nichts gegen Emre, seine Mutter, die Türkei oder sonst was. Sie fragt sich halt nur manchmal, wie der kleine Emre, der doch eher ein technisch orientierter Typ ist, mit den ganzen Sprachen in der Familie klarkommen soll. Drei ist doch vielleicht schon ein bisschen viel. Aber eigentlich kennt sie sich damit nicht wirklich aus.

Vielleicht stimmt es schon ein bisschen, dass sie da einen Unterschied machen würde, zwischen der Wertigkeit verschiedener Sprachen. Ganz innen drin hat sie das schon berührt, dass ihre Kollegin gesagt hat, wenn Emre und ein anderer Junge immer französisch in der freien Spielzeit sprechen würden, hätte sie anders reagiert. „Sie hätte wahrscheinlich nichts gesagt oder die beiden verzückt gefragt, woher sie denn schon so gut Französisch sprechen können", hatte ihre Kollegin, die junge Natalie Gross, gemeint. Vielleicht hat ihre Kollegin ein bisschen Recht und wenn Kirstin Bierhoff diesen Gedanken zulässt, dann bekommt sie ein ganz mulmiges Gefühl. Dann schämt sie sich ein bisschen. Am angenehmsten wäre es ihr, wenn sie die ganze Sache schnell aus der Welt schaffen könnte und Frau Amandas ihre Entschuldigung annehmen könnte. Wichtig ist ihr auch, dass sie am Ende nicht als Rassistin dasteht. Das ist sie nicht und sie möchte auch nicht so genannt werden. Da muss sie sich wehren.

Kirstin Bierhoff findet es sehr gut, dass eine externe Mediatorin das Gespräch leiten wird.

Übung: „Wie im richtigen Leben"

Diese Übung existiert auch unter anderen Namen wie „einen Schritt vor ..." oder „Car Park". Sie sensibilisiert Lerngruppen für das Thema Chancengerechtigkeit in einer durch strukturelle Ungleichheit geprägten Gesellschaft. Die Übung richtet sich und sollte sich nach unserer Empfehlung auch v.a. an Angehörige der Mehrheitsgesellschaft richten. Teilnehmer/-innen sind während des Übungsverlaufs erlebnisnah mit den voraussetzungsreichen und steuernden Rahmenbedingungen konfrontiert, welche Entwicklungs- und Entfaltungsmöglichkeiten von Einzelnen und Gruppen in der aktuellen (Einwanderungs-) Gesellschaft beeinflussen. Die Übung kann große Betroffenheit bei den Lern-

gruppen auslösen, weil deutlich wird, dass die Verwirklichung von Grundrechten, -bedürfnissen und von wünschbaren Lebensentwürfen abhängig ist von
real unterschiedlich verteilten Verwirklichungschancen. Die Übung macht unmittelbar Diskriminierungsgeschehen und Ausschließungspraxen erfahrbar.
Sie erzeugt Nachdenklichkeit – die auch als Ausgangspunkt für (zivil)coura-
giertes, an der Verwirklichung von Menschenrechten orientiertes Handeln genutzt werden kann.

Die Übung kann mit 8-40 Personen durchgeführt werden. Günstig ist, wenn
mindestens ca. 20 Personen anwesend sind. Wichtig ist, auf die unterschiedlichen Phasen bei der Moderation zu achten und jede Phase mit einer Reflexionsrunde abzuschließen. Je nach Intensität und Teilnehmerzahl benötigt die
Übung zwischen 60 und 90 Minuten. Als Ausstattung werden Rollenkarten
(s. S. 181) und ein ausreichend großer Raum benötigt, in dem sich 8-16 Personen an einer Seite nebeneinander aufstellen und etwa 20 kräftige Schritte
nach vorne gehen können.

Hin- und Einführung: Die Teilnehmer/-innen werden zu einer kleinen „For-
schungs- bzw. Erkundungsreise" eingeladen. Die Ziele der Übung werden
knapp benannt und außerdem darauf hingewiesen, dass die Übung davon
lebt, wie die Einzelnen daran partizipieren. Je nachdem, wie viele Personen
anwesend sind, wird erläutert, dass das kleine „Experiment" Leute braucht,
die stellvertretend für die Gruppe für eine definierte Zeit (20-30 Min.) die Identität einer anderen Person annehmen, die ihnen per Zufall „zugelost" wird.
Wichtig ist, dass diese (neue) Identität, mit der der/die Teilnehmende Kontakt
aufnehmen soll, am Anfang nicht preisgegeben wird – also zunächst nur ihm/
ihr bekannt ist. Der/die Moderator/-in deutet kurz an, dass nach der Rollen-
übernahme im Plenum nach bestimmten Schritten weitergearbeitet wird. Die
Teilnehmer/-innen, welche keine Rolle annehmen, werden zu „Forscher/-in-
nen", die im Laufe des Arrangements ihre Wahrnehmung zur Verfügung stellen werden. Am Ende schauen alle auf den gemeinsamen Prozess und reflektieren darüber, was das zum Thema „Gleichheit – Ungleichheit", „Chancengerechtigkeit" oder mit dem Fokus auf ein enger definiertes Thema wie „Bildungschancen", „Bildungsübergänge", „Arbeitsleben" etc. aussagt.

Verteilen der Rollen und Einfühlen: Es ist wichtig, eine ruhige Atmosphäre zu
erzeugen. Wenn man möchte, kann dazu auch Hintergrundmusik laufen. Diejenigen, die eine Rolle übernehmen, bekommen ihre Rollenkarte. Sie werden
aufgefordert, ihre Rolle für sich zu lesen und sich in diese einzufühlen. Hilf-

reich können dabei Fragen sein, die der/die Moderator/-in stellt: Wie ist deine Kindheit verlaufen? Wo und wie wohnen deine Eltern? Wie ist die Familiensituation? Welche Spiele spielst du? In welche Aufgaben bist du eingebunden? Hast du eine Familie? Wo und wie lebst und arbeitest du? Wen triffst du? Wer sind deine Freunde? Mit wem und wie verbringst du deine Freizeit?
Wie ist dein Lebensgefühl? Welche Hoffnungen, Wünsche und Ängste begleiten dich?

Ideen und Anregungen für exemplarische Biografien bzw. Rollen, die vergeben werden können (bei einer kleineren Gruppe ist natürlich eine Auswahl zu treffen. Wichtig ist, dass möglichst eine große Bandbreite der gesellschaftlichen Milieus und Vertreter/-innen von unterschiedlichen sozialen Gruppen präsent sind):

- Du gehst in die 8. Klasse einer Hauptschule. Deine Eltern kommen aus der Osttürkei. Du hast bist zum 7. Lebensjahr bei deinen Großeltern in der Türkei gelebt.
- Du bist der Sohn eines aus Italien eingewanderten Betreibers eines erfolgreichen Delikatessengeschäfts.
- Du bist in Deutschland geboren und gehst in die 7. Klasse, deine Eltern sind in den 90er Jahren aus dem Kosovo geflohen.
- Du bist schwarze Deutsche und lebst in Brandenburg.
- Du bist ein/e 17-jährige/r Rom/-ni ohne Schulabschluss.
- Du bist als jüdischer Kontingentflüchtling vor einigen Jahren nach Deutschland gekommen. Dein Sohn steht kurz vor dem Schulabschluss.
- Du bist ein Mädchen, das zuhause wohnt und dessen Eltern praktizierende Muslime aus Pakistan sind.
- Deine Eltern sind aus Sri Lanka geflohen – du bist tamilischer Hindu und in der lokalen Gemeinde aktiv.
- Du bist eine arbeitslose alleinstehende Mutter.
- Du bist die einzige Tochter des örtlichen Sparkassendirektors. Du studierst Wirtschaftswissenschaften an einer renommierten Universität.
- Du bist ein 24 Jahre alter Flüchtling aus Afghanistan.
- Du bist ein junger Rollstuhlfahrer, Mathematik-Student in Frankfurt/Oder.
- Du bist ein 18-jähriger Aussiedler und wohnst seit vier Jahren in einer deutschen Kleinstadt.
- Du bist die Tochter des amerikanischen Botschafters in Deutschland.
- Du bist Leiter eines Kulturvereins in kommunaler Trägerschaft. Du kommst ursprünglich aus der kurdisch geprägten Region im Nordirak.

- Du bist HIV-positive Prostituierte mittleren Alters.
- Du bist Tochter einer deutschen Mutter und eines Ingenieurs aus Benin und bist vorwiegend bei deiner alleinerziehenden Mutter aufgewachsen.
- Du bist ein 19-jähriger Bauernsohn aus dem Hochschwarzwald.
- Du bist als arbeitslose Lehrerin in einem Land, dessen Sprache du nicht gut beherrschst.
- Du bist 17, wohnst in Osthessen auf dem Land und engagierst dich in der lokalen Antifa-Gruppe.
- Du bist ein armenischer Taxifahrer mittleren Alters in Frankfurt, der sich in der kommunalen Ausländervertretung engagiert.
- Du bist ein Sikh-Junge aus Frankfurt-Höchst und spielst in der Cricket-Mannschaft deiner Gemeinde.
- Du bist Sohn ägyptischer Eltern, zu denen du noch eine enge Verbindung hast. Als deine Eltern zurückgegangen sind nach Ägypten, bist du als einziger der Familie in Deutschland geblieben.
- Du lebst mit deiner Freundin in einer lesbischen Liebesbeziehung in einer deutschen Kleinstadt.

Hauptphase I: Die Rollenspieler werden aufgefordert sich in eine Reihe – von einer gleichen Ausgangslinie aus gedacht – aufzustellen, von der sie sich in eine Richtung nach vorne bewegen können. Der/die Moderator/-in kündigt an, dass er/sie jetzt einige Fragen vorlesen wird. Nach jeder Frage wird eine kleine Pause gemacht. Die Rollenspieler haben Gelegenheit, aus ihrer Rolle heraus spontan zu überlegen, ob sie dieser Frage zustimmen, also mit „Ja" antworten können – dann gehen sie einen Schritt nach vorne. Müssen sie diese Frage verneinen, also ablehnen, bleiben sie stehen. Im Raum entsteht eine energiegeladene Atmosphäre: die Rollenspieler, die von einer gleichen Ausgangslinie losgegangen sind, werden sich schnell an unterschiedlichen Positionen im Raum befinden. Die „Forscher-Zuschauer" beobachten das Szenario und lassen ihre Phantasie spielen, was gerade geschieht. Im Folgenden werden viele mögliche Fragen gestellt, welche die unterschiedlichen Formen von Ungleichheit, Exklusion und/oder Diskriminierung verdeutlichen. Je nach Gruppe und thematischem Fokus sollten diese entsprechend angepasst werden.

1. Du hast keine finanziellen Schwierigkeiten gehabt.
2. Du kannst Jahre im Voraus planen.
3. Du hast das Gefühl, dass deine Sprache, Religion und Kultur in der Gesellschaft, in der du lebst, geachtet werden.

4. In den Institutionen, in denen du dich bewegst, werden deine Ansichten und deine Meinungen zu politischen und sozialen Themen geachtet.
5. In deiner Schulzeit hattest/hast du Kontakt zu deinen Mitschülern/-innen.
6. Andere Menschen fragen dich um Rat.
7. Du kannst sicher sein, von der Polizei fair behandelt zu werden.
8. Du weißt, wohin du dich in schwierigen Situationen wenden kannst.
9. Du kannst dich ohne Schwierigkeiten einer komplizierten Knieoperation unterziehen.
10. Du bist krankenversichert und hast Rentenansprüche.
11. Du kannst relativ problemlos eine Wohnung finden.
12. Du kannst Freunde zu dir nach Hause einladen.
13. Du hast ein interessantes Leben und blickst optimistisch in die Zukunft.
14. Du kannst studieren was du willst und kannst deinen Beruf frei wählen.
15. Du hast keine Angst, auf der Straße beleidigt oder attackiert zu werden.
16. Du wirst dich bei der nächsten Kommunalwahl beteiligen.
17. Du kannst die wichtigsten religiösen Feiertage mit deiner Familie und engen Freund/-inn/en feiern.
18. Du kannst dir mindestens alle drei Monate etwas zum Anziehen kaufen.
19. Du kannst dich verlieben, in wen du willst.
20. Du machst dir keine Sorgen um die Zukunft deiner Kinder.
21. Du kannst spontan mit Freunden zum Wochenende in die Schweiz fahren.
22. Du kannst jederzeit Urlaub in deiner Heimat bzw. dem Land, aus dem deine Eltern kommen, machen.
23. Du kannst ohne größere Hindernisse ein Kind adoptieren.
24. Du hast Internetzugang und weißt, wie du das Internet sinnvoll nutzen kannst.
25. Du fühlst dich als wertvolles Mitglied der Gesellschaft, in der du lebst.

Wenn die letzte Frage gestellt wurde, ist ein Soziogramm im Raum entstanden. Die Zuschauer-Beobachter werden gefragt, was sie wahrgenommen haben. Oft sind dies „Beklommenheit", „Zuversicht", Sorge um diejenigen, die wenige Schritte gegangen sind, und Neugier, welche Identitäten sich hinter den Schritten, Blicken und unterschiedlich wahrgenommenen Körperhaltungen verbergen.

Hauptphase II: Jetzt werden die unterschiedlich im Raum verteilten Identitäten aufgelöst und die Rollenspieler aus ihren Rollen entlassen. Der/die Moderator/-in beginnt bei denjenigen, die wenige bis keine Schritte gehen konnten. Die Einzelinterviews sollen deutlich machen, wie das Vorankommen oder Stillstehen im inneren Erleben wahrgenommen wurde, an welchen Punkten/Fragen Hoffnung geschöpft oder Resignation spürbar war. Auch, wie der/die Teilnehmer/-in es geschafft hat, Kontakt zu der „fremden" Identität aufzunehmen, kann interessant sein. Ist es beklemmend, was die Person/Rolle zu berichten hat, sollte auf jeden Fall gefragt werden, was die Person gebraucht hätte, oder welche Rechte verletzt wurden bzw. was notwendig gewesen wären, damit die Person gestärkter aus der Situation herausgekommen wäre. Am Ende der Befragung wird die Rolle „offiziell" mit einem Klatschen aus der Gesamtgruppe „entlassen". Die Rollenkarte kann als Platzhalter im Raum (oder auf einer Stellwand) zur Unterstützung der gemeinsamen Reflexion verbleiben. Interviewfragen an dieser Stelle können sein: „Wie ist es Ihnen ergangen"? „Wie ist das Bild der Person zustande gekommen"? „Wie war es, einen Schritt vorwärts gehen zu können oder nicht?" „Wann und wie war es, den Abstand zu den anderen wahrzunehmen? Was hat das ausgelöst"? „Gab es Momente, wo Sie soziale Ungerechtigkeit gespürt haben? Wie war das?" „Was hätten Sie sich gewünscht/gebraucht – von anderen, von sich selbst?"

Abschlussreflexion und Anschlüsse: Sind alle Teilnehmenden aus ihren Rollen entlassen, kann die Übung auf der Metaebene reflektiert werden: „Wie wurde die Übung erlebt?", „Was war besonders?", „Was auffällig, was überraschend?" „Welche Grundrechte bzw. -bedürfnisse lassen sich welchen Rollen zurechnen? Wessen Grundrechte wurden nicht respektiert/gewahrt – wie war das?" „Spiegelt die Aktivität reale Verhältnisse wider?" „Was ließe sich als Erstes gegen Ungleichheit in der Gesellschaft tun?"

Es ergeben sich eine Reihe von Anschlussmöglichkeiten: Aufklärung über bestimmte Menschenrechtsverstöße und einschränkende Rahmenbedingungen (z.B. Freizügigkeit). Einblicke in bestimmte Formen von erlebter und erfahrener Diskriminierung in Relation zur tatsächlichen Lebenssituation (z.B. Sinti und Roma, Bedrohung durch Polizei wegen Aufenthaltstitel etc.). Mobilisieren und Aktivieren durch Benennen konkreter Menschenrechtsverstöße und Auffinden von alternativen Handlungsoptionen. Für weitere Anregungen und Varianten siehe:

- Leiprecht, Rudolf/Kerber, Anne (Hrsg.) 2005: Schule in der Einwanderungsgesellschaft. Schwalbach/Ts. S. 10-23
- Ackermann, Zeno/Auner, Carolin/Szczebak, Elzbieta 2006: Einwanderungsgesellschaft als Fakt und Chance. Schwalbach/Ts. S. 90-93
- DGB-Bildungswerk Thüringen e.V. 2005²: baustein zur nicht rassistischen bildungsarbeit. Erfurt S. 61-64

Methodische Hinweise zum Themenschwerpunkt ‚Gewalt(freiheit) und diskriminierungskritische Perspektive'

Übung „Gewaltbarometer"

Themen der Übung: Eine Position beziehen, die eigene Wahrnehmung und die Wahrnehmung der anderen kennen lernen, Perspektiverweiterung. Sensibilisierung für einen weiten Gewaltbegriff, Auseinandersetzung mit der Bedeutung der Deutungshoheit über die Situation, Wahrnehmung der Dynamik zwischen den Akteuren: Täter, Opfer und Zuschauer

Material- und Zeitbedarf: Benötigt wird ein Raum mit einer Freifläche, in der sich die Teilnehmenden gut bewegen können. Ja/Nein-Schilder, ggf. Kreppband für die Anbringung der Mittellinie. Durchführung und anschließende Reflexion benötigen maximal 45 Minuten

Übungsablauf: Der Raum wird durch Ja- und Nein-Schilder und Mittellinie eingeteilt. Die Teilnehmer/-innen können den ganzen Raum nutzen, um die Art ihrer Zustimmung oder Ablehnung auszudrücken. Der/die Moderator/-in liest die verschiedenen Situationen (siehe unten) des Gewaltbarometers vor und bittet die Teilnehmenden um ihren Standpunkt. Die Teilnehmenden sollen eine Position finden, mit der sie ausdrücken können, inwieweit sie der Meinung sind, ob in der jeweiligen Situation Gewalt im Spiel ist. Wer mag, kann seinen Standort verbal begründen. Dies kann man tun, man muss es aber nicht. Der/die Moderator/-in fordert Teilnehmende nicht auf, etwas zu sagen, wenn diese sich nicht selbst gemeldet haben (Prinzip der Freiwilligkeit). Jeder kann einmal etwas sagen. Diskussionen sind während der Übung nicht erlaubt. Darauf sollte der/die Moderator/-in konsequent achten und den Teilnehmenden helfen, sich daran zu halten, dass alle Äußerungen unkommentiert stehen bleiben können. Hilfreich ist dabei die Einstiegsformulierung: „Ich stehe hier, weil ..." Man kann seinen Standort auch wechseln. Dies ist die einzige Situation, die es Teilnehmenden erlaubt, sich während der Übung zweimal zu Wort zu melden, nämlich dann, wenn sie sich zuvor bereits zu ihrem Standort geäußert hatten und nun ihren Standortwechsel begründen möchten.

Im Anschluss an die Diskussion im Raum, sollte der/die Moderator/-in den Teilnehmer/-innen zunächst in einer Reflexionsrunde die Gelegenheit geben, über ihren Eindruck von der Übung zu sprechen. Der/die Moderator/-in sollte sie auch fragen, welche Situationen leicht und welche schwer zu entscheiden waren. Damit wird die Frage nach den verschiedenen Spielarten von Gewalt berührt und es lässt sich leicht in die Erklärung der Hintergründe zum Gewaltbegriff einsteigen. Eine zentrale Erkenntnis ist immer die subjektive Wahrnehmung der Situation und die Bedeutung, aus wessen Perspektive die Teilnehmenden die Situation betrachtet haben. Der/die Moderator/-in kann diese Erkenntnis nutzen, um in einem Kurz-Input auf die Dynamik zwischen Täter, Opfer und Zuschauer hinzuweisen.

Einsatzmöglichkeiten und Fragestellungen:

Die Methode Gewaltbarometer gehört ins Themenfeld „Gewalt(freiheit) und diskriminierungskritische Perspektive" (S. 102 ff.). Wie in diesem Kapitel ausführlich beschrieben, empfehlen wir einen sehr behutsamen Umgang mit Barometerarbeit im Themenfeld Diskriminierung und Rassismus. In der Arbeit mit Schüler/-innen sollten die Situationsbeschreibungen sehr allgemein gehalten sein und es sollte darauf geachtet werden, dass nicht unnötig verletzende, rassistische oder diskriminierende Aussagen reproduziert werden. Im Schüler/-innentraining könnten daher folgende Statements genutzt werden:

- Ein Vater reißt sein Kind vor einem Auto von der Straße und tut ihm dabei weh.
- Ein Autofahrer jagt mit quietschenden Reifen von der Ampel los.
- Ein Obdachloser erfriert.
- Atomkraftgegner blockieren einen Atommülltransport.
- Ein Fußballfan beschimpft einen Fan der gegnerischen Mannschaft.
- Passanten schweigen, als ein Ausländer beschimpft wird.
- Eine Gruppe unterbricht immer dann, wenn eine bestimmte Mitschülerin den Raum betritt, ihr lebhaftes Gespräch und starrt sie schweigend an.
- Ein Junge wird beim Sportunterricht immer als Letzter in eine Mannschaft gewählt.
- Ein Rollstuhlfahrer verpasst sein U-Bahn, weil der Fahrstuhl kaputt ist.

In der Reflexion sollte der Fokus auf dem eigenen Erleben liegen. Zielsetzung der Übung sollte sein, für die Bedeutung der subjektiven Wahrnehmung zu sensibilisieren und den Teilnehmenden zu verdeutlichen, dass die Deutungshoheit über das Geschehen bei der in der Situation betroffenen Person liegt. Nur sie kann ermessen, wie belastend, bedrohlich, verletzend die Situation ist. Des Weiteren sollte durch die Reflexion der Übung und die anschließende Thematisierung der Dynamik zwischen Täter, Opfer und Zuschauer deutlich werden können, dass Hilfe an die konkret betroffene Person (Opfer) zu richten ist und konsequent aus deren Perspektive gedacht werden sollte.

Auch in der Arbeit mit Multiplikator/-innen kann der Einsatz des Gewaltbarometers wichtige Erkenntnisse bezüglich der Wahrnehmung der verschiedenen Rollen in der Situation auslösen, eine starke Täterfixierung bewusst machen und die Bedeutung der Hinwendung an potentiell Betroffene verdeutlichen. Möchte man in einem Kollegium oder Team eine Auseinandersetzung im Sinne einer diskriminierungskritischen Perspektive anregen, kann es hilfreich sein, Situationsbeschreibungen mit aufzunehmen, die für verschiedene Formen auch kultureller Gewalt und Diskriminierung sensibilisieren. Hierzu eignen sich folgende Situationsbeschreibungen:

- Ein Vater reißt sein Kind vor einem Auto von der Straße und tut ihm dabei weh.
- Ein Autofahrer jagt mit quietschenden Reifen von der Ampel los.
- Eine Lehrerin kann sich die ausländisch klingenden Namen ihrer Schüler/-innen nicht merken.
- Atomkraftgegner blockieren einen Atommülltransport.
- Ein Fußballfan beschimpft einen Fan der gegnerischen Mannschaft.
- Ein Schiedsrichter schließt eine kopftuchtragende Spielerin vom Meisterschaftsspiel aus.
- Eine Partei wirbt mit dem Slogan: „Wir sind für das Fremde in der Fremde. China den Chinesen, die Türkei den Türken!"
- Passanten schweigen, als ein Ausländer beschimpft wird.
- Ein Junge wird beim Sportunterricht immer als Letzter in eine Mannschaft gewählt.
- In der U-Bahn fragt eine ältere Dame die junge Frau mit dunklem Teint: „Woher kommen Sie?"
- Ein Politiker nennt Flüchtlinge „Asylschmarotzer".
- Eltern verbieten ihren Kindern, mit Kindern zu spielen, die in einer bestimmten Wohnsiedlung leben.
- Menschen meiden bestimmte Regionen, weil sie fürchten müssen, Opfer rechtsextremer Angriffe zu werden.
- Ein Rollstuhlfahrer verpasst seine S-Bahn, weil der Fahrstuhl kaputt ist.
- Eine Ärztin aus Osteuropa findet in Deutschland nur Putzstellen.
- Junge Juden bekennen ihre Religionszugehörigkeit lieber nicht offen.

- In einem Bäckerladen werden auf einem unübersehbaren Hinweisschild „Mohrenköpfe" angeboten.
- Ein berühmter Fußballstar möchte nicht, dass bekannt wird, dass er ein Sinto ist.
- Eine Lehrkraft regt an, dass eine Gruppe türkischstämmiger Schüler ein Referat zu „Ehrenmorden" anfertigt.

Neben der Analyse der Dynamik zwischen Täter, Opfer und Zuschauer kann im Anschluss an dieses Gewaltbarometer auch eine Auseinandersetzung mit den verschiedenen durch die Statements angesprochenen Formen gruppenbezogener Menschenfeindlichkeit (GMF) (wie z. B. Islamfeindlichkeit, Antiziganismus und Antisemitismus) angeschlossen und dadurch die Gewöhnungseffekte und Wirkmächtigkeit von GMF in der Mitte der Gesellschaft thematisiert werden.

Gewalt- oder Rassismus-Barometer

Viele der oben angeführten Situationsbeschreibungen könnten auch im Kontext von Rassismus diskutiert werden. Theoretisch ließe sich so auch eine Barometer-Übung einleiten, bei der die Frage nicht lauten würde: „Ist dies Gewalt für mich bzw. wie viel Gewalt steckt in der Situation auf einer Skala von 0 bis 100 % für mich darin?", sondern: „Ist das Rassismus für mich?" Der Lernraum würde sich aber verändern, denn die anschließende Analyse kann nicht ergebnisoffen bleiben. Während es bei der Bewertung der Situationsbeschreibung nach dem Kriterium des Gewaltempfindens „kein richtig und falsch geben" kann, da es ja um das subjektive Empfinden geht, sind Bewertungsrahmen und Fragestellung in Bezug auf Rassismus eine andere. Hier geht es ja eben nicht um ein subjektives Empfinden in einer spezifischen Situation, sondern um ein Erkenntnisinteresse bezogen auf Funktions- und Wirkweisen rassistischer Konstruktionen. Die Frage lautet daher nicht: ist es rassistisch? Sondern: warum ist es rassistisch? Es empfiehlt sich daher, einzelne Fragestellungen, Aussagen oder auch Bildmaterialien einzusetzen und die Teilnehmenden zu bitten diese unter folgenden Fragestellungen zu analysieren: Was ist an dem Beispiel rassistisch? Ist das leicht oder schwer zu erkennen? Welche Codes, Symbole werden benutzt? Welche Differenzen werden konstruiert?

Im Anschluss oder auch während der Analyse kann eine Definition (z. B. die von Albert Memmi) der Gruppe als Analyseinstrument zur Verfügung gestellt werden.

„Der Rassismus ist die …
    verallgemeinerte und *verabsolutierte Wertung*
    tatsächlicher oder fiktiver *Unterschiede*
    zum Nutzen des Anklägers und zum Schaden seines Opfers,
    mit der seine *Privilegien* oder seine *Aggressionen* gerechtfertigt werden sollen:"
(Memmi 1992, S. 164)

Diese Definition von Rassismus kann Schritt für Schritt zerlegt werden, um herauszuarbeiten, welche Mechanismen bei der Konstruktion von rassistischen Weltbildern wirksam sind:

Erstens: Rassismus beruht immer auf einer Differenzkonstruktion. Es geht dabei um die „Betonung tatsächlicher oder fiktiver Unterschiede". Wichtig ist: es sind nicht die Unterschiede, die den Rassismus hervorbringen, sondern der Rassismus, der die Unterschiede hervorhebt – unabhängig von der empirisch belegbaren Wirklichkeit.

Zweitens: Rassismus beruht auf der Herstellung einer Hierarchie. Der Unterschied dient als Ausgangspunkt für eine „Wertung". Sie zielt darauf ab, die Unterlegenheit des Betroffenen/Opfers und die Überlegenheit des Rassisten/ Täters zu beweisen.

Drittens: Der gewertete Unterschied wird „verabsolutiert und verallgemeinert". Der einmal festgestellte Unterschied, der schon zur Selbstüberhöhung des Eigenen und Abwertung des Anderen diente, wird jetzt festgeschrieben und (zeitlich) ein für alle Mal auf ein gesamtes Kollektiv übertragen.

Viertens: Der hergestellte und gewertete Unterschied, der einem gesamten Kollektiv anhaftet, wird legitimiert, um die eigenen „Privilegien" und „Aggressionen" zu untermauern.

Übung „Couragespiel"

Übung

Themen der Übung: Eine eigene Position entwickeln und die anderer kennen und verstehen lernen. Sensibilisierung für Situationen, die zivilcouragiertes Verhalten erfordern. Entwicklung entsprechender Handlungsoptionen.

Material- und Zeitbedarf: Benötigt wird ein großer Raum, in dem man sich frei bewegen kann und der vier zugängliche Ecken hat. Kärtchen und Edding für das Festhalten der Handlungsoptionen. Je nach Menge und Intensität der Spielsituationen werden zwischen 20 bis 90 Minuten benötigt.

Übungsablauf: Die Arbeit mit der Methode Courage-Spiel hat zwei Phasen:
1. Auseinandersetzung mit einer Situation und Entwicklung von Handlungsoptionen in Kleingruppen,
2. Auseinandersetzung mit den entwickelten Handlungsoptionen im Plenum.

Der/die Moderator/-in erläutert zu Beginn beide Arbeitsphasen, ehe die Kleingruppen beginnen, drei Handlungsoptionen für die von ihnen zu bearbeitende Situation zu entwickeln. Es ist hilfreich, wenn die Teilnehmenden wissen, dass ihre (drei) Ideen später in der Gesamtgruppe vorgestellt werden und ihre Vorschläge andere Menschen anregen und bewegen werden. Gleichzeitig ist es wichtig zu wissen, dass Raum für weitere Ideen bestehen wird und die Kleingruppen nicht auf alle denkbaren Lösungsideen kommen können/müssen.

Ausgangspunkt der Arbeit im Courage-Spiel sind vom Moderator/-innenteam entwickelte kurze Situationsbeschreibungen, in denen ein „Zuschauer" um Rat bittet: gesucht werden Handlungsoptionen, wie der potentielle Helfer durch zivilcouragiertes Verhalten auf eine Situation konstruktiv einwirken und diese entsprechend verändern kann. Dabei ist es wichtig, dass die Helfer die Bedürfnisse potentiell Betroffener im Blick behalten und entsprechende – die Opferperspektive berücksichtigende – Handlungsoptionen entwickeln. Jede der drei in den Kleingruppen entwickelten Handlungsoptionen sollte in Stichworten kurz auf einer Karte beschrieben werden.

Wenn alle Kleingruppen mit der Bearbeitung ihrer Ausgangssituation fertig sind, beginnt das eigentliche Courage-Spiel in der Gesamtgruppe. Eine Gruppe beginnt und stellt ihre Ausgangssituation vor und erläutert die von ihr entwickelten Ideen. Dabei wird jede Idee einer Ecke im Raum zugeordnet. Die freibleibende vierte Ecke im Raum ist für weiteren Ideen vorgesehen. Sie hat den Titel „keins von alledem" und lädt diejenigen ein, die noch weitere konstruktive Handlungsoptionen einbringen möchten.

Sind alle Ecken erläutert, sind die Teilnehmenden aufgefordert, sich einer Ecke zuzuordnen und deutlich zu machen, welche Handlungsidee sie favorisieren würden. Wer mag, kann seinen Standort erläutern. Man muss dies freilich nicht. Natürlich kann man auch seinen Standort verändern. Wenn alle Aspekte einer Situation beleuchtet wurden, wendet sich die Gruppe der nächsten Situation zu. Zuvor dankt der/die Moderator/-in der Kleingruppe für ihre Bemühungen und bittet um einen Applaus für die Arbeit der Kleingruppe.

Sind alle Situationen im Plenum bearbeitet worden, kann es hilfreich sein, die Übungsphase etwas auszuwerten und den Teilnehmenden die Möglichkeit zu geben, sich über ihre unterschiedlichen Wahrnehmungen im Courage-Spiel auszutauschen und die dabei möglichen Erkenntnisgewinne zu erkunden und bei Bedarf auch festzuhalten.

Themenfeld Klassenrat und Kinderrechte

Klassenlehrerin Marcello ist sich unsicher, wie sie vorgehen soll, und bittet um einen Rat: Sie arbeitet mit ihrer sechsten Klasse mit Programmen des sozialen Lernens und hat auch den Klassenrat eingeführt. Die Klasse hat auf eigenen Wunsch einen „Maßnahmen"-Katalog erarbeitet, wie Schüler/-innen, die sich nicht an die gemeinsam entwickelten Regeln halten, für ihre Regelverstöße Verantwortung übernehmen können. Frau Marcello bemerkte gleich, dass viele Vorschläge der Schüler/-innen den Charakter des Strafens hatten, ließ sich aber auf die Ideen der Schüler/-innen ein, auch weil sie deren Wunsch auf Mitbestimmung nicht unterdrücken wollte. Häufig ging es auch gut, wenn die Schüler ihrer Idee folgend Dinge auswählten, die Leute tun mussten, damit „sie sich merken, dass ihr Verhalten die anderen stört": eine Woche Blumen gießen z.B. oder einen Tag den Ordnungsdienst für jemanden übernehmen, den man zuvor geärgert hat. Der Vorschlag der Klasse für die – zugegebenen wirklich sehr massiven Störungen – von Willy gehen Frau Marcello aber eindeutig zu weit. Die Klasse schlägt vor, der etwas übergewichtige und eher unsportliche Willy solle zur Strafe drei Runden auf dem Schulhof laufen und sie solle dieses Rennen vom Fenster aus kontrollieren. Als Frau Marcello anmerkt, dass sie Bedenken hat, dies umzusetzen, regt sich großer Unmut. Klassensprecherin Sarah ist richtig wütend, das sei schließlich Demokratie, die Klasse habe das so beschlossen, nun müsse sie es auch umsetzen! Was kann Frau Marcello tun, um der Klasse zu verdeutlichen, warum sie diese Idee nicht umsetzen kann und möchte und dabei der Klasse den Zusammenhang von Demokratie und Menschenrechten verdeutlichen?

Klassenlehrer Kunze bittet um einen Rat. Er ist Klassenlehrer einer fünften Klasse, arbeitet mit einem Programm zum sozialen Lernen und hat auch den Klassenrat eingeführt. Die Kinder nehmen alle diese Angebote sehr gut an. Herrn Kunze fällt auf, dass viele Schüler/-innen wenig Selbstbewusstsein haben und sich gar nicht vorstellen können, dass Menschen sich für ihre Ideen interessieren könnten. Er würde die Mädchen und Jungen gerne stärken und ihnen deutlich machen, dass sie Rechte haben und ihre Ideen wichtig sind. Was könnte er tun?

Frau Kleinschmidt ist seit zwei Jahren die Klassenlehrerin einer achten Klasse. Die Klasse hat bereits im fünften Schuljahr den Klassenrat eingeführt und arbeitet noch immer damit. Frau Kleinschmidt führt auch regelmäßig ein bis zwei Projekttage im Jahr zu Themen des sozialen Lernens durch. In letzter Zeit fällt ihr auf, dass sich manche Schüler/-innen sehr stark und vehement im Klassenrat einbringen, allerdings andere schon seit einiger Zeit kaum sichtbar sind. Frau Kleinschmidt möchte die Klasse gerne dabei unterstützen, dass sich alle einbringen, aber eben auch alle eingeladen fühlen, sich einzubringen. Was könnte sie tun?

Themenfeld Partizipation

Sonja ist richtig sauer. Endlich ist die dem Neubaugebiet zugehörige S-Bahnstation fertig. Doch bei der Ortsbegehung – zu der Sonja als Mitglied des Kinder- und Jugendparlaments selbstverständlich eingeladen war – traute die 15-Jährige ihren Augen nicht. Die u. a. von der Kinderfraktion eingebrachte Idee, eine Rampe für Skateboarder und Rollstuhlfahrer zu bauen, wurde nicht umgesetzt. Stattdessen verwies der Bürgermeister nun auf die gebauten Fahrstühle, mit denen sich bequem die höher gelegenen Bahnsteige erreichen ließen. Sonja weiß aber von der älteren Schwester ihrer besten Freundin, wie blöd es ist, wenn die Fahrstühle kaputt sind und sie als „Rollifahrerin wieder mal um Hilfe bitten muss". Sonja will etwas tun. Was könnte sie machen?

Themenfeld Antiziganismus

Mahnmal/historische Bildung

Philipp, Lehrer in Vorbereitung, ärgert sich über die Ignoranz seiner Studienkollegen, Ausbilder und auch über das Unterrichtsmaterial, das an „seiner" (Lehr-)Schule verwendet wird. Wie so oft, findet (darin) keine Auseinandersetzung mit dem versuchten Genozid an Sinti und Roma im Nationalsozialismus statt und auch die Formen der zweiten Verfolgung nach 1945 werden den Schüler/-innen vorenthalten. Philipp, dessen Mutter sich in Freiburg beim Kirchenasyl für die aus dem damaligen Jugoslawien geflohenen Roma engagierte und der darüber Kinder kennen lernte und Freundschaften, die bis heute halten, knüpfte, möchte das ändern. Was könnte er tun?

Zeitungsartikel

Elisa ärgert sich. Sie kann kaum glauben, was sie da an diesem Morgen in ihrer geliebten und von ihr bisher als sehr konstruktiv kritischen empfundenen Tageszeitung lesen muss: ein Artikel über Auseinandersetzungen zwischen Roma und tschechischer Mehrheitsgesellschaft, der an mehreren Stellen antiziganistische Bilder reproduziert, den Begriff „Zigeuner" – als Zitat gekennzeichnet – und dabei doch selbstverständlich wieder einführt und der mit einer Überschrift getitelt ist, der ihr – ob seiner vielfachen Anschlüsse an die aggressive, rassistische Vernichtungspolitik – wirklich den Atem nimmt. Elisa möchte das so nicht stehen lassen und gegen diese Art Artikel protestieren. Was könnte sie tun?

Themenfeld Heteronormativität

Elli Schneider ist ratlos und wütend, als sie ihrer besten Freundin von dem wenig hilfreichen Gespräch mit dem Klassenlehrer ihres Sohnes Sven erzählt. Der 14-jährige Sven besucht die 8. Klasse einer Gesamtschule und fühlt sich in den letzten Wochen massiv unter Druck. Sven entspricht nicht unbedingt den Kriterien der Heteronormativität und Elli Schneider findet das absolut gut und richtig so. In der Grundschule und in den ersten Jahren auf der weiterführenden Schule gab es auch diesbezüglich keine Probleme. In den letzten Monaten wird Sven nun aber massiv von einigen Mitschüler/-innen ausgegrenzt. Sie bauen ihr diskriminierendes Verhalten über Wahrnehmungen seines äußeren Erscheinungsbildes auf und machen ihn mit entsprechenden Sprüchen regelrecht fertig: „Da kommt unser Mädchen", „Hey, schau die kleine Tunte". Solchen Angriffen ist Sven fast täglich ausgesetzt. Mittlerweile fühlt er sich sehr unwohl und kann nur noch mit Bauchschmerzen in die Schule gehen.

Elli Schneider findet das nicht in Ordnung und bat daher den Klassenlehrer um ein klärendes Gespräch. Allerdings kam in diesem Gespräch alles ganz anders, als von Elli Schneider erwartet: statt ihr zu erklären, wie er künftig für mehr Wertschätzung und Gleichberechtigung in der Klasse sorgen will, meinte der Klassenlehrer zu Elli Schneider: Sven solle „doch einfach mal zum Friseur gehen" und durch seine Klamotten die „anderen nicht dauernd provozieren". Sven müsse schon auch „selbst was tun, um seine Lage zu verbessern".

Elli Schneider möchte das so nicht stehen lassen und bittet ihre Freundin um Rat. Was könnte sie tun?

Zum Hintergrund: In vielen Schulen fehlt eine heterogenitätssensible Auseinandersetzung mit Heteronormativität. Menschen, die nicht der Norm entsprechen, sind einem manchmal offenen, manchmal sehr subtilen Ausgrenzungsgeschehen ausgeliefert. Fragen der sexuellen Identität und Orientierung sind sehr sensible und die Persönlichkeitsrechte stark berührende Aspekte. Zentral erscheint uns in diesem Zusammenhang eine Verständigung im Kollegium, die sich (selbst)kritisch mit eigenen (hetero)normativen Bildern auseinandersetzt und dann in einem zweiten Schritt eine entsprechend inklusiv-partizipative Leitbildarbeit im Kollegium einleitet. Eine entsprechend fundierte Verständigung im Kollegium betrachten wir als eine wesentliche Voraussetzung, um entsprechend (außer)schulische Lernangebote für Schüler/-innen anzubieten.

Zur Selbstreflexion bieten sich die in dem von van Dijk und van Driel herausgegebenen Sammelband vorgestellten „Fragen an Heterosexuelle" an (vgl. van Dijk/van Driel 2008, 183): Hier wird beispielsweise gefragt: „Was vermutest du, woher deine Heterosexualität kommt?" „Wie und wann hast du das erste Mal gemerkt, dass du heterosexuell bist? „Welchen Menschen hast du von deiner Heterosexualität erzählt? Wie haben sie reagiert?" Fragen wie diese sorgen erfahrungsgemäß für produktive Irritationen und können gut zu einer Perspektiverweiterung beitragen.

Bei der Leitbildarbeit ist es zentral, dass alle Diskriminierungsformen explizit erwähnt werden. Stefan Timmerman in „Sexuelle Vielfalt lernen" empfiehlt: „Um die Bemühungen gegen Diskriminierung in einer großen Institution auf ein solides und tragfähiges Fundament zu stellen, bietet sich die Erarbeitung eines Leitbildes oder ein Absatz im Schulprogramm an, wo der Umgang miteinander beschrieben sowie gegenseitiger Respekt und die Ächtung von Diskriminierung als Maxime festgelegt werden. Hierbei sollte explizit benannt werden, dass niemand aufgrund seines Geschlechts, seiner ethnischen Herkunft, einer Behinderung, des Alters, der sexuellen Orientierung und Identität diskriminiert werden darf" (Timmermann 2008, 62).

Fallbeispiel

Themenfeld Antisemitismus

Frau Bäcker ist verwirrt und weiß nicht, was sie machen soll. In ihrer Nachbarschaft gibt es ein Lebensmittelgeschäft. Seit der Besitzer offen zeigt, dass er Jude ist, machen immer wieder Neonazis oder arabische Jugendliche Ärger vor dem Laden. Mittlerweile kommen immer weniger Leute in den Laden des freundlichen Verkäufers. Frau Bäcker möchte was tun, weiß aber nicht was?

Tipp: weitere Situationsbeschreibungen und Erläuterungen zu Hintergründen in: Bildungsstätte Anne Frank (Hrsg.) 2013: Weltbild Antisemitismus. Didaktische und methodische Empfehlungen für die pädagogische Arbeit in der Migrationsgesellschaft. Zu beziehen über: www.bs-anne-frank.de.

Themenschwerpunkt Rechtsextremismus

Sören Fenske, Elternbeiratsvorsitzender einer achten Klasse an der Goetheschule in einer Kreisstadt, beobachtet eine merkwürdige Szene: als er seinen Sohn Felix am Schultor aus dem Auto rauslässt, bemerkt er, dass junge, aber schon erwachsene Männer gezielt jüngere Schüler aus der Unterstufe vor dem Schultor ansprechen und ihnen etwas schenken. Er hat das Gefühl, dass es sich dabei um CDs handelt. Beim Abendbrot bestätigt sich sein Verdacht. Sein Sohn Felix berichtet, dass es an diesem Tag eine Verteilaktion der Jungen Nationalen (der Jugendorganisation der NPD) gegeben habe. Sören Fenske findet das bedenklich. Was könnte er tun?

Frau Münster, Lehrerin der G7, weiß nicht so recht, wie sie sich verhalten soll. Nach einem langen Wochenende bemerkt sie den Schüler Eric in einem neuen Outfit. Stolz führt er sein neues Kapuzenshirt vor und erntet vor allem für den deutlichen Schriftzug, der auf eine Neonazi-Marke hinweist, anerkennende Sprüche von einigen Klassenkameraden. Was könnte Frau Münster tun?

Mark Öhler, seit zwei Jahren Lehrer an einer kleinen Schule im ländlichen Raum, fällt am Freitagmittag eine Szene vor dem Schultor auf, die ihn beunruhigt. Vor dem Schultor parkt ein Auto, an dem lässig zwei sportlich gekleidete junge Männer lehnen, die auf Schüler der Schule zu warten scheinen, um diese zu einem Wochenendausflug mitzunehmen. Im Rückfenster des Autos weist ein großer Button auf die Band „Böhse Onkelz" hin, beim genauen Betrachten des Nummernschilds fällt der eindeutig neonazistisch motivierte Buchstaben-/Zahlencode auf. Wie könnte Mark Öhler mit seinen Beobachtungen umgehen, was könnte er tun?

Sozialpädagogin Monika Schröder ist beunruhigt: bei einer Teamsitzung, in der die Betreuer der verschiedenen im Kreis verteilten offenen Jugendtreffs zusammenkommen, wird von zwei Orten über das vermehrte Auftreten rechtsextremer „Vorkommnisse" berichtet: zunächst seien Aufkleber und Grafittis an den Außenwänden und auch auf den Toiletten aufgetaucht. Neben den einschlägig bekannten Zahlencodes und Buchstaben-Kombinationen sei auch ein Aufkleber einer bisher unbekannten Gruppierung der „Autonomen Gladibecher" an mehrere Stellen geklebt worden. Mehrere dem Team schon länger bekannte etwa 16-jährige Treffbesucher kämen in letzter Zeit häufiger mit modischen und eher unauffälligen, aber doch klar dem rechten Dresscode zuordnenbaren Kleidungsstücken. Bei einem kürzlich im Treff durchgeführten Musik-Event habe es erstmals einen Besuch einer größeren Gruppe rechter junger Männer aus der nahen Kreisstadt gegeben. Die etwa fünfzehn Rechten seien nicht lange vor Ort geblieben, hätten aber bei einigen Treffbesuchern nachhaltige Wirkung hinterlassen. Manche zeigten sich positiv fasziniert, andere Besucher des Treffs wirkten eher erschrocken und eingeschüchtert. Sozialpädagogin Schröder, die den Teams der verschiedenen Treffs beratend zur Seite steht, sieht Handlungsbedarf. Was könnte sie tun?

„Angstraum"

Lisa, seit diesem Schuljahr Sprecherin der „AG Courage gegen Rassismus", ist ganz schön erschrocken, als sie von den ganzen Sachen erfährt, die in den letzten Monaten in ihrem Stadtteil Osterfelde so passieren. Klar haben sie und die anderen Schülerinnen und Schüler der Einstein-Schule auch schon so einiges mitgekriegt: die Zunahme von Spukies und Tags an Hauswänden war nicht zu übersehen, aber dass von den „Autonomen Nationalisten", deren Zeichen vor etwa drei Monaten erstmals in Osterfelde auftauchten, auch krasse Einschüchterungen von Leuten ausgehen, das war Lisa und ihren Freunden bisher nicht bewusst. Als sie bei einem runden Tisch, bei dem die Gemeindepfarrerin Mechthild Küpper über die Entwicklung berichtet, davon erfährt, ist Lisa klar, dass sie Frau Küpper und die anderen im Viertel aktiven Leute unterstützen möchte. Die Frage ist nur, wie?

Dass man aktiv werden und dadurch was ändern muss, so viel ist schon klar. Bisher haben – so berichtet Gemeindepfarrerin Küpper – Kirchenvorstand, aber auch Lokalpolitiker, die sicher auch um den Ruf des Bezirks fürchteten, sehr zurückhaltend reagiert. „Nicht übertreiben, besser nicht ernst nehmen", hieß die Devise zu Beginn. Wenn man das groß thematisieren würde, würden „diese Dummköpfe doch nur aufgewertet". Vielen Leuten war sicher auch nicht ganz klar, wer hinter den Klebeaktionen steckt und dass es sich dabei um Mitglieder einer gut organisierten und gezielt gegen einzelne Menschen im Viertel vorgehende rechtsextreme Gruppierung handelte.

Wie gefährlich die Sache ist, wird deutlich, wenn man erfährt, was Familie Bender zurzeit passiert.

Die Benders leben seit über 20 Jahren in Osterfelde. Beide Söhne gehen noch zur Schule. Herr Bender arbeitet als Anästhesist im örtlichen Krankenhaus. Seit Jahrzehnten sind die Benders in der Friedensbewegung aktiv. Für Dr. Bender und seinen älteren Sohn war es daher selbstverständlich, schnell zu reagieren, als die Nazi-Symbole im Viertel auftauchten. Konsequent haben die beiden Sticker entfernt oder überklebt. Dadurch gerieten die Benders ins Visier der rechten Akteure, die nun begannen, die Familie systematisch einzuschüchtern.

Dr. Bender wandte sich hilfesuchend an die Polizei. Der Polizist konnte Herrn Benders Wut und auch seine Sorge gut verstehen. Es schien ihm auch unangenehm zu sein, dass er Herrn Bender enttäuschen und ihm erklären musste, dass er im Moment „noch nicht tätig werden" könne. Es fehle ihm die „Handhabe", da noch nichts Strafbares vorgefallen sei.

Weniger sensibel reagierten manche Kommunalpolitiker. In der Zeitung konnten die Benders lesen, dass der Ortsvorsteher die Meinung vertrat, dass „diejenigen, die sich jetzt bedroht fühlten, doch auch mal überlegen könnten, ob sie durch ihr Verhalten, die Attacken der Rechtsextremen nicht selbst provoziert und damit selbst Schuld an der – sicher sehr misslichen – Lage hätten." Diese irritierende Reaktion blieb kein Einzelfall.

Die Benders fühlen sich mittlerweile von Behörden – aber auch von ihrer Nachbarschaft, die all das nicht bemerkt haben will – sehr allein gelassen und denken nun darüber nach, aus Osterfeld, wo die Familie seit mehr als 20 Jahren lebt, wegzuziehen. Das möchten Lisa, Frau Küpper und die anderen Leute, die sich im Gemeindetreff Osterfelde zusammengesetzt haben, auf keinen Fall so hinnehmen. Sie möchten auf jeden Fall aktiv werden und etwas gegen die Rechtsextremen und ihre gemeinen Umtriebe in Osterfelde tun. Was könnten sie machen?

Hintergrundinfos siehe in: Toralf Staud und Johannes Radke (2012): Neue Nazis. Jenseits der NPD: Populisten, Autonome Nationalisten und der Terror von rechts, das Kapitel: Dortmund ist unsere Stadt, S. 16-35

Tipps zur Bearbeitung:

1. Schritt: Arbeit mit der Fallgeschichte: Nach gemeinsamer Lektüre:
   - Klärung im Plenum: worum geht es? Was ist das Thema? Und wer ist beteiligt? (Hilfestellung Orientierung an Täter-Opfer-Zuschauer TOZ)
   - Arbeit in Kleingruppen: Welche Menschenrechte sind berührt? Welche Menschenrechte werden verletzt?
   - Sammlung im Plenum und Ergänzungen (falls nötig), um Aspekte, die noch fehlen.
   - Arbeit in Kleingruppen: Was brauchen die Betroffenen, wie geht es ihnen? Was kann man machen, um auf die Menschenrechtsverletzungen, die sie gerade erfahren, reagieren zu können? Was könnte ihnen helfen?
   - Sammlung im Plenum: gemeinsame Überlegungen: Was brauchen die „Zuschauer"? Was brauchen sie, damit sie Helfer werden und die Betroffenen unterstützen können?
   - Arbeit in Kleingruppen: Entwicklung von Handlungsoptionen (Courage-Spiel).

2. Schritt: Nachdem sich die Lerngruppe aufgrund ihres eigenen Bewertungsrahmens (Demokratie und Menschenrechte) mit der Fallgeschichte beschäftigt und Handlungsoptionen entwickelt hat, kann man sich mit der „Realität in Dortmund" genauer auseinandersetzen:
   - Was ist hier passiert?
   - Welche Handlungsoptionen wurden gewählt? Welche haben gefehlt?
   - Recherchen zu Hintergründen sind denkbar, dabei wichtig: neben der Auseinandersetzung mit der Strategie der rechtsextremen Akteure, immer auch über alternative Wege, Unterstützungsmechnanismen etc. informieren

Situationen für Couragespiele zum Themenfeld globalisierter Rechtsextremismus

Aynur studiert PoWi und Englisch auf Lehramt und absolviert gerade ihr erstes mehrwöchiges Schulpraktikum an einer großen „Mittelpunktschule" im ländlichen Raum. Beobachtungen in einer sechsten Klasse beschäftigen Aynur und sie hätte gerne einen Rat.

Als es etwas laut in einer Stunde wird, heben zwei Jungs ihren Arm und verwandeln das in der Klasse übliche Zeichen für Leise-Sein in den bei den grauen Wölfen üblichen „Wolfsgruß". Die Klassenlehrerin dankte daraufhin den beiden Schülern für ihre Aufmerksamkeit und kommentierte das Zeichen der Jungs mit der Bemerkung: „Euer Leise-Zeichen" sieht ja ein bisschen merkwürdig aus, aber schön, dass ihr auf unsere Regeln achtet. „Ach, das haben wir halt so in der Grundschule gelernt", erklärte einer der beiden Jungen daraufhin. Die Klassenlehrerin scheint die Hintergründe des Zeichens nicht zu kennen. Aynur hat aber das Gefühl, dass die beiden Jungs, die auch dezent, aber ganz eindeutige Halskettchen tragen, sehr genau wissen, was sie da tun. Sie scheinen damit auch anderen Kindern in der Klasse zu imponieren. Aynur hat aber auch das Gefühl, dass sich insbesondere zwei Mädchen mit alevitischem Hintergrund vor den Posen der beiden fürchten. Aynur denkt, man müsse was tun. Was könnte sie machen?

Oberstufensprecher Sascha hat auf die ganze Aktion überhaupt keine Lust. Er hält gar nichts von der Idee, anlässlich der Fußball-EM ein – von der SV organisiertes – „Fest der Nationen" zu organisieren und die Schülerschaft aufzufordern, „Länderteams nach Herkünften" zu bilden, wovon Schulsprecherin Saskia und SV-Lehrer Rocher schwärmen. Sascha ist der ganze Nationen-Hype mehr als suspekt. Und er würde diesem ganzen klischeehaften Zuschreibungstheater gerne was entgegensetzen. Weder ist er – wie nicht nur von Herrn Rocher angenommen – automatisch „Kroatien"-Fan, bloß weil seine Familie bis zum Ausbruch des Kriegs nahe Vukovar lebte und Sascha schon viele Ferien in Kroatien verbracht hat. Noch hat er das Gefühl, dass irgendeiner im SV-Team eine Ahnung hat, was er da gegebenenfalls lostritt. Den wenigsten ist klar, dass einige (nicht alle) Schüler/-innen mit Bezügen zu Jugoslawien und seinen Nachfolgestaaten sich im Internet ganz gut nationalistisch aufladen und auch häufiger Turbo-Folk-Konzerte rechtsextremer Musiker besuchen und dafür einige Kilometer Fahrt auf sich nehmen, sich dort mit entsprechenden Stickern, Halskettchen oder T-Shirts ausstatten und diese dann ganz bewusst in die Schule tragen. Sascha möchte ihnen keine Bühne bieten, er sieht aber auch die Gefahr, dass, wenn er das jetzt anspricht, gleich

alle Schüler/-innen mit Bezügen zu Ex-Jugoslawien in eine Schublade ge-
steckt werden (was wirklich schnell passiert und absolut nichts mit der Realität zu tun hat). Er kennt einige Leute, die wie er und sein Cousin aus Berlin
viel Zeit in der „Ex-Jugo-Subkultur" verbringen. Sascha will etwas tun, um für
eine differenziertere Betrachtung zu sorgen. Was könnte er tun?

Hintergrundinfos siehe in: Bundeskoordination Schule ohne Rassismus –
Schule mit Courage (Hrsg.) 2010: Rechtsextremismus in der Einwanderungsgesellschaft; Bozay, Kemal (2011), (Rechts-)Nationalismusbildung und Re-
Ethnisierung unter türkischstämmigen Jugendlichen, in: Fachinformationsstel-
le Rechtsextremismus München (Hrsg.): Heimatliebe, Nationalstolz und Rassismus – Einzelmeinungen oder Trend?, S. 60-66 + Terzić, Zoran: Pseudo-
Politik. Überlegungen zu Nationalismus und Rechtsradikalismus aus postju-
goslawischer Sicht, in: ebenda, S. 46-52

Literaturliste

Ackermann, Zeno/Auner, Carolin/Szczebak, Elzbieta 2006: Einwanderungsgesellschaft als Fakt und Chance, Schwalbach/Ts.

Aichele, Valentin 2010: Behinderung und Menschenrechte: Die UN-Konvention über die Rechte von Menschen mit Behinderung in: APuZ 23/2010, S. 13-19

Anne Frank Zentrum (Hrsg.) 2007: Mehrheit, Macht, Geschichte, Interkulturelles Geschichtslernen: Interviews, Übungen, Projektideen, Mühlheim a. d. Ruhr

Benhabib, Seyla 2009: Die Rechte der Anderen, Bonn (btb)

Berthoin Antal, Ariane/Friedman, Victor 2003: negotiating reality as an approach to intercultural competence. discussion paper SP III, Berlin

Bielefeldt, Heiner 2009: Zum Innovationspotential der UN-Behindertenrechtskonvention. Broschüre des Deutschen Instituts für Menschenrechte, Berlin

Bünger, Carsten 2011: Politische Bildung nach dem ‚Tod des Subjekts‘, in: Lösch, Bettina/ Thimmel, Andreas (Hrsg.): Handbuch Kritische politische Bildung, Schalbach/Ts., S. 315-325

Broden, Anne 2012: Anmerkungen zur Aktualität der Ungleichheit, in: Aus Politik und Zeitgeschichte in: APuZ 16-17/2012, S. 7-10

Castro Varela del Mar, Maria/Schulze, Sylvia/Vogelmann, Silvia/Weiß, Anja (Hrsg.) 1998: Suchbewegungen. Interkulturelle Beratung und Therapie, Tübingen

Cremer, Hendrik 2012: Die UN-Kinderrechtskonvention. Geltung und Anwendbarkeit in Deutschland nach Rücknahme der Vorbehalte. Dossier des Deutschen Instituts für Menschenrechte, Berlin

DePalma, Renée/Jennet, Mark 2008: Wie Heteronormativität in englischen Grundschulen begegnet werden kann: Kulturelle Ansätze gegen ein kulturelles Phänomen, in: van Dijk, Lutz/van Driel, Barry (Hrsg.): Sexuelle Vielfalt lernen. Schulen ohne Homophobie, Berlin, S. 34-48

Deutsches Institut für Menschenrechte (Hrsg.) 2009: Compasito. Handbuch zur Menschenrechtsbildung, Berlin/Bonn

Deutsches Kinderhilfswerk 1997: mitreden – mitplanen – mitmachen. Kinder und Jugendliche in der Kommune, Berlin/Kiel

DGB-Bildungswerk Thüringen (Hrsg.) 2005: Baustein zur nicht-rassistischen Bildungsarbeit, Erfurt

Dokumentation eines Fachtages am 18.07.1998: Interkulturelle Kompetenz als Anforderungsprofil für pädagogische und soziale Arbeit. Bremen

Duss-von Werdt, Joseph 2003: „Freiheit – Gleichheit – Andersheit“ in: Mehta, Gerda/Rückert, Klaus (Hrsg.): Mediation und Demokratie, Heidelberg, S. 30-51

Eckmann, Monique 2006: Rassismus und Antisemitismus als pädagogische Handlungsfelder, in: Fechler, Bernd/Kößler, Gottfried/Messerschmidt, Astrid/Schäuble, Barbara (Hrsg.): Neue Judenfeindschaft – Perspektiven für den pädagogischen Umgang mit dem globalisierten Antisemitismus. Frankfurt/M., S. 210-232

Eikel, Angelika/de Haan, Gerhard (Hrsg.) 2007: Demokratische Partizipation in der Schule, Schwalbach/Ts.

Ehricht, Franziska/Gryglewski, Elke 2009: Geschichten Teilen. Dokumentenkoffer für eine Interkulturelle Pädagogik zum Nationalsozialismus, Berlin

Elverich, Gabi/Kalpaka, Annita/Reindlmeier, Karin 2006: Spurensicherung durch Reflexion von Bildungsarbeit in der Einwanderungsgesellschaft, in: dies. (Hrsg.): Spurensicherung durch Reflexion von Bildungsarbeit in der Einwanderungsgesellschaft, Frankfurt/M., S. 9-24

Ensinger, Tami 2013: Für eine differenzierte Wahrnehmung des Lernraums und unterschiedlicher Motivationen hinter Antisemitismus, in: Bildungsstätte Anne Frank (Hrsg.): Weltbild Antisemitismus. Didaktische und methodische Empfehlungen für die pädagogische Arbeit in der Migrationsgesellschaft, Frankfurt/M., S. 9-11

Ensinger, Tami 2013: Umgang mit Antisemitismus im pädagogischen Raum, in: Bildungsstätte Anne Frank (Hrsg.): Weltbild Antisemitismus. Didaktische und methodische Empfehlungen für die pädagogische Arbeit in der Migrationsgesellschaft, Frankfurt/M., S. 12-15

Esslinger, Laura 2013: Wenn Hausaufgaben zu schwul sind, in: die taz vom 30.9.13

Friedländer, Saul 2007: Eine integrierte Geschichte des Holocaust, in: APuZ 14-15/2007, S. 7-14

Gogolin, Ingrid 1994: Der monolinguale Habitus der multilingualen Schule, Münster

Gryglewski, Elke 2013: Anerkennung und Erinnerung. Zugänge arabisch-palästinensicher und türkischer Berliner Jugendlicher zum Holocaust, Berlin

Gültekin, Neval 2005: Interkulturelle Kompetenz. Kompetenter Umgang mit sozialer und kultureller Vielfalt, in: Leiprecht, Rudolf/Kerber Anne (Hrsg.): Schule in der Einwanderungsgesellschaft, Schwalbach/Ts., S. 367-386

Fritzsche, Karl-Peter 2013: Erfahrungen mit der Menschenrechtsbildung, in: POLIS 1/2013, Schwalbach/Ts. S. 7-9

Hartkemeyer, Johannes F./Hartkemeyer, Martina 2005: Die Kunst des Dialogs – kreative Kommunikation entdecken, Stuttgart

Haug, Frigga 2003: Lernverhältnisse. Selbstbewegungen und Selbstblockierungen, Hamburg

Heitmeyer, Wilhelm 2012a: Erfahrungen mit der gesellschaftlichen Verantwortung der Wissenschaft. Eine Bilanz nach zehn Jahren, in: ders. (Hrsg.): Deutsche Zustände. Folge 10, Berlin, S. 321-329

Heitmeyer, Wilhelm 2012b: Gruppenbezogene Menschenfeindlichkeit (GMF) in einem entsicherten Jahrzehnt, in: ders. (Hrsg.): Deutsche Zustände. Folge 10, Berlin, S. 15-41.

Hessisches Kultusministerium 2006: Mediation in der Schule. Wege zu einer neuen Erziehungskultur, Wiesbaden

Hormel, Ulrike/Scherr, Albert 2004: Bildung für die Einwanderungsgesellschaft, Wiesbaden

Initiative Schwarze Menschen in Deutschland: Homestory Deutschland. Schwarze Biografien in Geschichte und Gegenwart

Jörke, Dirk 2011: Bürgerbeteiligung in der Postdemokratie, in: APuZ 1-2/2011, S. 13-25

Kahane, Anetta 2012: Das Konzept Gruppenbezogene Menschenfeindlichkeit in der Praxis. Segen und Fluch der Komplexität, in: Heitmeyer, Wilhelm (Hrsg.): Deutsche Zustände. Folge 10, Berlin, S. 298-308

Kaletsch, Christa 2013: Klassenrat und Kinderrechte, in: Landesschulamt und Lehrkräfteakademie (Hrsg.): Fragebögen zum Klassenrat, Wiesbaden, S. 7-11

Kaletsch, Christa/Rech, Stefan 2012: „Demokratie lernen und Zusammenleben in Vielfalt" – Zielsetzung, Erfahrung und Entwicklungspotentiale eines Trainings- und Beratungskonzepts, in: Beutel, Wolfgang u. a. (Hrsg.): Jahrbuch Demokratiepädagogik 2012, Schwalbach/Ts., S. 136-148

Kaletsch, Christa 2011a: Demokratie lernen und Menschenrechtsbildung in der pluralen Gesellschaft, in: Niehoff, Mirko/Üstün, Emine (Hrsg.): Das globalisierte Klassenzimmer. Theorie und Praxis zeitgemäßer Bildungsarbeit, Kassel, S. 52-73

Kaletsch, Christa 2011b: Für Demokratie und Menschenrechte. Ansätze und Überlegungen zu den aktuellen Herausforderungen von politischer Bildung in der Einwanderungsgesellschaft, in: Benzler, Susanne (Hrsg.): Vor allzu langer Zeit? Die Praxis historisch-politischer Bildung zum Nationalsozialismus heute, Rehburg-Loccum, S. 135-150

Kaletsch, Christa 2007a: Handbuch Demokratietraining in der Einwanderungsgesellschaft, Schwalbach/Ts.

Kaletsch, Christa 2007b: Demokratietraining zur Persönlichkeitsstärkung – Einblicke in ein Trainingskonzept für Schülerinnen und Schüler, in: Rademacher, Helmolt (Hrsg.): Leitfaden konstruktive Konfliktbearbeitung und Mediation, Schwalbach/Ts.

Kaletsch, Christa 2001: Das SV-Training auf Grundlage konstruktiver Konfliktlösung, in: Materialien zur Schulentwicklung 33, S. 45-61

Kaletsch, Christa/Ensinger, Tami 2013: Subjektorientierte Lernangebote, in: Bildungsstätte Anne Frank (Hrsg.): Weltbild Antisemitismus. Didaktische und methodische Empfehlungen für die pädagogische Arbeit in der Migrationsgesellschaft, Frankfurt/M., S. 24-25

Kaletsch, Christa 2010: Für Demokratie und Menschenrechte. Bausteine zur Auseinandersetzung mit der ‚Erlebniswelt Rechtsextremismus', in: Pädagogik 2/2010, S. 18-21

Kalpaka, Annita (2004): Wie Elefanten auf die Bäume kommen. Chancen interkulturellen und pädagogischen Handelns in der Einwanderungsgesellschaft, Villigst

Kalpaka, Annita 2009: Institutionelle Diskriminierung im Blick – Von der Notwendigkeit Ausblendungen und Verstrickungen in rassismuskritischer Bildungsarbeit zu thematisieren, in: Scharathow, Wiebke/Leiprecht, Rudolf (Hrsg.): Rassimuskritik. Band 2, Schwalbach/Ts., S. 26-40

Kalpaka, Annita 2005: Pädagogische Professionalität in der Kulturalisierungsfalle – Über den Umgang mit ‚Kultur' in Verhältnissen von Differenz und Dominanz, in: Leiprecht, Rudolf/Kerber, Anne (Hrsg.): Schule in der Einwanderungsgesellschaft, Schwalbach/Ts., S. 387-405

Karakayali, Serhat/Tsianos, Vassilis (2007): Movement that matters. Eine Einleitung, in: Transit Migration Forschungsgruppe (Hrsg.): Turbulente Ränder. Neue Perspektiven auf Migration an den Grenzen Europas, Bielefeld, S. 7-17

Karakasoglu, Yasemin 2010: Islam als Störfaktor in der Schule, in: Schneiders, Thorsten Gerald (Hrsg.): Islamfeindlichkeit. Wenn die Grenzen der Kritik verschwimmen, Wiesbaden, S. 303-318

Kiper, Hanna 2005: Interkulturelles Lehren und Lernen in Unterrichtsfächern der Primarstufe, in: Leiprecht, Rudolf/Kerber, Anne (Hrsg.): Schule in der Einwanderungsgesellschaft, Schwalbach/Ts., S. 290-315

Klärner, Andreas/Kohlstruck, Michael 2006: Moderner Rechtsextremismus in Deutschland, Bonn

Krüger-Potratz, Marianne 2004: Lehrerbildung im Zeichen von Pluralität und Differenz, in: Sozialwissenschaftlicher Fachinformationsdienst 1/2004, S. 7-16.

Krieg, Deborah 2013: Prävention, Intervention und Nachsorge – drei zeitliche Ebenen der Bearbeitung von Antisemitismus im Raum, in: Bildungsstätte Anne Frank (Hrsg.): Weltbild Antisemitismus. Didaktische und methodische Empfehlungen für die pädagogische Arbeit in der Migrationsgesellschaft, Frankfurt/M., S. 29-33

Landeskoordinierungsstelle des ‚BeratungsNetzwerk hessen' (Hrsg.) 2013: Nicht über, sondern mit den Betroffenen reden, Marburg

Lenhart, Volker 2006: Pädagogik der Menschenrechte, Wiesbaden

Löhr, Tillmann 2011: Rücknahme des Vorbehalts: Endlich gleiche Rechte für Kinder, in: Müller-Heidelberg, Till u. a. (Hrsg.): Grundrechte-Report 2011, Frankfurt/M., S. 184-187

Maria do Mar Castro Varela/Paul Mecheril: Grenze und Bewegung. Migrationswissenschaftliche Erklärungen. S. 23-53, in: Paul Mecheril u. a. (Hrsg.) 2010: Migrationspädagogik, Weinheim u. Basel

Maywald, Jörg 2012: Kinder haben Rechte! Kinderrechte kennen – umsetzen – wahren, Weinheim

Mecheril, Paul 2011: Politische Bildung und Rassismuskritik, in: Lösch, Bettina/Thimmel, Andreas (Hrsg.): Handbuch Kritische politische Bildung, Schwalbach/Ts., S. 241-252

Mecheril, Paul 2004: Einführung in die Migrationspädadogik, Weinheim

Memmi, Albert (1992): Rassismus. Hamburg

Messerschmidt, Astrid 2011: Postkoloniale Bildungsprozesse in einer postnationalsozialistischen Gesellschaft – Politische Bildung in zeitgeschichtlichen Nachwirkungen, in: Lösch, Bettina/Thimmel, Andreas (Hrsg.): Handbuch Kritische politische Bildung, Schwalbach/Ts., S. 253-263

Messerschmidt, Astrid 2009: Weltbilder und Selbstbilder. Bildungsprozesse im Umgang mit Globalisierung, Migration und Zeitgeschichte, Frankfurt/M.

Montada, Leo/Kals, Elisabeth 2001: Mediation. Lehrbuch für Psychologen und Juristen. Weinheim u. Basel

Nationale Coalition für die Umsetzung der UN-Kinderrechtskonvention in Deutschland (Hrsg.) 2010: Umsetzung der UN-Kinderrechtskonvention in Deutschland. Impulse für die dritte Dekade 2009-2019, Berlin

Motakef, Mona (2011): Das Menschenrecht auf Bildung als Rassismuskritik: Bildungschancen von Kindern und Jugendlichen mit Migrationshintergrund, in: Scharathow, Wiebke/Leiprecht, Rudolf (Hrsg.): Rassimuskritik. Band 2, Schwalbach/Ts., S. 79-96

National Coalition für die Umsetzung der UN-Kinderrechtskonvention (Hrsg.) ⁵2007: Kinderrechte sind Menschenrechte. Impulse für die zweite Dekade 1999-2009, Berlin

Niehoff, Mirko/Üstüm, Emine (Hrsg.) 2011: Das globalisierte Klassenzimmer, Kassel

Oulios, Miltiadis 2013a: Blackbox Abschiebung, Frankfurt

Oulios, Miltiadis 2013b: Deutschlands Grenzen: Tauziehen um das Recht auf Bewegungsfreiheit, in: ApuZ 47/2013, S. 8-13

Nussbaum, Martha C. 2010: Die Grenzen der Gerechtigkeit. Behinderung, Nationalität und Spezieszugehörigkeit, Berlin

Öztürk, Asisye 2011: Editorial, in: APuZ 1-2/2011, S. 2

Prengel, Annedore 2013: Plädoyer für einen ethischen Diskurs, in: Gewerkschaft Erziehung und Wissenschaft im Deutschen Gewerkschaftsbund (Hrsg.): Erziehung und Wissenschaft – Zeitschrift der Bildungsgewerkschaft GEW 06/2013, Essen, S. 10-13.

Quel, Thomas 2009: Rassismuskritik auf dem Weg in die Schule, in: Scharathow, Wiebke/ Leiprecht, Rudolf (Hrsg.): Rassimuskritik. Band 2, Schwalbach/Ts., S. 226-243

Randjelović, Isidora 2007: „Auf vielen Hochzeiten spielen": Strategien und Orte widerständiger Geschichte(n) und Gegenwart(e) in Roma Communities, in: Ha, Kien Nghi u. a. (Hrsg.): re/visionen. Postkoloniale Perspektiven von People of Color auf Rassismus, Kulturpolitik und Widerstand in Deutschland, Münster, S. 265-279

Reitz, Sandra 2013: Der Beitrag von Amnesty International zur Menschenrechtsbildung, in: POLIS 1/2013, Schwalbach/Ts., S. 10-12

Rosenberg, Marshall B. 2001: Gewaltfreie Kommunikation, Paderborn

Rosenstreich, Gabriele 2006: Von Zugehörigkeiten, Zwischenräumen und Macht: Empowerment und Powersharing in interkulturellen und Diversity-Workshops, in: Elverich, Gabi/Kalpaka, Annita/Reindlmeier, Karin (Hrsg.): Spurensicherung – Reflexion von Bildungsarbeit in der Einwanderungsgesellschaft, Frankfurt/M., S. 195-231

Schanz, Claudia 2005: Visionen brauchen Wege – Die interkulturelle Öffnung der Schule, in: Leiprecht, Rudolf/Kerber, Anne (Hrsg.): Schule in der Einwanderungsgesellschaft, Schwalbach/Ts., S. 111-125

Schäuble, Barbara 2005: Hat Rassismus keine Geschichte? – Plädoyer für eine geschichtsbewusste Pädagogik gegen Rassismus, in: Schlag, Thomas/Scherrmann, Michael (Hrsg.): Bevor Vergangenheit vergeht, Schwalbach/Ts., S. 212-221

Schäuble, Barbara/Scherr, Albert 2006: „Ich habe nichts gegen Juden, aber …". Ausgangsbedingungen und Ansatzpunkte gesellschaftspolitischer Bildungsarbeit zur Auseinandersetzung mit Antisemitismen, Berlin. (http://www.amadeu-antonio-stiftung.de/w/files/ pdfs/schaueblescherrichhabenichtslangversion.pdf)

Scharathow, Wiebke 2009: Zwischen Verstrickung und Handlungsfähigkeit – Zur Komplexität rassismuskritischer Bildungsarbeit, in: Scharathow, Wiebke/Leiprecht, Rudolf (Hrsg.): Rassimuskritik. Band 2, Schwalbach/Ts., S. 12-22

Scherr, Albert 2012: Jugendarbeit und Rechtsextremismus. Was kann und was sollte Jugendarbeit zur Aneignung menschenrechtlicher und demokratischer Überzeugungen beitragen, in: Bundschuh, Stephan u. a. (Hrsg.): Wegweiser Jugendarbeit gegen Rechtsextremismus, Schwalbach/Ts., S. 107-121

Scherr, Albert 2011: Subjektivität als Schlüsselbegriff kritischer politischer Bildung, in: Lösch, Bettina/Thimmel, Andreas (Hrsg.): Handbuch Kritische politische Bildung, Schwalbach/Ts., S. 303-314

Strauß, Daniel (Hrsg.) 2011: Studie zur aktuellen Bildungssituation deutscher Sinti und Roma. Dokumentation und Forschungsbericht, Marburg

Student, Sonja/Portmann, Rosemarie 2007: Der Klassenrat – Beteiligung und Mitverantwortung von Anfang an, in: Eikel, Angelika/de Haan, Gerhard (Hrsg.): Demokratische Partizipation in der Schule, Schwalbach/Ts., S. 77-92

Terkessidis, Mark 2010: Interkultur, Frankfurt

Terkessidis, Mark 2004: Die Banalität des Rassismus. Migranten der zweiten Generation entwickeln eine neue Perspektive, Bielefeld

Timmermann, Stefan 2008: Umgang mit Vielfalt in Erziehung und Beratung. Lesben und Schwule an deutschen Schulen, in: van Dijk, Lutz/van Driel, Barry (Hrsg.): Sexuelle Vielfalt lernen. Schulen ohne Homophobie, Berlin, S. 58-69

Velho, Astride 2010: (Un-)Tiefen der Macht. Subjektivierung unter den Bedingungen von Rassismuserfahrungen in der Migrationsgesellschaft, in: Broden, Anne/Mecheril, Paul (Hrsg.): Rassismus bildet – Bildungswissenschaftliche Beiträge zur Normalisierung und Subjektivierung in der Migrationsgesellschaft, Bielefeld, S. 113-137

Weiß, Anja 2001: Macht und Differenz, Berlin

Wilmes, Maren 2013: Kommunaler Umgang mit Menschen ohne Papiere, in: APuZ 47/2013, S. 33-39

Young-Bruehl, Elisabeth [3]2013: Hannah Arendt. Leben, Werk und Zeit, Frankfurt/M.